Die internationale Betriebsaufspaltung

Europäische Hochschulschriften

Publications Universitaires Européennes
European University Studies

Reihe II
Rechtswissenschaft

Série II Series II
Droit
Law

Bd./Vol. 4053

PETER LANG

Frankfurt am Main · Berlin · Bern · Bruxelles · New York · Oxford · Wien

Carmen Bachmann

Die internationale Betriebsaufspaltung

PETER LANG
Europäischer Verlag der Wissenschaften

Bibliografische Information Der Deutschen Bibliothek
Die Deutsche Bibliothek verzeichnet diese Publikation in der
Deutschen Nationalbibliografie; detaillierte bibliografische
Daten sind im Internet über <http://dnb.ddb.de> abrufbar.

Zugl.: Augsburg, Univ., Diss., 2004

Gedruckt auf alterungsbeständigem,
säurefreiem Papier.

D 384
ISSN 0531-7312
ISBN 3-631-53259-8

© Peter Lang GmbH
Europäischer Verlag der Wissenschaften
Frankfurt am Main 2004
Alle Rechte vorbehalten.

Printed in Germany 1 2   4 5 6 7

www.peterlang.de

Vorwort

Die vorliegende Arbeit entstand während meiner Tätigkeit als wissenschaftliche Mitarbeiterin am Lehrstuhl für Betriebswirtschaftliche Steuerlehre der Universität Augsburg. Ich freue mich, an dieser Stelle all denjenigen danken zu können, die mich bei der Erstellung der Dissertation unterstützt haben.

Meinem Doktorvater, Herrn Prof. Dr. Michael Heinhold, durch dessen engagierte Lehre mein Interesse am Steuerrecht erst geweckt wurde, danke ich für die Anregung zur Bearbeitung des Themas und die Betreuung der Arbeit. Bei Herrn Prof. Dr. Dres. h.c. Adolf Coenenberg bedanke ich mich für die unverzügliche Erstellung des Zweitgutachtens. Ebenso gilt mein Dank Herrn Prof. Dr. Axel Tuma, der mir ohne Zögern als Vorsitzender meiner Disputation zur Verfügung stand.

Ebenso haben auch die Angehörigen des Lehrstuhls zu dem Gelingen dieser Arbeit beigetragen. Insbesondere möchte ich mich hier sowohl bei Frau Dr. Susanne Kutschker und Herrn Dr. Michael Lang bedanken, die mir im Lehrstuhlalltag immer zur Seite standen als auch bei Frau Gabriele Greisinger, die für mich weit mehr als „nur" unsere Sekretärin ist. Sie sind der Grund, dass ich jeden Tag gerne an den Lehrstuhl zum Schreiben dieser Arbeit gekommen bin. Desweiteren danke ich Herrn Wolf-Dieter Mangold und Herrn Michael Ertl für ihr überdurchschnittliches Engagement als wissenschaftliche Hilfskräfte.

Ein außerordentliches Dankeschön geht an meine Freunde Florian Gerstenberg, Simone Runck und Dr. P. Otmar Wieland für die kontinuierliche Motivation zum Schreiben der Dissertation. Sie standen mir auf meinem akademischen Weg immer unterstützend zur Seite. Ohne sie hätte ich weder mein Studium noch meine Doktorarbeit mit soviel Freude gemacht. Danke.

Daneben gilt mein aufrichtiger Dank Markus Ernst, der die Arbeit mit wissenschaftlichem Interesse und konstruktiven Auseinandersetzungen kontinuierlich positiv begleitet hat. Ich danke ihm für die akribische und kritische Durchsicht des Manuskriptes.

Abschließend möchte ich mich bei meinen Großeltern und bei meinen Eltern bedanken, die die Erstellung der Arbeit mit der Wochenend-Betreuung meines Sohnes Lukas erst ermöglicht haben.

Dieses Buch ist meinem Sohn Lukas gewidmet, der mich durch sein erstaunliches Verständnis immer zum Weitermachen ermutigt hat.

Augsburg, im Juli 2004   *Carmen Bachmann*

Inhaltsübersicht

Inhaltsverzeichnis

Abbildungsverzeichnis

15

Abkürzungsverzeichnis

a. A.	anderer Ansicht
Abb.	Abbildung
abkommensrechtl.	abkommensrechtlich
Abs.	Absatz
Abschn.	Abschnitt
Anl.	Anlage
AO	Abgabenordnung
Art.	Artikel
AStG	Außensteuergesetz
Aufl.	Auflage
BAnz.	Bundesanzeiger
BB	Betriebsberater (Zeitschrift)
ber.	berichtigt
BesitzPersGes	Besitz-Personen-Gesellschaft
BetriebsKapGes	Betriebs-Kapital-Gesellschaft
BFH	Bundesfinanzhof
BFH/NV	Sammlung amtlich nicht veröffentlichter Entscheidungen des Bundesfinanzhofes (Zeitschrift)
BFHE	Entscheidungen des Bundesfinanzhofes
BGB	Bürgerliches Gesetzbuch
BGBl	Bundesgesetzblatt
BGH	Bundesgerichtshof
BBK	Betriebswirtschaftliche Steuerpraxis (Zeitschrift)
BMF	Bundesminister(ium) der Finanzen
BRD	Bundesrepublik Deutschland
BS	Betriebsstätte
BStBl I/II/III	Bundessteuerblatt Teil I / Teil II / (Teil III – bis 1967)
Bt-Drs.	Bundestags-Drucksache
Buchst.	Buchstabe

BuW	Betrieb und Wirtschaft (Zeitschrift)
BV	Betriebsvermögen
BVerfG	Bundesverfassungsgericht
bzw.	beziehungsweise
d. h.	das heißt
DB	Der Betrieb (Zeitschrift)
DBA	Doppelbesteuerungsabkommen
ders.	derselbe
DStR	Deutsches Steuerrecht (Zeitschrift)
DStZ	Deutsche Steuer-Zeitung (Zeitschrift)
EFG	Entscheidungen der Finanzgerichte (Zeitschrift)
Einl.	Einleitung
ESt	Einkommensteuer
EStB	Der Ertragsteuerberater (Zeitschrift)
EStG	Einkommensteuergesetz
EStR	Einkommensteuerrichtlinien
et al.	et alii (und andere, lat.)
f.	folgende
F/W/W/K	Flick/Wassermeyer/Wingert/Kempermann (Autoren)
ff.	fortfolgende
FG	Finanzgericht
FGO	Finanzgerichtsordnung
Fn.	Fußnote
FR	Finanz-Rundschau (Zeitschrift)
FS	Festschrift
GbR	Gesellschaft bürgerlichen Rechts
gem.	gemäß
GewStDV	Gewerbesteuer-Durchführungsverordnung
GewStG	Gewerbesteuergesetz
GG	Grundgesetz
ggf.	gegebenenfalls

GmbH & Co. KG	Gesellschaft mit beschränkter Haftung und Compagnie einer Kommanditgesellschaft
GmbH	Gesellschaft mit beschränkter Haftung
GmbHR	GmbH-Rundschau (Zeitschrift)
GmbH-StB	GmbH-Steuerberater (Zeitschrift)
grds.	grundsätzlich
GrS	Großer Senat
H	Hinweis
HGB	Handelsgesetzbuch
h. M.	herrschende Meinung
H/H/R	Herrmann/Heuer/Raupach (Autoren)
H/H/Sp	Hübschmann/Hepp/Spitaler (Autoren)
HS	Halbsatz
i. d. F.	in der Fassung
i. e. S.	im engeren Sinne
i. H. v.	in Höhe von
i. S. d.	im Sinne des
i. S. v.	im Sinne von
i. V. m.	in Verbindung mit
IWB	Internationale Wirtschafts-Briefe (Zeitschrift)
inländ.	inländisch
IStR	Internationales Steuerrecht (Zeitschrift)
JbFfSt	Jahrbuch der Fachanwälte für Steuerrecht
KG	Kommanditgesellschaft
KSt	Körperschaftsteuer
KStDV	Körperschaftsteuer-Durchführungsverordnung
KStG	Körperschaftsteuergesetz
lat.	lateinisch
m. E.	meines Erachtens
m. w. N.	mit weiteren Nachweisen
MA	Musterabkommen

Nr.	Nummer
Nrn.	Nummern
OECD	Organisation for Economic Cooperation and Development
OECD-MA	OECD-Musterabkommen
OECD-MK	OECD-Musterkommentar
OHG	Offene Handelsgesellschaft
PIStB	Praxis Internationale Steuerberatung (Zeitschrift)
PrOVG	Preußische Oberverwaltungsgericht
PV	Privatvermögen
R	Richtlinie
RFH	Reichsfinanzhof
RIW	Recht der Internationalen Wirtschaft (Zeitschrift)
RIW/AWD	Recht der Internationalen Wirtschaft/Außenwirtschaftsdienst des Betriebsberaters (Zeitschrift)
Rn.	Randnummer
RStBl	Reichssteuerblatt
Rz.	Randziffer
S.	Seite
SBV I	Sonderbetriebsvermögen I
SBV II	Sonderbetriebsvermögen II
sog.	so genannt
st.	ständig(er)
Stbg	Die Steuerberatung (Zeitschrift)
StbJb	Steuerberater-Jahrbuch
StEntlG	Steuerentlastungsgesetz
StuB	Steuern und Bilanzen (Zeitschrift)
StW	Die Steuerwarte (Zeitschrift)
SWI	Steuer und Wirtschaft International (Zeitschrift)
Tz.	Textziffer
u. a.	unter anderem

u. U.	unter Umständen
v. H.	von Hundert
vgl.	vergleiche
vs.	versus
wesentl.	wesentlich
wg.	wegen
Wpg	Die Wirtschaftsprüfung (Zeitschrift)
WÜRV	Wiener Übereinkommen über das Recht der Verträge
z. B.	zum Beispiel
ZHR	Zeitschrift für das gesamte Handelsrecht und Wirtschaftsrecht

Abschnitt 1 Einführung

Kapitel 1 Betriebsaufspaltung und internationales Steuerrecht

Ein im Wesentlichen dem deutschen Steuerrecht exklusives Rechtsinstitut[1] ist das der Betriebsaufspaltung.[2] Von einer Betriebsaufspaltung wird dann gesprochen, wenn ein einheitlicher Gewerbebetrieb dergestalt aufgespalten wird, dass der operativ tätigen Betriebsgesellschaft (im Regelfall eine Kapitalgesellschaft) deren wesentliche Betriebsgrundlagen von einer nur diese Vermietungs- bzw. Verpachtungstätigkeit ausführenden Besitzgesellschaft (im Regelfall einer Personengesellschaft) überlassen werden. Die Besitzgesellschaft erzielt dann mit den Miet- bzw. Pachteinnahmen gewerbliche Einkünfte.[3]

Die Betriebsaufspaltung ist gesetzlich nicht geregelt, sondern beruht ausschließlich auf Richterrecht.[4] Nachdem der Reichsfinanzhof in einem Urteil vom 26.10.1938[5] erstmals eine Besitzgesellschaft als gewerbliches Unternehmen anerkannt hatte, waren die Grundsteine für die Rechtsfigur der Betriebsaufspaltung gelegt, die in nachfolgenden Entscheidungen von der deutschen Finanzgerichtsbarkeit weiterentwickelt wurde, dabei jedoch bis zum heutigen Tage ständige Metamorphosen erfuhr.[6] Trotz des beträchtlichen Umfangs der zur Betriebsaufspaltung ergangenen Rechtsprechung[7] betreffen die Entscheidungen nahezu ausschließlich Inlandssachverhalte. Der Bundesfinanzhof ist in einer Entscheidung vom 28.7.1982[8] allerdings grundsätzlich davon ausgegangen, dass eine Betriebsaufspaltung auch „über die Grenze" erfolgen kann, ohne näher auf die damit verbundenen Auswirkungen einzugehen.

Mit der zu beobachtenden Globalisierung der Wirtschaft dürften in der Praxis zunehmend Fälle einer Betriebsaufspaltung mit Auslandsberührung auftreten. Dabei

---

[1] Soweit ersichtlich kennt lediglich das österreichische Steuerrecht eine der Betriebsaufspaltung vergleichbare Rechtsfigur.

[2] Vgl. zur Entwicklung des Instituts der Betriebsaufspaltung seit 1924 ausführlich Söffing, Die Betriebsaufspaltung, 2001, S. 37ff.

[3] Vgl. grundlegend BFH v. 8.11.1971 (GrS 2/71), BStBl II, 1972, S. 63.

[4] Vereinzelt wird die Betriebsaufspaltung als teleologische Gesetzesauslegung verstanden. Vgl. Petersen, Unternehmenssteuerrecht und bewegliches System, 1999, S. 67; vgl. hierzu auch Drüen, Nutzen beweglicher Systeme im Steuerrecht, 2000, S. 290ff.

[5] Vgl. RFH v. 26.10.1938 (VI 501/38), RStBl 1939, S. 282.

[6] So unterlag einerseits die Begründung zur Konstruktion der Betriebaufspaltung einem Wandel; vgl. hierzu ausführlich ab S.132. Andererseits änderten sich auch die Bedingungen für das Vorliegen der Voraussetzungen der Betriebsaufspaltung; vgl. ausführlich die Rechtsprechungsnachweise bei Söffing, Die Betriebsaufspaltung, 2001, S. 51ff. und S. 84ff.

[7] Eine Suchanfrage in der Datenbank *juris* zeigt für das Stichwort Betriebsaufspaltung bereits weit über tausend Urteile an.

[8] Vgl. BFH v. 28.7.1982 (I R 196/79), BStBl II, 1983, S. 77; vgl. auch FG Düsseldorf v. 22.5.1979 (IX 694/77 G), EFG 1980, S. 34.

drängt sich förmlich die Frage auf, wie sich ein national umstrittenes[9], lediglich richterrechtlich entwickeltes Rechtsgebilde, auf internationale Sachverhalte auswirkt.

Trotz alledem wurde in der Literatur bislang wenig diskutiert[10], welche steuerrechtlichen Konsequenzen sich ergeben, wenn ein wirtschaftlich einheitliches Unternehmen nicht nur nach nationalem Recht in zwei Gesellschaften aufgeteilt wird, sondern sich darüber hinaus auch noch über zwei verschiedene Steuerrechtsgebiete verbreitet.

In steuerlicher Hinsicht werden dabei drei Rechtskreise berührt: Zunächst stellen sowohl der deutsche, als auch der ausländischen Fiskus Steueransprüche. Der dritte Rechtskreis, das Recht der Doppelbesteuerungsabkommen, modifiziert diese Steueransprüche, d. h. er hebt sie auf oder begrenzt sie. Probleme ergeben sich insbesondere daraus, dass das Rechtsinstitut der Betriebsaufspaltung zweier Rechtskreise, nämlich den ausländischen Steuerrechtsordnungen[11] und den Doppelbesteuerungsabkommen unbekannt ist. Es stellt sich also die Frage nach der Reichweite der Rechtsfolgen der Betriebsaufspaltung, zum einen in Bezug auf ausländische Steuerrechtsordnungen, zum anderen auf die Doppelbesteuerungsabkommen.

In der Literatur kursiert der Begriff der „Betriebsaufspaltung über die Grenze". Von einer „Betriebsaufspaltung über die Grenze" wird regelmäßig dann gesprochen, wenn die wesentlichen Betriebsgrundlagen grenzüberschreitend überlassen werden, also sich entweder das Betriebsunternehmen oder das Besitzunternehmen im Ausland befindet.[12] Vereinzelt wird der Begriff auch gebraucht, wenn sich zwar die Betriebs- und die Besitzgesellschaft im Inland, jedoch Gesellschafter im Ausland befinden.[13] *Gebbers*[14] spricht auch von einem „Fall der internationalen Betriebsaufspaltung".

Nachfolgend wird der Begriff der „internationalen Betriebsaufspaltung" immer dann verwendet, wenn Einkünfte über die Grenze hinweg erzielt werden, Einkünf-

---

[9]   So wird einerseits die gesetzliche Grundlage dieses steuerrechtlichen Gebildes im nationalen Recht vermisst; vgl. Knobbe-Keuk, Bilanz- und Unternehmenssteuerrecht, 1993, S. 864. Andererseits wird auch der steuersystematische Sockel der Betriebsaufspaltung immer wieder bezweifelt; vgl. z. B. Strahl/Bauschatz, Betriebsaufspaltung im Steuer- und Zivilrecht, 2002, S. 11922.

[10]   Lediglich der Fall der Betriebsaufspaltung über die Grenze wurde in den 80er und 90er Jahren, vorwiegend im Zusammenhang mit der isolierenden Betrachtungsweise gem. § 49 Abs. 2 EStG, gelegentlich diskutiert. Vgl. ausführlich ab S. 149.

[11]   Abgesehen von Österreich.

[12]   Vgl. z. B. Piltz, Betriebsaufspaltung über die Grenze?, 1981, S. 2044; vgl. Becker/Günkel, Betriebsaufspaltung über die Grenze, 1993, S. 483; vgl. Kaligin, Betriebsaufspaltung über die Grenze, 1983, S. 457; vgl. Krug, Betriebsaufspaltung über die Grenze, 1985, S. 20.

[13]   Vgl. Knoppe, Betriebsverpachtung/Betriebsaufspaltung, 1985, S. 239.

[14]   Vgl. Gebbers, Besteuerung der internationalen Betriebsaufspaltung, 1984, S. 712.

24

te also vom Inland ins Ausland oder vom Ausland ins Inland fließen. Davon wird zum einen der Fall einer rein inländischen Betriebsaufspaltung erfasst, bei der lediglich ein Gesellschafter der Besitz-Personengesellschaft im Ausland ansässig ist, die Betriebsaufspaltung selbst aber im Inland verwirklicht wird. Zum anderen wird aber auch die eigentliche „Betriebsaufspaltung über die Grenze" eingeschlossen, also Fallkonstellationen, wo entweder das Besitz- oder das Betriebsunternehmen im Ausland ansässig ist.

Kapitel 2   Problemstellung und Gang der Untersuchung

1 Grundlegende Annahmen und Vorgehensweise

Ziel dieser Arbeit ist es, die Auswirkungen der Grundsätze der Betriebaufspaltung auf internationale Sachverhalte zu untersuchen und die daraus resultierenden Besteuerungsfolgen darzustellen. Da im Regelfall die Besitzgesellschaft in der Rechtsform der Personengesellschaft geführt wird, das Betriebsunternehmen hingegen eine Kapitalgesellschaft ist, liegt den nachfolgenden Ausführungen ausschließlich diese Konstellation, welche auch als sog. eigentliche Betriebsaufspaltung[15] bezeichnet wird, zu Grunde. Nicht betrachtet werden die kapitalistische[16], die mitunternehmerische[17] oder die umgekehrte Betriebsaufspaltung[18].

Zu Beginn der Untersuchungen werden in Abschnitt 2 kurz die Grundlagen des nationalen Steuerrechts dargestellt. Zu diesem Zweck werden die Besteuerungsfolgen der Überlassung von Wirtschaftsgütern an eine Kapitalgesellschaft durch eine Personengesellschaft - alternativ sowohl mit als auch ohne Berücksichtigung des Rechtsinstituts der Betriebsaufspaltung - aufgezeigt.

Ausgehend von einer rein national verwirklichten Betriebsaufspaltung (Gesellschaften und Gesellschafter im Inland), deren steuerliche Konsequenzen in Abschnitt 2 aufgezeigt werden, werden im Folgenden die verschiedenen Konstellationen der internationalen Betriebsaufspaltung auf den steuerlichen Prüfstand gestellt. Diese Untersuchungen stellen den Schwerpunkt dieser Arbeit dar und beziehen sowohl rein nationale als auch abkommensrechtliche Gesichtspunkte mit ein. Da sich die meisten von Deutschland abgeschlossenen Doppelbesteuerungsabkommen an dem

---

[15]   Vgl. z. B. Fichtelmann, Betriebsaufspaltung im Steuerrecht, 1999, A Rn. 4.

[16]   Sowohl Pächter- als auch Verpächtergesellschaft werden in der Rechtsform einer Kapital-gesellschaft geführt.

[17]   Sowohl Pächter- als auch Verpächtergesellschaft werden in der Rechtsform einer Personen-gesellschaft geführt.

[18]   Die Besitzgesellschaft ist eine Kapitalgesellschaft, die Betriebsgesellschaft eine Personen-gesellschaft. Vgl. Heinhold, Rechtsform, 1996, S. 220f.

Musterabkommen der OECD orientieren, werden ausschließlich dessen Artikel den Ausführungen zu Grunde gelegt.

Abschnitt 3 hat dabei die Konstellation einer rein nationalen Betriebsaufspaltung mit ausländischem Gesellschafter zum Thema, wohingegen sich Abschnitt 4 dem Phänomen der Betriebsaufspaltung über die Grenze widmet. In dessen Kapitel 1 geht es um eine Betriebsaufspaltung mit ausländischer *Besitz*gesellschaft, in dessen Kapitel 2 um eine Betriebsaufspaltung mit ausländischer *Betriebs*gesellschaft.

2 Problembereiche einer Betriebsaufspaltung mit ausländischem Gesellschafter

Bei einer rein national verwirklichten Betriebsaufspaltung mit ausländischem Gesellschafter liegen die Schwierigkeiten weniger im Bereich des nationalen Steuerrechts. Vielmehr wirft diese Konstellation im abkommensrechtlichen Bereich einen umfangreichen Fragenkatalog auf. Bei Vorliegen eines Doppelbesteuerungsabkommens stellt sich nämlich das grundsätzliche Problem, inwieweit ein ausschließlich im nationalen Recht verankertes Rechtsinstitut wie das der Betriebsaufspaltung auf die Anwendung von Doppelbesteuerungsabkommen durchschlagen kann. Konkretisiert wird dies im hier zu untersuchenden Fall in der Frage nach dem abkommensrechtlichen Unternehmensbegriff, was eine Auslegung des Abkommens und insbesondere des Art. 3 Abs. 2 OECD-MA erfordert.

Im innerstaatlichen Recht erfolgt die Besteuerung nach Maßgabe des Betriebsstättenprinzips. Der ausländische Gesellschafter unterliegt der beschränkten Steuerpflicht nach Maßgabe des § 1 Abs. 4 EStG und erzielt damit steuerpflichtige Einkünfte aus Gewerbebetrieb i. S. d. § 49 Abs. 1 Nr. 2a EStG. Diese dürfen im Inland besteuert werden, da die Beteiligung an der Besitz-Personengesellschaft für ihn eine Betriebsstätte i. S. d. § 12 AO begründet.

Die Doppelbesteuerungsabkommen folgen grundsätzlich ebenfalls dem Betriebsstättenprinzip. Allerdings weicht nicht nur die Betriebsstättendefinition in Art. 5 OECD-MA von der nationalen Definition in § 12 AO ab, sondern auch die Einordnung einer Gesellschaft als Gewerbebetrieb. Die Existenz eines Gewerbebetriebs bzw. eines Unternehmens ist jedoch zwingende Voraussetzung für das Vorliegen einer Betriebsstätte. Dies wirft die Frage auf, ob die Besitzpersonengesellschaft abkommensrechtlich ebenso wie im nationalen Recht als Gewerbebetrieb zu sehen ist und folglich dem Gesellschafter der Besitz-Personengesellschaft eine Betriebsstätte i. S. d. Art. 5 OECD-MA vermitteln kann. Dabei ist für den hier zu untersuchenden Fall der inländischen Betriebsaufspaltung mit ausländischem Gesellschafter zu beachten, dass lediglich die Beteiligung an einer gewerblichen Personengesellschaft, nicht jedoch die Beteiligung an einer rein vermögensverwaltenden Personengesellschaft dem ausländischen Gesellschafter eine Betriebsstätte vermitteln kann.

Die Antwort auf die Frage, ob die Beteiligung an der Besitzpersonengesellschaft abkommensrechtlich eine Betriebsstätte begründet, ist von herausragender Bedeutung für die daran anschließende Frage der Zuordnung des Besteuerungsrechts. Entsprechend dem Betriebsstättenprinzip werden nämlich Unternehmensgewinne regelmäßig in dem Land besteuert, dem sie wirtschaftlich zuzuordnen sind, also bei Vorliegen einer Betriebsstätte i. S. d. Art. 5 OECD-MA dem Betriebsstättenstaat.[19]

Die nachfolgende Graphik (Abb. 1) soll diese entscheidende Weichenstellung veranschaulichen:

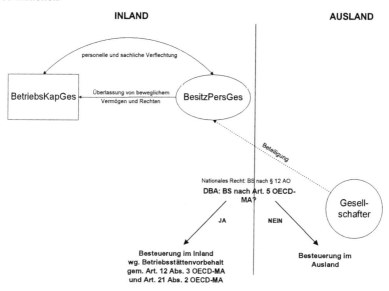

Abb. 1: Betriebsaufspaltung mit ausländischem Gesellschafter

3 Problembereiche einer Betriebsaufspaltung über die Grenze

In Abschnitt 4 werden die beiden Fälle der eigentlichen Betriebsaufspaltung über die Grenze untersucht, also die Fälle, wo entweder die Betriebskapital- oder die Besitzpersonengesellschaft im Ausland ansässig ist. Hier liegen die Schwierigkeiten vorwiegend auf der Ebene des nationalen Rechts, ohne jedoch eine abkommensrechtliche Beurteilung überflüssig werden zu lassen.

---

[19] Dies gilt jedoch nicht bei Einkünften aus unbeweglichem Vermögen i. S. d. Art. 6 OECD-MA. Hier hat das Belegenheitsprinzip Vorrang.

3.1 Inländische Betriebsgesellschaft und ausländische Besitzgesellschaft

Befindet sich die Betriebs-Kapitalgesellschaft im Inland, die Besitz-Personengesellschaft dagegen im Ausland, so muss in erster Linie geklärt werden, ob ein ebenfalls im Ausland ansässiger Gesellschafter mit den Pachterträgen, die er von der im Inland ansässigen Betriebs-Kapitalgesellschaft erhält, der inländischen beschränkten Steuerpflicht unterliegt. Die Beantwortung dieser Frage hängt davon ab, ob sich die Rechtsfolgen der Betriebsaufspaltung auch über die Grenze entfalten, genauer gesagt, ob das Rechtsinstitut der Betriebsaufspaltung auch über die Grenze anzuerkennen ist.

Ist diese Frage nämlich zu verneinen, ist von Einkünften aus Vermietung und Verpachtung nach Maßgabe des § 49 Abs. 1 Nr. 6 EStG oder von sonstigen Einkünften i. S. d. § 49 Abs. 1 Nr. 9 EStG auszugehen. Da diese sehr geringe Anforderungen an den Inlandsbezug stellen, dürfte in aller Regel ein für das Entstehen einer beschränkten Steuerpflicht ausreichender Inlandsbezug gegeben sein. Regelmäßig wird also eine Besteuerung im Inland erfolgen.

Für den Fall jedoch, dass die Betriebsaufspaltung auch im Fall „Betriebs-Kapitalgesellschaft im Inland, Besitz-Personengesellschaft im Ausland" anerkannt wird, mithin deren Rechtsfolgen, nämlich die Umqualifizierung der Miet- bzw. Pachteinnahmen in gewerbliche Einkünfte, auch hierfür greifen, lägen beschränkt steuerpflichtige gewerbliche Einkünfte i. S. d. § 49 Abs. 1 Nr. 2a EStG vor. Hier kann eine Besteuerung im Inland ausweislich des Gesetzeswortlautes nur dann stattfinden, wenn eine inländische Betriebsstätte i. S. d. § 12 AO unterhalten wird oder ein inländischer ständiger Vertreter i. S. d. § 13 AO bestellt ist. Da im hier zu untersuchenden Fall jedoch im Regelfall weder von einer Betriebsstätte noch von einem ständigen Vertreter im Inland auszugehen ist, unterbliebe bei einer Einordnung der Einkünfte als gewerbliche Einkünfte nach § 49 Abs. 1 Nr. 2a EStG regelmäßig eine Besteuerung im Inland. Denkbar wäre es allerdings, über die isolierende Betrachtungsweise, die in § 49 Abs. 2 EStG gesetzlich kodifiziert ist, oder über den letzten Satzteil des § 49 Abs. 1 Nr. 9 EStG doch zu einer Besteuerung im Inland zu kommen. Auch diese Fragestellungen werden im Rahmen dieser Arbeit behandelt und einer Lösung zugeführt.

Nach alledem stellt die Zuordnung zu der jeweils einschlägigen Einkunftsart im Rahmen der beschränkt steuerpflichtigen Einkünfte nach § 49 Abs. 1 EStG die entscheidende Weichenstellung dafür dar, ob ein im Ausland ansässiger Gesellschafter mit den Pachterträgen, die er von der in Inland ansässigen Betriebs-Kapitalgesellschaft erhält, der inländischen beschränkten Steuerpflicht unterliegt. Dies illustriert die nachstehende Graphik (Abb. 2).

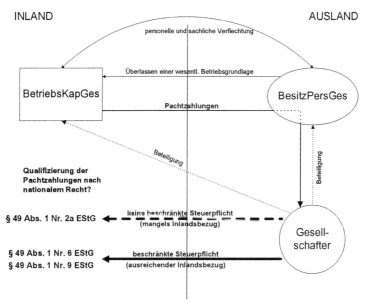

Abb. 2: Betriebsaufspaltung mit ausländischer Betriebsgesellschaft

3.2 Inländische Besitzgesellschaft und ausländische Betriebsgesellschaft

Schließlich wird in Kapitel 2 von Abschnitt 3 der Fall einer Betriebsaufspaltung mit inländischer Besitz-Personengesellschaft und ausländischer Betriebs-Kapitalgesellschaftgesellschaft betrachtet. Hier geht es vorwiegend darum, welche Besteuerungsfolgen sich für einen im Inland ansässigen Gesellschafter ergeben, insbesondere welcher Art die Einkünfte sind, die er erzielt. Zudem wird der Frage nachgegangen, ob für die ausländische Betriebskapitalgesellschaft aufgrund der personellen Verflechtung mit der inländischen Besitzpersonengesellschaft im Inland ein Ort der Geschäftsleitung i. S. d. § 10 AO anzunehmen ist, was zur Folge hätte, dass die ausländische Betriebskapitalgesellschaft im Inland der unbeschränkten Steuerpflicht unterläge.

Diese Konstellation stellt sich graphisch wie in Abbildung 3 dar.

INLAND   AUSLAND

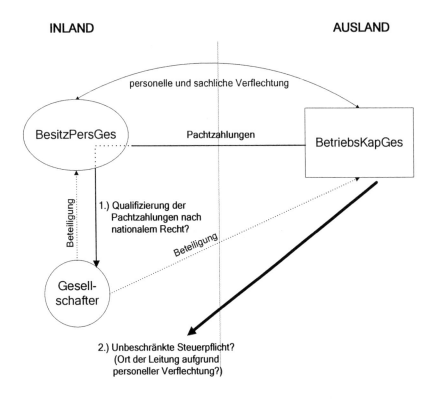

Abb. 3: Betriebsaufspaltung mit ausländischer Besitzgesellschaft

Abschnitt 2 Betriebsaufspaltung und andere Nutzungsüberlassungen im nationalen Steuerrecht

Erträge, die aus der Überlassung von Wirtschaftsgütern stammen, können im Einkommensteuerrecht grundsätzlich den Einkünften aus Vermietung und Verpachtung gem. § 20 EStG oder den Sonstigen Einkünften i. S. d. § 22 Nr. 3 EStG unterliegen.

Eine Ausnahme davon stellt die Betriebsaufspaltung dar. Vermietet bzw. verpachtet eine Gesellschaft (sog. Besitzunternehmen) eine wesentliche Betriebsgrundlage an ein gewerblich tätiges Unternehmen (sog. Betriebsunternehmen) und ist eine Person bzw. eine Personengruppe in der Lage, beide Gesellschaften so zu beherrschen, dass sie in beiden Unternehmen einen einheitlichen geschäftlichen Betätigungswillen durchsetzen kann, stellt die Besitzgesellschaft aufgrund des Rechtsinstituts der Betriebsaufspaltung trotz ihrer lediglich vermögensverwaltenden Tätigkeit einen Gewerbebetrieb dar. Sie erzielt mit den Pachteinnahmen gewerbliche Einkünfte.

In diesem Abschnitt werden zur Verdeutlichung der Rechtsfolgen der Betriebsaufspaltung die steuerlichen Konsequenzen einer Nutzungsüberlassung mit und ohne gleichzeitige personelle und sachliche Verflechtung betrachtet.

Kapitel 1   Darstellung der Grundkonstellation

Überlässt eine Personengesellschaft aufgrund von Miet- bzw. Pachtverträgen Wirtschaftsgüter an eine Kapitalgesellschaft, so kann dies zu unterschiedlichen Besteuerungsfolgen führen. Die steuerlichen Konsequenzen hängen insbesondere von der Art des Pachtgegenstandes und von der Gestaltung der Beteiligungsform[20] bzw. den Beteiligungsverhältnissen[21] der Gesellschafter der Pacht- bzw. der Verpächtergesellschaft ab.

Der Betrachtung liegt folgender Ausgangsfall (Abb. 4) zugrunde:

Die Tätigkeit der Personengesellschaft beschränkt sich auf die Vermietung und Verpachtung von Wirtschaftsgütern an die Kapitalgesellschaft. Sie erzielt durch die Nutzungsüberlassung Miet- bzw. Pachteinnahmen. Die Kapitalgesellschaft benötigt die Wirtschaftsgüter zur Führung ihres Gewerbebetriebs. Es existieren mindestens zwei Gesellschafter, die entweder nur an der verpachtenden Gesellschaft oder an

---

[20]   Mit der Beteiligung an der Kapitalgesellschaft kann eine Mitunternehmerschaft entstehen, wenn es sich um eine atypisch stille Beteiligung handelt.

[21]   Bei Abwandlung der Beteiligungsverhältnisse kommt es insbesondere darauf an, ob eine personelle Verflechtung zwischen der Kapitalgesellschaft und der Personengesellschaft entsteht.

beiden Gesellschaften beteiligt sind. Aus den Anteilen an der Kapitalgesellschaft fließen den Gesellschaftern Dividenden zu.

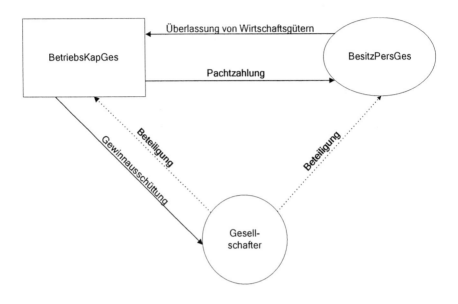

Abb. 4: Grundkonstellation

Ausgehend von dieser Grundkonstellation, soll unter Variation von Pachtgegenstand und Beteiligung der Gesellschafter dargestellt werden, welche steuerlichen Konsequenzen die Überlassung der Wirtschaftsgüter auf die Personengesellschaft bzw. ihre Gesellschafter hat.

Die Miet- bzw. Pachterträge, die die Personengesellschaft aus der Überlassung der Wirtschaftsgüter erzielt, können unter Einkünfte aus Vermietung und Verpachtung i. S. d. § 21 EStG, unter Sonstige Einkünfte i. S. d. § 22 EStG oder unter Einkünfte aus Gewerbebetrieb i. S. d. § 15 EStG fallen.

Veräußert die Personengesellschaft die an die Kapitalgesellschaft überlassenen Wirtschaftsgüter, hängt die Steuerbarkeit eines etwaigen Veräußerungsgewinns davon ab, ob das jeweilige Pachtobjekt Betriebs- oder Privatvermögen darstellt. Wird das Pachtobjekt im Betriebsvermögen gehalten, ist darüber hinaus danach zu unterscheiden, wessen Betriebsvermögen das Pachtobjekt zuzurechnen ist. Es kann sowohl als Betriebsvermögen der Personengesellschaft als auch als Betriebsvermögen der Kapitalgesellschaft angesehen werden.[22]

---

[22]   Vgl. ab S. 58ff.

Auch im Veräußerungsfall führt die Beurteilung des Pachtobjekts als Betriebs- oder Privatvermögen zu unterschiedlichen steuerlichen Konsequenzen. Während ein Gewinn aus der Veräußerung von Betriebsvermögen unter die gewerblichen Einkünfte i. S. d. § 15 EStG fällt, sind Gewinne aus der Veräußerung von Privatvermögen nur im Ausnahmefall steuerpflichtig. Geregelt sind Ausnahmefälle vom Grundsatz der Steuerfreiheit von Veräußerungsgewinnen im Privatvermögen u. a. in § 23 EStG.[23] Gewinne aus der Veräußerung von privaten Grundstücken und grundstücksgleichen Rechten sind gem. § 23 Abs. 1 S. 1 Nr. 2 EStG zu versteuern, wenn der Zeitraum zwischen Anschaffung und Veräußerung nicht mehr als zehn Jahre beträgt. Bei anderen Wirtschaftsgütern beträgt die steuerlich schädliche Frist gem. § 23 Abs. 1 S. 1 Nr. 1 EStG ein Jahr.

Da sich die Tätigkeit der in der Grundkonstellation vorgestellten Personengesellschaft auf die Verwaltung und Überlassung von Wirtschaftsgütern beschränkt, können private Veräußerungsgewinne i. S. d. § 23 EStG nahezu ausgeschlossen werden. Die Personengesellschaft erzielt ihre Erträge im Regelfall durch die Vermietung bzw. Verpachtung von unbeweglichem Vermögen, beweglichem Vermögen oder immateriellen Wirtschaftsgütern und hält ihre Wirtschaftsgüter auf Dauer in ihrem Vermögen.

Die Anteile an der Kapitalgesellschaft können gänzlich unabhängig von dem Pachtverhältnis als Privatvermögen zu beurteilen sein, oder aber auch Sonderbetriebsvermögen II für die Gesellschafter darstellen. Entsprechend der Qualifizierung der Kapitalgesellschaftsanteile als Privatvermögen oder als Betriebsvermögen sind die Dividenden als Einkünfte aus Kapitalvermögen i. S. d. § 20 Abs. 1 Nr. 1 EStG oder als Einkünfte aus Gewerbebetrieb i. S. d. § 15 EStG zu behandeln.

Werden die Kapitalgesellschaftsanteile im Betriebsvermögen gehalten, führen Gewinne aus ihrer Veräußerung grundsätzlich zu Einkünften aus Gewerbebetrieb i. S. d. § 15 EStG. Bei der Veräußerung eines privaten Anteils an der Kapitalgesellschaft erfolgt eine Besteuerung nur, wenn der Anteil eine wesentliche Beteiligung i. S. d. § 17 EStG darstellt. Demnach stellen Gewinne aus der Veräußerung von Kapitalgesellschaftsanteilen Einkünfte aus Gewerbebetrieb dar, wenn der Veräußerer innerhalb der letzten fünf Jahre mindestens zu 1 v. H. an der Kapitalgesellschaft beteiligt war. Daneben sind auch bei Anteilen an Kapitalgesellschaften private Veräußerungsgewinne i. S. d. § 23 EStG denkbar, die gem. § 23 Abs. 2 Satz 2 EStG Einkünften aus § 17 EStG im Kollisionsfall vorgehen. Veräußerungsgewinne i. S. v. § 23 EStG werden jedoch für den hier betrachteten Fall außer Betracht gelassen, da unterstellt wird, dass sich die Gesellschafter auf Dauer an der Kapitalgesellschaft beteiligen.

---

[23] Vgl. Tipke/Lang, Steuerrecht, 2002, § 9, Rn. 595f.

Die Personengesellschaft wird also je nach Fallgestaltung als vermögensverwaltende Gesellschaft oder als Gewerbebetrieb behandelt. Nachfolgend wird daher in kurzen Zügen dargestellt, wie gewerbliche und vermögensverwaltende Personengesellschaften grundsätzlich besteuert werden (Vgl. unter Kapitel 2). Daran anschließend werden die steuerlichen Konsequenzen der Nutzungsüberlassung dargestellt (Vgl. unter Kapitel 3).

Kapitel 2   Besteuerung der Personengesellschaft

Personengesellschaften[24] werden nach dem Transparenzprinzip besteuert. Da die Personengesellschaft – anders als im Zivilrecht - im deutschen Steuerrecht keine eigene Rechtspersönlichkeit besitzt, kann die Steuerpflicht nur auf Ebene der Gesellschafter entstehen.[25] Das erzielte Einkommen wird im Wege der einheitlichen und gesonderten Gewinnfeststellung (§§ 179 und 180 AO) anteilig und unmittelbar den Gesellschaftern als eigene Einkünfte zugerechnet und bei diesen nach deren persönlichen Merkmalen der Besteuerung unterworfen.[26]

Allerdings führte der Große Senat des Bundesfinanzhofs in seinem Beschluss vom 25.06.1984 aus, dass die Personengesellschaft insoweit ein Steuerrechtssubjekt darstellen kann, als sie „in der Einheit ihrer Gesellschafter Merkmale eines Besteuerungstatbestands verwirklicht, welche den Gesellschaftern für deren Besteuerung zuzurechnen sind. Solche Merkmale sind insbesondere die Verwirklichung oder Nichtverwirklichung des Tatbestandes einer bestimmten Einkunftsart.‟[27]

Bei der Bestimmung der Einkunftsarten der Gesellschafter ist daher die Tätigkeit der Gesellschaft als Ganzes maßgebend. Auch wenn grundsätzlich die Gesellschafter zur Besteuerung herangezogen werden, wird die Besteuerung maßgeblich davon beeinflusst, ob die Personengesellschaft einen Gewerbebetrieb darstellt oder lediglich dem Bereich der Vermögensverwaltung zuzuordnen ist.[28]

---

[24]   Personengesellschaften sind insbesondere die Gesellschaft bürgerlichen Rechts (GbR), die offene Handelsgesellschaft (OHG) und die Kommanditgesellschaft (KG).
[25]   Die Personengesellschaft ist weder eine natürliche noch eine juristische Person und kann daher nicht selbst der Einkommensteuer oder der Körperschaftsteuer unterliegen.
[26]   Vgl. BFH v. 3.5.1993 (GrS 3/92), BStBl II, 1993, S. 616.
[27]   (GrS 4/82), BStBl II, 1984, S. 751; vgl. auch BFH v. 26.11.1996 (VIII R 42/94), BStBl II, 1998, S. 328.
[28]   Vgl. die umfangreiche und teilweise nicht einheitliche Rechtsprechung wie z. B. BFH v. 10.11.1980 (GrS 1/79), BStBl II, 1981, S. 164; BFH v. 25.6.1984 (GrS 4/82), BStBl II, 1984, S. 751; BFH v. 25.2.1991 (GrS 7/89), BStBl II, 1991, S. 691; BFH 3.5.1993 (GrS 3/92), BStBl II, 1993, S.616; BFH v. 3.7.1995 (GrS 1/93), BStBl II, 1995, S. 617.

1 Besteuerung einer gewerblichen Personengesellschaft

1.1 Gewerblichkeit der Personengesellschaft

Eine Personengesellschaft ist dann gewerblich tätig, wenn sie die Anforderungen an einen Gewerbebetrieb nach § 15 Abs. 2 EStG erfüllt. Die positiven Anforderungen sind Selbstständigkeit, Nachhaltigkeit, Gewinnerzielungsabsicht und Beteiligung am allgemeinen wirtschaftlichen Verkehr. Ferner darf die Tätigkeit in Negativabgrenzung weder Ausübung von Land- und Forstwirtschaft noch Ausübung eines freien Berufes sein und muss den Rahmen privater Vermögensverwaltung überschreiten.[29] Dabei muss die Personengesellschaft die gewerbliche Tätigkeit in der Gesamtheit ihrer Gesellschafter verwirklichen.[30]

Subsidiär[31] zur Gewerblichkeit aufgrund des aktiven Betreiben eines Gewerbebetriebs i. S. d. § 15 Abs. 1 Nr. 1 EStG können die Einkünfte einer Personengesellschaft auch durch bloße gewerbliche Prägung i. S. d. § 15 Abs. 3 Nr. 2 EStG als Einkünfte aus Gewerbebetrieb qualifiziert werden. Sind die persönlich haftenden Gesellschafter der Personengesellschaft ausschließlich Kapitalgesellschaften und werden die Geschäfte nur von Kapitalgesellschaften oder Nicht-Gesellschaftern geführt, ist eine Personengesellschaft auch bei Ausüben einer lediglich vermögensverwaltenden Tätigkeit ein Gewerbebetrieb.[32]

Die Einkünfte einer Personengesellschaft gelten nach der Abfärbetheorie gem. § 15 Abs. 3 Nr. 1 EStG auch dann als gewerblich, wenn die Personengesellschaft nur zum Teil eine gewerbliche Tätigkeit ausübt.[33] Die Personengesellschaft gilt dann insgesamt als Gewerbebetrieb.

1.2 Mitunternehmerstellung des Gesellschafters

Die Besteuerung gewerblicher Personengesellschaften erfolgt im Einkommensteuerrecht nach dem Mitunternehmerkonzept. Der Begriff des Mitunternehmers ist im Gesetz nicht geregelt und muss durch Auslegung ermittelt werden. Hierbei handelt es sich um einen Typusbegriff, d. h. er kann nur anhand einer unbestimmten Anzahl von Merkmalen beschrieben werden und es ist im Einzelfall auf das Gesamtbild der Verhältnisse abzustellen.[34]

---

[29]   Vgl. ausführlicher zum Begriff des Gewerbebetriebs auch S. 125ff.; vgl. z. B. Weber-Grellet, in: Schmidt, EStG, 2003, § 15 Rn. 8ff.

[30]   Vgl. BFH v. 25.6.1984 (GrS 4/82), BStBl II, 1984, S. 751.

[31]   Vgl. Schmidt, in: Schmidt, EStG, 2003, Art. 15 Rn. 214.

[32]   Zur Entwicklung des Begriffs der gewerblichen Prägung vgl. z. B. Heinhold, Rechtsform, 1996, S. 175.

[33]   Allerdings muss der Anteil der originären gewerblichen Tätigkeit an der gesamten Tätigkeit der Gesellschaft höher als 1,25 v. H. sein; vgl. BFH v. 11.8.1999 (XI R 12/98), BStBl II, 2000, S. 229.

[34]   Vgl. BFH v. 25.06.1984 (GrS 4/82), BStBl II, 1984, S. 751.

Mitunternehmer können nur zivilrechtliche Gesellschafter der Personengesellschaft sein.[35] Für Mitunternehmer ist kennzeichnend, dass sie „Mitunternehmerinitiative" entfalten und „Mitunternehmerrisiko"[36] tragen. Mitunternehmerrisiko nimmt ein Gesellschafter auf sich, wenn er am Erfolg oder Misserfolg der Gesellschaft beteiligt ist.[37] Üblicherweise zeigt sich dies durch die Beteiligung an den stillen Reserven und dem Firmenwert. Nimmt er an unternehmerischen Entscheidungen teil, übt er Mitunternehmerinitiative aus.[38]

Grundsätzlich müssen beide Merkmale kumulativ vorliegen, können allerdings unterschiedlich stark ausgeprägt sein. So kann beispielsweise ein schwaches Mitunternehmerrisiko durch eine stark ausgeprägte Unternehmerinitiative kompensiert werden.[39] Das Tragen von Mitunternehmerrisiko hat bei der Beurteilung der Mitunternehmerstellung jedoch tendenziell ein höheres Gewicht als das Entfalten von Mitunternehmerinitiative.[40] Umstritten ist, ob die Mitunternehmereigenschaft grundsätzlich verlangt ist[41], oder nur in den Fällen, in denen eine „andere Gesellschaft" vorliegt, d. h. wenn die Gesellschaft keine Offene Handelsgesellschaft oder Kommanditgesellschaft ist.[42] Der Bundesfinanzhof prüft jedoch in allen Fällen regelmäßig, ob die Kriterien der Mitunternehmereigenschaft erfüllt sind.[43]

1.3   Gewinnermittlung

Eine gewerblich tätige Personengesellschaft ist Gewinnermittlungssubjekt[44] und stellt zusammen mit ihren Gesellschaftern eine Einheit bzw. eine Gesamthandsgemeinschaft dar.[45] Auch wenn die Gesellschafter selbst steuerpflichtig sind, ist der

---

[35]   Ausnahmsweise kann auch Mitunternehmer sein, wer eine einem zivilrechtlichen Gesellschafter wirtschaftlich vergleichbare Stellung innehat. Vgl. BFH v. 25.06.1984 (GrS 4/82), BStBl II, 1984, S. 751; vgl. BFH v. 25.2.1991 (GrS 7/89), BStBl II, 1991, S. 691. In diesem Fall würde eine sog. faktische Mitunternehmerschaft vorliegen. Vgl. z. B. Heinhold, Rechtsform, 1996, S. 33.

[36]   Vgl. BFH v. 3.5.1993 (GrS 3/92), BStBl II, 1993, S. 616; vgl. BFH v. 28.10.1999 (VIII R 66-70/97), BStBl II, 2000, S. 183; vgl. BFH v. 28.3.2003 (VIII B 194/01), BFH/NV, 2003, S. 1308.

[37]   Vgl. z. B. BFH v. 20.11.1990 (VIII R 10/87), GmbHR, 1991, S. 217; BFH v. 28.10.1999 (VIII R 66-70/97), BStBl II, 2000, S. 183.

[38]   Vgl. BFH vom 25. 6. 1984 (GrS 4/82), BStBl II, 1984, S. 751.

[39]   Vgl. BFH v. 1.8.1996 (VIII R 12/94), BStBl II, 1997, S. 272; vgl. BFH v. 15.12.1992 (VIII R 42/90), BStBl II, 1994, S. 702; vgl. BFH v. 21.9.1995 (IV R 65/94), BStBl II, 1996, S. 66.

[40]   Vgl. Crezelius, Der Mitunternehmerbegriff, 1993, S. 374.

[41]   Vgl. z. B.Schmidt, in: Schmidt, EStG, 2003, § 15 Rn. 170, 259; vgl. Stuhrmann, in: Blümich, EStG, 1998, § 15 Rn. 252.

[42]   Vgl. z. B. Hallerbach, Die Personengesellschaft im Einkommensteuerrecht, 1999, S. 147.

[43]   Vgl. z. B. BFH v. 25.6.1984 (GrS 4/82), BStBl II, 1984, S. 751; vgl. BFH v. 3.5.1993 (GrS 3/92), BStBl II, 1993, S. 616.

[44]   Vgl. BFH v. 10.11.1981 (GrS 1/79), BStBl II, 1981, S. 164.

[45]   Vgl. v. a. BFH v. 25.2.1991 (GrS 7/98), BStBl II, 1991, S. 691; vgl. BFH v. 3.7.1995 (GrS 1/93), BStBl II, 1995, S. 617. Die Vorschrift des § 39 Abs. 2 Nr. 2 AO findet hier keine Anwendung.

Gewerbebetrieb Subjekt der Gewinnermittlung. Der Gewinn wird durch Betriebsvermögensvergleich gem. § 4 Abs. 1 und § 5 EStG ermittelt, da die gewerblich tätige Personengesellschaft buchführungspflichtig ist (§ 238 HGB)[46].

Die Kernnorm der Besteuerung einer gewerblichen Personengesellschaft ist § 15 Abs. 1 S. 1 Nr. 2 EStG. Nach § 15 Abs. 1 S. 1 Nr. 2 EStG stellen die „Gewinnanteile der Gesellschafter einer Offenen Handelsgesellschaft, einer Kommanditgesellschaft und einer anderen Gesellschaft, bei der der Gesellschafter als Unternehmer (Mitunternehmer) des Betriebs anzusehen ist, und die Vergütungen, die der Gesellschafter von der Gesellschaft für seine Tätigkeit im Dienst der Gesellschaft oder für die Hingabe von Darlehen oder für die Überlassung Wirtschaftsgütern bezogen hat", Einkünfte aus Gewerbebetrieb dar.

Der steuerpflichtige Gewinn eines Mitunternehmers setzt sich somit in erster Linie aus seinem Gewinnanteil (§ 15 Abs. 1 S. 1 Nr. 2 HS 1 EStG) und seinen sog. Sondervergütungen (§ 15 Abs. 1 S. 1 Nr. 2 HS 2 EStG) zusammen, die aus Leistungsbeziehungen mit der Gesellschaft resultieren.

Die Gewinnermittlung einer gewerblichen Personengesellschaft erfolgt zweistufig:[47]

Zunächst wird auf der ersten Ebene anhand der Steuerbilanz der Gesamthandsgewinn bzw. Steuerbilanzgewinn (§ 15 Abs. 1 S. 1 Nr. 2 HS 1 EStG) ermittelt. Auf dieser Gewinnermittlungsstufe werden bei Bedarf Modifikationen des Gewinnanteils für den einzelnen Gesellschafter anhand sog. Ergänzungsbilanzen vorgenommen.[48] Leistungsvergütungen an einzelne Gesellschafter stellen auf dieser Ebene Betriebsausgaben dar, d. h. sie werden als Aufwand verbucht. Somit setzt sich das Ergebnis auf der ersten Stufe zusammen aus dem Anteil des Gesellschafters am Steuerbilanzgewinn und dem Ergebnis der Ergänzungsbilanz.

Auf der zweiten Gewinnermittlungsstufe werden die Vergütungen für Leistungsbeziehungen zwischen Gesellschaft und Gesellschafter (§ 15 Abs. 1 S. Nr. 2 HS 2 EStG) erfasst. Diese Vergütungen stellen beim Mitunternehmer als sog. Sondervergütungen Einkünfte aus Gewerbebetrieb dar. Neben diesen Sondervergütungen werden auf der zweiten Gewinnermittlungsstufe auch sonstige Sonderbetriebseinnahmen und Sonderbetriebsausgaben erfasst, d. h. Einnahmen und Ausgaben, die wirtschaftlich durch den Mitunternehmeranteil verursacht werden.[49] Sonderbetriebseinnahmen sind insbesondere Gewinnausschüttungen aus Kapitalgesell-

---

[46]   Vgl. zu handelsrechtlichen Bestimmungen z. B. Coenenberg, Jahresabschluss und Jahresabschlussanalyse, 2003, S. 26.

[47]   Vgl. BFH v. 25.6.1984 (GrS 4/82), BStBl II, 1984, S. 751.

[48]   In Ergänzungsbilanzen werden für die Gesellschafter aufgrund personenspezifischer Bewertungen Wertkorrekturen zu den Ansätzen der Steuerbilanz der Gesellschaft erfasst. Vgl. hierzu z. B. Schmidt, in: Schmidt, EStG, 2003, § 15 Rn. 460ff.

[49]   Vgl. z. B. Schmidt, in: Schmidt, EStG, 2003, § 15 Rn. 640ff.

schaftsanteilen die als Sonderbetriebsvermögen II qualifiziert werden.[50] Nach Berücksichtigung sämtlicher Sonderbetriebseinnahmen und -ausgaben ergibt sich der steuerliche Gesamtgewinn, der Grundlage für die Ermittlung des Gewerbeertrags bzw. der Gewerbesteuer ist.

Daneben kann die Mitunternehmerstellung eines Gesellschafters das Entstehen von Sonderbetriebsvermögen zur Folge haben. In der Steuerbilanz wird nur Gesamthandsvermögen bilanziert, d. h. nur Betriebsvermögen, welches den Gesellschaftern der Personengesellschaft gemeinschaftlich gehört. Für die zweite Stufe der Gewinnermittlung muss für jeden Mitunternehmer zur Erfassung seines Sonderbetriebsvermögens eine sog. Sonderbilanz erstellt werden.

Das Sonderbetriebsvermögen seinerseits wird unterteilt in Sonderbetriebsvermögen I und Sonderbetriebsvermögen II. Zum Sonderbetriebsvermögen I zählen Wirtschaftsgüter, die dazu geeignet und bestimmt sind, dem Betrieb der Personengesellschaft zu dienen. Sie müssen objektiv erkennbar zum unmittelbaren Einsatz im Betrieb bestimmt sein. Regelmäßig handelt es sich hierbei um Wirtschaftsgüter, die ein Mitunternehmer der Personengesellschaft vermietet oder verpachtet hat. Davon zu unterscheiden ist das Sonderbetriebsvermögen II, zu dem Wirtschaftsgüter gehören, die unmittelbar zur Begründung oder Stärkung der Beteiligung an der Personengesellschaft eingesetzt werden.[51] Hierzu zählt insbesondere die Beteiligung an einer Kapitalgesellschaft, die wirtschaftlich eng mit dem Gewerbebetrieb der Personengesellschaft verflochten ist.[52] Die Beteiligung an der Kapitalgesellschaft kann der Beteiligung des Mitunternehmers an „seiner" Personengesellschaft insoweit dienen, als dass sie für den Gewerbebetrieb der Personengesellschaft Vorteile bringt und dadurch die Mitunternehmerstellung des Gesellschafters selbst stärkt.[53]

Das Sonderbetriebsvermögen umfasst also Wirtschaftsgüter, die neben den Wirtschaftsgütern des Gesamthandsvermögens in den Betriebsvermögensvergleich nach § 4 Abs. 1 EStG miteinbezogen werden müssen.[54]

---

[50] Vgl. zum Begriff des Sonderbetriebsvermögens II im Folgenden.
[51] Vgl. u. a. BFH v. 30.3.1993 (VIII R 8/91), BStBl II, 1993, S. 864; vgl. BFH v. 19.10.2000 (IV R 73/99), BStBl II, 2001, S. 335. Sehr kritisch betrachtet wird die Existenz von Sonderbetriebsvermögen II von Söffing, vgl. ders., Überlegungen zum Sonderbetriebsvermögen II, 2003, S. 616.
[52] Weitere Beispiele bei Schmidt, in: Schmidt, EStG, 2003, § 15 Rn. 518; vgl. Ritzrow, Sonderbetriebsvermögen, 2003, S. 184ff.
[53] Vgl. BFH v. 13.5.1976 (IV R 4/75), BStBl II, 1976, S. 617; vgl. BFH v. 3.3.1998 (VIII R 66/96), BStBl II, 1998, S. 383.
[54] Vgl. ausführlich Ritzrow, Sonderbetriebsvermögen, 2003, S. 139.

2 Besteuerung einer vermögensverwaltenden Personengesellschaft

2.1 Begriff der vermögensverwaltenden Gesellschaft

Der Begriff der Vermögensverwaltung wird ausschließlich in der Abgabenordnung näher bestimmt. Gem. § 14 S. 3 AO liegt Vermögensverwaltung in der Regel dann vor, wenn Vermögen genutzt wird, also zum Beispiel Kapitalvermögen verzinslich angelegt oder unbewegliches Vermögen vermietet oder verpachtet wird.

Im Einkommensteuergesetz erfolgt keine Definition der Vermögensverwaltung, so dass allenfalls eine Negativabgrenzung zur Beschreibung des Gewerbebetriebs in § 15 Abs. 2 EStG erfolgen kann. Vermögensverwaltung ist, was nicht Gewerbebetrieb, nicht freiberufliche Tätigkeit und nicht Land- und Forstwirtschaft ist.[55]

Problematisch ist die Abgrenzung zwischen Vermögensverwaltung und Gewerbebetrieb. Nach ständiger Rechtsprechung des Bundesfinanzhofs „wird die Grenze von der privaten Vermögensverwaltung zum Gewerbebetrieb dann überschritten, wenn nach dem Gesamtbild der Betätigung und unter Berücksichtigung der Verkehrsauffassung die Ausnutzung substantieller Vermögenswerte durch Umschichtung gegenüber der Nutzung von Grundbesitz im Sinne einer Fruchtziehung aus zu erhaltenden Substanzwerten (z. B. durch Selbstnutzung oder Vermietung) entscheidend in den Vordergrund tritt."[56] Damit keine Liebhaberei vorliegt, muss Überschusserzielungsabsicht vorliegen. Hierbei sind neben der Gesellschaft auch die Verhältnisse der Gesellschafter zu betrachten.[57]

Grundsätzlich umfasst der Begriff der Vermögensverwaltung nur die Verwaltung von eigenem Vermögen. Andernfalls wären die Einnahmen als Einkünfte aus selbstständiger Arbeit i. S. d. § 18 Abs. 1 Nr. 3 EStG zu qualifizieren.[58]

Zivilrechtlich handelt es sich bei vermögensverwaltenden Personengesellschaften regelmäßig um Gesellschaften bürgerlichen Rechts (§§ 705ff. BGB). Allerdings kann eine vermögensverwaltende Personengesellschaft auch in der Rechtsform einer Offenen Handelsgesellschaft oder in der einer Kommanditgesellschaft geführt werden. Eine Eintragung in das Handelsregister ändert jedoch nichts an ihrem steuerrechtlichen Status als vermögensverwaltende Personengesellschaft. Im Sinne des Einkommensteuergesetzes stellen die Offenen Handelsgesellschaft und die Kommanditgesellschaft trotz ihrer zivilrechtlichen Kaufmannseigenschaft (vgl. § 6 HGB) keinen Gewerbebetrieb dar. Vielmehr bleiben sie steuerrechtlich weiterhin vermögensverwaltende Personengesellschaften, sofern sie die Kriterien eines Ge-

---

[55] Vgl. Engel, Vermögensverwaltende Personengesellschaft, 2003, S. 81.
[56] BFH v. 10.12.2001 (GrS 1/98), BStBl II, 2002, S. 291; vgl. BFH v. 03.07.1995 (GrS 1/93), BStBl II, 1995, S. 617 m. w. N.
[57] Vgl. BFH v. 8.12.1998 (IX R 49/95), BStBl II, 1999, S. 468.
[58] Vgl. Buge, in: H/H/R, 2003, EStG, § 15 Rn. 1100.

werbebetriebs i. S. d. § 15 Abs. 2 EStG nicht erfüllen bzw. ihre Tätigkeit den Rahmen der bloßen Vermögensverwaltung nicht überschreitet.[59]

2.2 Einkunftsermittlung

2.2.1 Die vermögensverwaltende Personengesellschaft als Steuerrechtssubjekt

Die vermögensverwaltende Personengesellschaft ist als Steuerrechtssubjekt insoweit anerkannt, als auch hier zur Ergebnisermittlung auf die Gesellschaftsebene abgestellt wird.[60] Der Überschuss wird auf Ebene der Personengesellschaft einheitlich und gesondert festgestellt und den Gesellschaftern anteilig zugerechnet.[61] Da die vermögensverwaltende Personengesellschaft nicht buchführungspflichtig ist, erfolgt die Einkunftsermittlung gem. § 2 Abs. 2 Nr. 2 EStG als Überschuss der Einnahmen (§ 8 EStG) über die Werbungskosten (§ 9 EStG). Gem. § 11 EStG sind die Einnahmen nach dem Zuflussprinzip, die Werbungskosten nach dem Abflussprinzip zu erfassen.

Gesellschaftsvermögen einer vermögensverwaltenden Personengesellschaft stellt Privatvermögen dar. Sind Wirtschaftsgüter dem Gesamthandsvermögen zuzurechnen, kann § 39 Abs. 2 AO Anwendung finden, d. h. diese sind den Gesellschaftern anteilig zuzurechnen. Bei einer vermögensverwaltenden Personengesellschaft ohne steuerliches Betriebsvermögen ist das Gesellschaftsvermögen als Privatvermögen der einzelnen Gesellschafter zu behandeln.[62]

2.2.2 Qualifizierung des Überschussanteils des Gesellschafters

Für einen Gesellschafter einer vermögensverwaltenden Personengesellschaft kann im Unterschied zu einer gewerblichen Personengesellschaft nicht der Gesellschaftsanteil als Einkunftsquelle gesehen werden. Vielmehr beteiligt er sich unmittelbar am Markt.[63]

Die Gesellschafter erzielen grundsätzlich Einkünfte derselben Einkunftsart wie die vermögensverwaltende Personengesellschaft. In Betracht kommen nur Überschuss-

---

[59] Vgl. Nöcker/Solfrian, Die vermögensverwaltende Personengesellschaft, 2002, S. 429.
[60] Vgl. BFH v. 7.4.1987 (IX R 103/85), BStBl II, 1987, S. 707; vgl. BFH v. 25.6.1984 (GrS 4/82), BStBl II, 1984, S. 751.
[61] Vgl. BFH v. 25.6.1984 (GrS 4/82), BStBl II, 1984, S. 751.
[62] Vgl. hierzu ausführlich und kritisch z. B. Engel, Vermögensverwaltende Personengesellschaft, 2003, S. 84ff. mit weiteren Literaturnachweisen. Vgl. auch zur Bruchteilsbetrachtung bei Anteilen an einer Kapitalgesellschaft i. S. d. § 17 EStG im Gesellschaftsvermögen einer vermögensverwaltenden Personengesellschaft z. B. BFH v. 9.5.2000 (VIII R 40/99), BFH/NV, 2001, S. 17.
[63] Vgl. Hallerbach, Personengesellschaft im Einkommensteuerrecht, 1999, S. 177ff; vgl. dies., vermögensverwaltende Personengesellschaft, 2001, S. 101.

einkünfte und keine Gewinneinkünfte, da die vermögensverwaltende Personengesellschaft ja gerade nicht gewerblich tätig ist. Je nach Art des verwalteten Vermögens handelt es sich um Einkünfte aus Kapitalvermögen i. S. d. § 20 EStG, Einkünfte aus Vermietung und Verpachtung i. S. d. § 21 EStG oder Sonstige Einkünfte i. S. d. § 22 EStG.

Anderes ergibt sich bei Vorliegen einer sog. Zebragesellschaft. Von einer Zebragesellschaft spricht man, wenn die Beteiligung an der vermögensverwaltenden Personengesellschaft in einem Betriebsvermögen gehalten wird. Die anteiligen Einkünfte des gewerblichen Gesellschafters sind dann als Einkünfte aus Gewerbebetrieb i. S. d. § 15 EStG zu qualifizieren. Die vermögensverwaltende Personengesellschaft erhält hierdurch jedoch keinen gewerblich infizierten Status.[64]

2.2.3 Leistungsvergütungen an den Gesellschafter

§ 15 Abs. 1 S. 1 Nr. 2 EStG kann bei vermögensverwaltenden Personengesellschaften nicht analog angewendet werden.[65] Dies ergibt sich bereits aus seiner systematischen Stellung unter dem Abschnitt „Gewerbebetrieb". Darüber hinaus fehlt für die vermögensverwaltende Personengesellschaft eine den § 13 Abs. 7 EStG und § 18 Abs. 4 S. 2 EStG[66] vergleichbare Vorschrift. Einkünfte aus Leistungsbeziehungen zwischen dem Gesellschafter und der Gesellschaft werden daher ihrer originären Art nach besteuert.[67] So sind beispielsweise Wirtschaftsgüter, die ein Gesellschafter der Gesellschaft überlässt, steuerrechtlich dem Gesellschafter zuzurechnen und stellen bei diesem Privatvermögen dar. Die Einkünfte sind entsprechend dem Überlassungsgegenstand zu beurteilen. Die Leistungsvergütung, die der Gesellschafter für die Überlassung des Wirtschaftsgutes erhält, ist ihrer Art nach zu beurteilen und kann nicht als Teil des Überschusses der Personengesellschaft gesehen werden.[68] Anders verhält es sich, wenn ein Wirtschaftsgut auf Grundlage des Gesellschaftsvertrages der Gesellschaft zur Verfügung gestellt wird. In diesem Fall stellt die Leistungsvergütung einen Anteil am Überschuss der Gesellschaft dar.[69]

---

[64] Problematisch ist, wie die Umqualifizierung der vermögensverwaltenden Einkünfte in gewerbliche Einkünfte zu erfolgen hat. Vgl. hierzu auch Vorlagebeschluss BFH v. 30.10.2002 (IX R 80/98), BStBl II, 2003, S. 167. Vgl. ausführlicher zur Ergebnisermittlung des betrieblich beteiligten Gesellschafters z. B. Zähle, Einkünfte eines betrieblich an einer Zebragesellschaft beteiligten Gesellschafters, 2003, S. 1328ff.

[65] Vgl. auch BFH v. 18.11.1980 (VIII R 194/78), BStBl II, 1981, S. 510. A. a. jedoch z. B. Schulte, Gesellschafter einer vermögensverwaltenden Personengesellschaft, 1980, S. 341ff.; vgl. Trzaskalik, in: Kirchhof/Söhn, 1996, § 21 Rn. B 200.

[66] Hier wird § 15 Abs. 1 S. 1 Nr. 2 EStG für Einkünfte aus Land- und Forstwirtschaft bzw. Einkünfte aus selbständiger Arbeit für entsprechend anwendbar erklärt.

[67] Vgl. Tulloch/Wellisch, Bedeutung von Ergebnisverteilungsabreden, 1999, S. 1094.

[68] Vgl. z. B. Drenseck, in: Schmidt, EStG, 2003, § 21 Rn. 23.

[69] Vgl. BFH v. 18.11.1980 (VIII R 194/78), BStBl II, 1981, S. 510. Vgl. Drenseck, in: Schmidt, EStG, 2003, § 21 Rn. 23.

Erhält ein Gesellschafter Geschäftsführervergütungen von der vermögensverwaltenden Personengesellschaft, kommen Einkünfte nach § 18 EStG oder § 19 EStG in Betracht. Handelt es sich jedoch nicht um eine Sondervergütung für einen schuldrechtlichen Leistungsaustausch, sondern stellen die Bezüge des Gesellschafters eine Erfolgsbeteiligung dar, sind die Einkünfte als Anteil am Überschuss der Personengesellschaft zu werten.[70] Die Einkünfte des Gesellschafters werden dann nicht entsprechend der Art der Tätigkeit, die er für die Gesellschaft erbringt, qualifiziert. Vielmehr werden seine Bezüge als Überschussanteil derselben Einkunftsart wie die Einkünfte der vermögensverwaltenden Personengesellschaft zugeordnet. Ein geschäftsführender Gesellschafter einer vermögensverwaltenden Personengesellschaft, die ausschließlich Einkünfte i. S. d. § 21 EStG erzielt, würde beispielsweise für seine Tätigkeit Einkünfte i. S. d. § 18 EStG oder § 19 EStG erzielen, sofern es sich um eine Sondervergütung handelt. Stellen die Bezüge hingegen einen Gewinnvorab dar, sind die Einkünfte als Anteil am Überschuss der vermögensverwaltenden Gesellschaft zu betrachten und somit als Einkünfte i. S. d. § 21 EStG zu qualifizieren.[71]

3 Zusammenfassung

Die Besteuerungsfolgen einer Personengesellschaft bzw. ihrer Gesellschafter richtet sich nach deren Einordnung als Gewerbebetrieb oder vermögensverwaltender Gesellschaft.

Während die Einkünfte einer vermögensverwaltenden Personengesellschaft als Überschuss der Einnahmen i. S. d § 8 EStG über die Werbungskosten i. S. d. § 9 EStG ermittelt werden, findet bei einer gewerblichen Personengesellschaft ein Betriebsvermögensvergleich i. S. d. §§ 4ff. EStG statt. Demzufolge wird das Vermögen einer gewerblichen Personengesellschaft auch als Betriebsvermögen in die steuerbare Sphäre miteinbezogen, während das Gesellschaftsvermögen einer vermögensverwaltenden Personengesellschaft als Privatvermögen vom Grundsatz her nicht der Besteuerung unterliegt.

Gesellschafter einer gewerblichen Personengesellschaft erzielen mit ihrem Gewinnanteil Einkünfte aus Gewerbebetrieb i. S. d. § 15 EStG, wohingegen Gesellschafter einer vermögensverwaltenden Personengesellschaft mit dem Anteil am Überschuss der Gesellschaft Einkünfte in derselben Einkunftsart zuzurechnen sind, die die Personengesellschaft erzielt. Hierbei handelt es sich um Überschusseinkünfte i. S. d. § 2 Abs. 2 Nr. 2 EStG.

---

[70] Vgl. BFH v. 13.10.1998 (VIII R 4/98), BStBl II, 1999, S. 284; vgl. ausführlich zur Abgrenzung zwischen Ergebnisanteil und Sondervergütung und deren Auswirkung auf die Qualifizierung der Einkünfte eines Gesellschafters einer vermögensverwaltenden Personengesellschaft Tulloch/ Wellisch, Bedeutung von Ergebnisverteilungsabreden, 1999, S. 1094ff.

[71] Vgl. ausführlicher z. B. Engel, Vermögensverwaltende Personengesellschaft, 2003, S. 149ff.

Mit § 15 Abs. 1 S. 1 Nr. 2 EStG wird für gewerbliche Personengesellschaften ein Besteuerungskonzept vorgegeben. Demzufolge kann Vermögen eines Gesellschafters zu Sonderbetriebsvermögen I oder zu Sonderbetriebsvermögen II werden. Leistungsbeziehungen zwischen der Gesellschaft und dem Gesellschafter fallen nicht unter ihre originäre Einkunftsart sondern werden als Einkünfte aus Gewerbebetrieb besteuert.

Für vermögensverwaltende Personengesellschaften gibt es keine vergleichbare Regelung. Das Vermögen eines Gesellschafters kann nur Privatvermögen darstellen. Leistungsbeziehungen mit der vermögensverwaltenden Gesellschaft werden grundsätzlich ihrer Art nach beurteilt.

Kapitel 3   Steuerliche Folgen der Nutzungsüberlassung

Überlässt die Personengesellschaft der Kapitalgesellschaft wesentliche Betriebsgrundlagen zur Nutzung, besteht zwischen den beiden Gesellschaften eine sachliche Verflechtung.

Im Folgenden werden zunächst die steuerlichen Konsequenzen des Pachtverhältnisses bei Konstellationen betrachtet, in denen nicht gleichzeitig auch eine personelle Verflechtung zwischen den Gesellschaftern der Gesellschaften besteht, d. h. die Voraussetzungen einer Betriebsaufspaltung nicht gegeben sind. (Vgl. unter Punkt 1) Erst nach dieser Betrachtung können die eigentlichen Rechtsfolgen der Betriebsaufspaltung deutlich gemacht werden (Vgl. unter Punkt 2).

1   Nutzungsüberlassung ohne steuerlichen Zusammenhang zur Beteiligung an der Kapitalgesellschaft

Wenn weder die Voraussetzungen einer Betriebsaufspaltung vorliegen, noch die Beteiligung an der Kapitalgesellschaft eine Mitunternehmerschaft in Form einer atypisch stillen Gesellschaft darstellt, kann steuerlich kein Zusammenhang zwischen der Beteiligung an der Kapitalgesellschaft und der Nutzungsüberlassung durch die Personengesellschaft gesehen werden.

Die Beteiligung an der Kapitalgesellschaft ist dann steuerlich gänzlich unabhängig von der Nutzungsüberlassung zu beurteilen. Die Kapitalgesellschaftsanteile stellen Privatvermögen dar, d. h. etwaige Gewinne aus der Veräußerung der Beteiligung können allenfalls nach Maßgabe der § 23 EStG oder § 17 EStG der Besteuerung unterliegen. Mit den Dividenden erzielt der Gesellschafter Einkünfte aus Kapitalvermögen i. S. d. § 20 Abs. 1 Nr. 1 EStG.

Die steuerlichen Konsequenzen der Nutzungsüberlassung richten sich danach, ob es sich bei dem Pachtgegenstand um einzelne Wirtschaftsgüter handelt oder ob ein Gewerbebetrieb bzw. ein Teilbetrieb vermietet bzw. verpachtet wird.

1.1 Überlassung von einzelnen Wirtschaftsgütern

1.1.1 Unbewegliche Wirtschaftsgüter

Handelt es sich bei dem Pachtgegenstand um unbewegliche Wirtschaftsgüter, erzielt der Verpächter mit den Pachteinnahmen Einkünfte aus Vermietung und Verpachtung i. S. d. § 21 Abs.1 S. 1 Nr. 1 EStG. Hierbei handelt es sich in erster Linie um Grundstücke, Gebäude, Gebäudeteile und grundstücksgleiche Rechte.[72]

1.1.2 Bewegliche Wirtschaftsgüter

Bei der Überlassung beweglicher Wirtschaftsgüter wird unterschieden, ob diese einen Sachinbegriff oder voneinander unabhängige einzelne Wirtschaftsgüter darstellen. Wenn einzelne Wirtschaftsgüter „funktionell und technisch so aufeinander abgestimmt sind, dass sie eine wirtschaftliche Einheit bilden"[73], stellen sie in ihrer Gesamtheit einen Sachinbegriff darf. Einkünfte aus der Überlassung von Sachinbegriffen werden als Einkünfte aus Vermietung und Verpachtung gem. § 21 Abs. 1 S. 1 Nr. 2 EStG der Besteuerung unterworfen. Stellen die überlassenen Wirtschaftsgüter keine Sachinbegriffe, sondern bewegliche Wirtschaftsgüter dar, liegen Sonstige Einkünfte i. S. d § 22 Nr. 3 EStG vor. Einkünfte aus der zeitlich begrenzten Überlassung von Rechten fallen hingegen unter § 21 Abs. 1 S. 1 Nr. 3 EStG.

1.1.3 Immaterielle Wirtschaftsgüter

Bei Einkünften aus der Überlassung von Rechten ist danach zu unterscheiden, ob diese Überlassung zeitlich begrenzt oder zeitlich unbegrenzt ist.[74] Zeitlich begrenzt überlassene Rechte führen zu Einkünften aus Vermietung und Verpachtung i. S. d. § 21 Abs. 1 S. 1 Nr. 3 EStG. Auch wenn dort keine Definition für den Begriff der Rechte erfolgt, so findet sich zumindest ein Beispielskatalog. Demnach zählen in erster Linie schriftstellerische, künstlerische und gewerbliche Urheberrechte, gewerbliche Erfahrungen, Gerechtigkeiten und Gefälle zu den Rechten. Nicht erwähnte Rechte müssen den in § 21 Abs. 1 S. 1 Nr. 1 EStG beispielhaft aufgeführten Rechten in ihrer Struktur vergleichbar sein.[75]

---

[72] Vgl. Drenseck, in: Schmidt, EStG, 2003, § 21 Rn. 50ff.
[73] Drenseck, in: Schmidt, EStG, 2003, § 21 Rn. 53; vgl. Kantenwein/Melcher, Der Sachinbegriff i. S. d. § 21 Abs. 1 Nr. 2 EStG, S. 233ff.
[74] Ohne Bedeutung ist die Unterscheidung lediglich dann, wenn die Einkünfte aus der Überlassung des Rechts einer freiberuflichen Tätigkeit i. S. d. § 18 Abs. 1 Nr. 1 EStG zuzuordnen sind. Vgl. BFH v. 9.2.1967 (IV 291/64), BStBl III, 1967, S. 310. Unter § 18 EStG fallen Einnahmen, die der Urheber eines Rechts selbst mit der Nutzungsüberlassung erzielt; vgl. z. B. Drenseck, in: Schmidt, EStG, 2003, § 21 Rn. 54. Für den vorliegenden Fall, in dem eine Personengesellschaft Wirtschaftsgüter an einer Kapitalgesellschaft überlässt, wird davon ausgegangen, dass die Rechte nicht im Rahmen einer freiberuflichen Tätigkeit überlassen werden.
[75] Vgl. Trzaskalik, 1996, in: Kirchhof/Söhn/Mellinghoff, EStG, § 21 Rn. B 6.

Die zeitlich unbegrenzte Überlassung von Rechten stellt dagegen – anders als die zeitlich begrenzte Überlassung von Rechten, die wie gesagt § 21 Abs. 1 S. 1 Nr. 3 EStG unterfällt – einen Veräußerungsvorgang i. S. d. § 23 Abs. 1 EStG dar. Der Veräußerungsbegriff des § 23 EStG weicht nämlich von demjenigen des Zivilrechts ab und bestimmt sich im Wesentlichen nach der Übertragung des wirtschaftlichen Eigentums i. S. v. § 39 Abs. 1 AO, die bei einer zeitlich unbegrenzten Überlassung zu bejahen ist.[76]

1.2 Überlassung eines Gewerbebetriebs oder Teilbetriebs

Bei der Überlassung eines Gewerbebetriebs ist danach zu differenzieren, ob sich der Gewerbebetrieb im Betriebs- oder im Privatvermögen befindet.

1.2.1 Gewerbebetrieb im Privatvermögen

Ein Gewerbebetrieb stellt einen Sachinbegriff dar. Einkunfte aus der Überlassung eines ganzen Betriebs sind daher grundsätzlich als Einkünfte aus Vermietung und Verpachtung i. S. d. § 21 Abs.1 S. 1 Nr. 2 EStG zu behandeln. Eigentlicher Zweck dieser Norm war es, die Anwendung einheitlicher Regelungen im Rahmen einer Betriebsverpachtung zu sichern.[77] Allerdings erfolgt in der Rechtsprechung eine Abgrenzung von § 15 EStG und § 21 EStG ausschließlich für Zwecke der Auslegung des § 16 EStG.[78]

Ausnahmsweise kann auch ein Teil der Einkünfte keine Einkünfte i. S. d. § 21 EStG darstellen: Wurde der Betrieb zuvor vom Verpächter selbst betrieben und anschließend ins Privatvermögen überführt, so sind diejenigen Pachteinnahmen, die aufgrund eines Geschäftswert des Betriebes entsteht, gem. § 24 Nr. 2 EStG als gewerbliche Einkünfte i. S. d. § 15 EStG zu besteuern.[79] Ein derivativer Firmenwert kann grundsätzlich nicht von einem Betriebsvermögen in ein Privatvermögen übernommen werden.[80]

1.2.2 Gewerbebetrieb ist Betriebsvermögen (Verpächterwahlrecht)

Wird ein bisher vom Verpächter selbst betriebener Gewerbebetrieb überlassen, hat der Verpächter unter bestimmten Voraussetzungen ein sogenanntes Verpächter-

---

[76] Vgl. Heinicke, in: Schmidt, EStG, § 23 Rn. 36, 50 und 51. Beispielsweise hat der BFH entschieden, dass die zeitlich unbegrenzte Überlassung von Grunddienstbarkeiten oder Erbbaurechten einen Veräußerungsvorgang darstellen kann; vgl. mit Verweisen zur Rechtsprechung Heinicke, in: Schmidt, EStG, § 23 Rn. 51.
[77] Vgl. Trzaskalik, in: Kirchhof/Söhn/Mellinghoff, 1996, § 21 Rn. B 5.
[78] Vgl. Trzaskalik, in: Kirchhof/Söhn/Mellinghoff, 1996, § 21 Rn. B 80.
[79] Vgl. BFH v. 4.4.1989 (X R 49/87), BStBl II, 1989, S. 606.
[80] Vgl. BFH v. 30.1.2002 (X R 56/99), BStBl II, 2002, S. 387.

wahlrecht.[81] Er kann wählen, ob die Betriebsverpachtung als Betriebsaufgabe i. S. d. § 16 Abs. 3 EStG oder als Betriebsfortführung qualifiziert werden soll. Demzufolge müssen die im Betriebsvermögen enthaltenen stillen Reserven nicht zwangsläufig aufgedeckt und versteuert werden, da die Betriebsvermögenseigenschaft der verpachteten Wirtschaftsgüter während des Verpachtungszeitraums aufrechterhalten werden kann.[82] Nicht mitverpachtete Wirtschaftsgüter, die bisher Betriebsvermögen waren, bleiben dann ebenfalls Betriebsvermögen.[83]

Die Qualifizierung der Pachteinnahmen richtet sich danach, ob der Verpächter das Wahlrecht ausgeübt hat oder nicht. Wird der Betrieb nicht fortgeführt, erfolgt eine Auflösung der stillen Reserven und die Wirtschaftsgüter werden in das Privatvermögen überführt.[84] Die Pachteinnahmen werden als Einkünfte aus Vermietung und Verpachtung i. S. d. § 21 Abs.1 S. 1 Nr. 2 EStG besteuert (wie unter 1.2.1 beschrieben). Wird der Gewerbebetrieb allerdings fortgeführt, können die Pachtgegenstände weiterhin als Betriebsvermögen qualifiziert werden, die Pachterträge sind Einkünfte aus Gewerbebetrieb i. S. d. § 15 EStG. Sie unterliegen jedoch nicht mehr der Gewerbesteuer, da die Vermietung bzw. Verpachtung keine „werbende" Tätigkeit ist.

Die Verpachtung eines Teilbetriebs steht der Verpachtung eines ganzen Gewerbebetriebs gleich.[85] Unter einem Teilbetrieb ist nach ständiger Rechtsprechung „ein mit einer gewissen Selbstständigkeit ausgestatteter, organisch geschlossener Teil eines Gesamtbetriebs zu verstehen, der als solcher lebensfähig ist"[86].

1.2.2.1 Voraussetzungen des Verpächterwahlrechts

Die Betriebsverpachtung bzw. das Vorliegen des Verpächterwahlrechts ist an persönliche Voraussetzungen, welche sich auf die Merkmale der Person des Verpächters beziehen und an sachliche Voraussetzungen, welche das Pachtobjekt zum Gegenstand haben, geknüpft. Zudem ist die Betriebsverpachtung im Verhältnis zu an-

---

[81] Vgl. hierzu R 139 Abs. 5 EStR. Daneben kann sich ein Gewerbebetrieb natürlich auch in dem Betriebsvermögen einer gewerblich tätigen Personengesellschaft befinden. Im untersuchten Fall wird aber davon ausgegangen, dass sich die Tätigkeit der Personengesellschaft auf die Nutzungsüberlassung beschränkt. Die Betriebsvermögenseigenschaft des Gewebebetriebs kann mithin nur aufgrund der Ausübung des Verpächterwahlrechts entstehen.

[82] Vgl. grundlegend BFH v. 13.11.1963 (GrS 1/63 S), BStBl III, 1964, S. 124.

[83] Vgl. BFH v. 20.09.1995 (X R 46/94), BFH/NV, 1996, S. 393.

[84] Der Betriebsaufgabegewinn ist steuerbegünstigt. Zum einen kann dem Gesellschafter, wenn er im Zeitpunkt der Betriebsaufgabe das 55. Lebensjahr beendet hat und im sozialversicherungsrechtlichen Sinne dauernd berufsunfähig ist, der Freibetrag von höchstens 45.000 Euro gem. § 16 Abs. 4 EStG gewährt werden. Er ermäßigt sich um den Betrag um den der Veräußerungsgewinn 136.000 Euro übersteigt. Zudem kann unter den gleichen Voraussetzungen bis zu einem maximalen Betrag von 5 Mio. Euro (§ 34 Abs. 3 EStG) mit dem ermäßigten Steuersatz nach § 34 Abs. 1 EStG besteuert werden.

[85] Vgl. R 139 Abs. 5 S. 4 EStR.

[86] Vgl. z. B. BFH v. 29.09.1971 (I R 161/68), BStBl II, 1972, S. 118; vgl. BFH v. 1.2.1989 (VIII R 33/85), BStBl II, 1989, S. 458.

deren Konstellationen nachrangig, d. h. es müssen negative Voraussetzungen geprüft werden, die das Vorliegen einer Betriebsverpachtung ausschließen.

1.2.2.1.1 Persönliche Voraussetzungen

1.2.2.1.1.1 Nichtgewerblicher Rahmen

Die Verpachtung darf keine gewerbliche Verpachtung darstellen, d. h. sie darf nicht im Rahmen eines Gewerbebetriebs stattfinden. Der Verpächter muss eine Person sein, die nicht schon aufgrund von gesetzlichen Vorschriften gewerbliche Einkünfte erzielt. In diesem Fall liegt nur Betriebsvermögen und kein Privatvermögen vor, so dass nur eine Zuordnung zur gewerblichen Sphäre möglich ist.[87]

Das Wahlrecht ist auch dann ausgeschlossen, wenn der Verpächter eine Personengesellschaft ist, die neben der Verpachtungstätigkeit auch gewerblich tätig ist und somit gem. § 15 Abs. 3 Nr. 1 EStG in vollem Umfang einen Gewerbebetrieb darstellt[88] oder gem. § 15 Abs. 3 Nr. 2 EStG gewerblich geprägt ist.[89]

1.2.2.1.1.2 Steuerpflicht des Verpächters

Weiter muss der Verpächter in Deutschland steuerpflichtig sein. Bei einer Personengesellschaft sind nach § 1 EStG die Gesellschafter als natürliche Personen unbeschränkt steuerpflichtig, wenn sie im Inland ihren Wohnsitz i. S. d. § 8 AO oder ihren gewöhnlichen Aufenthalt i. S. d. § 9 AO haben.

Ausreichend ist allerdings auch eine beschränkte Steuerpflicht. Da mit dem verpachteten Vermögen keine Betriebsstätte i. S. d. § 12 AO im Inland angenommen werden kann[90], müsste nach Maßgabe des § 49 Abs. 1 Nr. 2a EStG zumindest ein ständiger Vertreter im Inland bestellt sein.[91]

1.2.2.1.1.3 Vorhergehende Eigenbewirtschaftung

Zudem ist erforderlich, dass der Verpächter bzw. die verpachtende Personenvereinigung den Betrieb vor der Verpachtung selbst betrieben haben. Wurde der Betrieb unentgeltlich erworben, so muss der Rechtsvorgänger den Betrieb vorher selbst geführt haben.[92] Somit wird im Falle des unentgeltlichen Erwerbs eines bereits verpachteten Betriebs bzw. beim Kauf eines Betriebs zum Zweck der soforti-

---

[87] Vgl. BFH v. 25.10.1995 (IV B 9/95), BFH/NV, 1996, S. 213.
[88] Vgl. BFH v. 13.11.1997 (IV R 67/96), BStBl II, 1998, S. 254.
[89] Vgl. BFH v. 25.10.1995 (IV B 9/95), BFH/NV, 1996, S. 213.
[90] Vgl. BFH v. 10.6.1966 (VI B 31/63), BStBl III, 1966, S. 598. Vgl. hierzu ausführlicher auch ab S. 151.
[91] Vgl. BFH v. 12.4.1978 (I R 136/77), BStBl II, 1978, S. 494.
[92] Vgl. z. B. BFH v. 20.4.1989 (IV R 95/87), BStBl II, 1989, S. 863; vgl. BFH v. 13.4.1995 (X B 324/94), BFH/NV, 1995, S. 877.

gen Weiterverpachtung kein Wahlrecht gewährt.[93] In diesem Fall wird nur Privatvermögen und kein Betriebsvermögen erworben.[94]

1.2.2.1.1.4 Einheitliche Wahlrechtsausübung

Erfüllen alle Gesellschafter einer Verpächter-Personengesellschaft die persönlichen Voraussetzungen für das Verpächterwahlrecht, müssen sie das Wahlrecht einheitlich ausüben.[95] Genügt nur ein Teil der Gesellschafter den persönlichen Anforderungen des Wahlrechts, so beschränkt sich die einheitliche Wahlrechtsausübung nur auf diese Gesellschafter.[96]

1.2.2.1.1.5 Subjektive Fortführungsabsicht

In subjektiver Hinsicht muss der Verpächter die Absicht und die Möglichkeit haben, den Betrieb später wieder aufzunehmen und auch objektiv in der Lage sein, den Betrieb zu einem späteren Zeitpunkt fortzuführen.[97] D. h. der Verpächter oder sein Rechtsnachfolger[98] müssen persönlich den Betrieb fortführen können.[99] Solange die objektive Möglichkeit des Verpächters zur Fortführung des Betriebs besteht und keine Aufgabeerklärung abgegeben wird, wird die subjektive Fortführungsabsicht unterstellt.[100]

1.2.2.1.2 Sachliche Voraussetzung

1.2.2.1.2.1 Wesentliche Betriebsgrundlage

Das Verpächterwahlrecht setzt voraus, dass alle wesentlichen Betriebsgrundlagen einheitlich als ganzes verpachtet werden.[101] Auch wenn es nicht erforderlich ist, dass der Betrieb als „geschlossener Organismus"[102] überlassen wird, so müssen

---

[93] Vgl. z. B. BFH v. 15.10.1987 (IV R 66/86), BStBl II, 1988, S. 260; vgl. BFH v. 12.3.1992 (IV R 29/91), BStBl II, 1993, S. 36. Lediglich wenn der Verpächter die Absicht einer Eigenbewirtschaftung nachweisen kann, wird ihm das Verpächterwahlrecht gewährt, vgl. hierzu BFH v. 24.9.1998 (IV R 1/98), BStBl II, 1999, S. 55.

[94] Vgl. z. B. Wacker, in: Schmidt, EStG, 2003, § 16 Rn. 705.

[95] Vgl. BFH v. 17.4.1997 (VIII R 2/95), BStBl II, 1998, S. 388; vgl. BFH v. 14.12.1993 (VIII R 13/93), BStBl II, 1994, S. 922.

[96] Vgl. Wacker, in: Schmidt, EStG, 2003, Art. 16 Rn. 704.

[97] Vgl. BFH v. 15.10.1987 (IV R 66/86), BStBl II, 1988, S. 260.

[98] Vgl. BFH v. 27.2.1985 (I R 235/80), BStBl II, 1985, S. 456; vgl. BFH v. 28.11.1991 (IV R 58/91), BStBl II, 1992, S. 521.

[99] So kann beispielsweise ein schlechter Gesundheitszustand des Verpächters zur Aufgabe des Betriebes führen, wenn er hierdurch nicht mehr in der Lage ist, seinen Betrieb zu einem späteren Zeitpunkt fortzuführen. Vgl. BFH v. 13.3.1986 (IV R 176/84), BStBl II, 1986, S. 601.

[100] Vgl. BFH v. 13.11.1963 (GrS 1/63 S), BStBl III, 1964, S. 124.

[101] Vgl. z. B. BFH v. 26.3.1991 (VIII R 73/87), BFH/NV, 1992, S. 227; vgl. BFH v. 17.4.1997 (VIII R 2/95), BStBl II, 1998, S. 388.

[102] Vgl. z. B. BFH v. 4.11.1965 (IV 411/61 U), BStBl III, 1966, S. 49; zuletzt BFH v. 28.8.2003 (IV R 20/02), BFH/NV, 2003, S. 1495.

zumindest diejenigen Wirtschaftsgüter verpachtet werden, die den bisherigen Gewerbebetrieb geprägt haben.[103]

Der Begriff der „wesentlichen Betriebsgrundlage" ist im Rahmen einer Betriebsverpachtung jedoch anders auszulegen als für Zwecke der Betriebsveräußerung i. S. d. § 16 EStG. Während bei einer Betriebsveräußerung Wirtschaftsgüter bereits wegen des Umfangs ihrer stillen Reserven als wesentliche Betriebsgrundlage angesehen werden können[104], kann eine wesentliche Betriebsgrundlage im Sinne des Rechtsinstituts der Betriebsverpachtung ausschließlich dann vorliegen, wenn sie funktional wesentlich ist. Demnach müssen die verpachteten Wirtschaftsgüter zur Erreichung des Betriebszwecks erforderlich sein und ein besonderes wirtschaftliches Gewicht für die Betriebsführung haben. Dies ist bei einem Betriebsgrundstück als Pachtobjekt allenfalls dann der Fall, wenn es die alleinige wesentliche Betriebsgrundlage darstellt.[105]

Befindet sich ein Teil der wesentlichen Betriebsgrundlagen im Sonderbetriebsvermögen eines Gesellschafters, so müssen diese ebenfalls mitverpachtet werden.[106] Die wesentliche Betriebsgrundlage muss also gänzlich verpachtet werden, unabhängig davon, ob sie sich im Gesamthandsvermögen der Personengesellschaft oder in dem Sonderbetriebsvermögen eines Gesellschafters befindet.

1.2.2.1.2.2 Betriebsfortführungsmöglichkeit

Damit der Verpächter den Betrieb fortführen kann werden nicht nur an den Verpächter persönliche Anforderungen gestellt, sondern auch sachliche Anforderungen an den Betrieb. Der Verpächter muss die Möglichkeit haben, den Betrieb nach der Betriebsverpachtung wieder so fortzuführen wie vor der Betriebsverpachtung.[107] D. h. auf Seite des Betriebs dürfen die wesentlichen Betriebsgrundlagen nicht wesentlich umgestaltet werden, so dass der Betrieb vom Verpächter auch in der bisherigen Form wieder betrieben werden kann.[108] Die wirtschaftliche Identität des Betriebes muss gewahrt werden.

Allerdings kommt es nicht darauf an, ob der Pächter den bisherigen Betrieb fortführt, sondern ob der Verpachter oder sein Rechtsnachfolger den Betrieb nach Beendigung des Pachtverhältnisses wieder auf die gleiche Weise bzw. ohne wesentliche Änderungen fortführen kann, wie dies vor der Verpachtung der Fall war. Dem-

---

103 Vgl. grundlegend BFH v. 13.11.1963 (GrS 1/63 S), BStBl III, 1964, S. 124.
104 Vgl. BFH v. 24.8.1989 (IV R 135/86), BStBl II, 1989, S. 1014; vgl. BFH v. 13.2.1996 (VIII R 39/92), BStBl II, 1996, S. 409 m. w. N.
105 Vgl. BFH v. 17.04.1997 (VIII R 2/95), BStBl II, 1998, S. 388.
106 Vgl. Schoor, Verpachtung des Betriebs einer Personengesellschaft, 2003, S. 895.
107 Vgl. BFH v. 26.6.1975 (IV R 122/71), BStBl II, 1975, S. 885.
108 Vgl. BFH v. 17.4.1997 (VIII R 2/95), BStBl II, 1998, S. 388; vgl. BFH v. 27.2.1985 (I R 235/80), BStBl II, 1985, S. 456.

entsprechend scheitert eine Betriebsverpachtung auch nicht daran, dass der Pächter einer anderen Branche angehört.[109]

1.2.2.1.3 Negative Voraussetzungen

Grundsätzlich muss es sich bei der Betriebsverpachtung um eine Fremdverpachtung handeln, d. h. eine „Verpachtung an sich selbst" ist ausgeschlossen. Der verpachtete Gewerbebetrieb bzw. Teilbetrieb darf somit auch nicht anteilig dem Pächter gehören.[110]

Die Betriebsverpachtung ist also auch negativ von dem richterlichen Rechtsinstitut der Betriebsaufspaltung und von der Mitunternehmerschaft i. S. d. § 15 Abs. 1 S. 1 Nr. 2 EStG abzugrenzen. In beiden Fällen handelt es sich nicht um eine Fremdverpachtung. Die Betriebsverpachtung besitzt also nur subsidiären Charakter, d. h. sie kommt nur in Betracht, wenn die Verpachtung weder unter den Anwendungsbereich des § 15 Abs. 1 S. 1 Nr. 2 EStG fällt, noch eine Betriebsaufspaltung darstellt.[111]

1.2.2.1.3.1 Keine Betriebsaufspaltung

Bei einer Betriebsaufspaltung sind die verpachtende Gesellschaft und das Pächterunternehmen nicht nur sachlich, sondern auch personell verflochten. Die hinter beiden Gesellschaften stehenden Personen haben einen einheitlichen geschäftlichen Betätigungswillen.[112]

Liegen die Voraussetzungen einer Betriebsverpachtung gleichzeitig mit den Voraussetzungen der Betriebsaufspaltung vor, steht dem Verpächter kein Wahlrecht zu. Entfallen jedoch die Gründe für die Annahme einer Betriebsaufspaltung, lebt das Verpächterwahlrecht wieder auf.[113] Soll diese Folge erreicht werden, müssen also alle wesentlichen Betriebsgrundlagen verpachtet werden.[114]

1.2.2.1.3.2 Keine Mitunternehmerschaft

Handelt es sich bei dem pachtenden Unternehmen um eine Personengesellschaft, bei der der Verpächter Mitunternehmer ist, fällt die Nutzungsüberlassung in den

---

[109] Vgl. BFH v. 28.08.2003 (IV R 20/02), BFH/NV, 2003, S. 1495.

[110] Vgl. BFH v. 22.5.1990 (VIII R 120/86), BStBl II, 1990, S. 780.

[111] Vgl. Wacker, in: Schmidt, EStG, 2003, § 16 Rn. 707f.

[112] Vgl. hierzu ab S. 55ff.

[113] Vgl. hierzu Gebhardt, Ausübung des Verpächterwahlrechts, 2001, S. 32f. Das Verpächterwahlrecht kann nur dann wieder aufleben, wenn es sich um die Verpachtung eines originären Gewerbebetriebs handelt.

[114] Dies kann auch ein einzelnes Grundstück sein, wenn dies die alleinige Betriebsgrundlage darstellt. Vgl. BFH v. 17.4.1997 (VIII R 2/95), BStBl II, 1998, S. 388.

Bereich des § 15 Abs. 1 Nr. 2 EStG und der verpachtete Betrieb stellt Sonderbetriebsvermögen dar.[115]

In der hier betrachteten Fallkonstellation ist das pachtende Unternehmen jedoch ohnehin eine Kapitalgesellschaft, so dass diese negative Voraussetzung erfüllt ist. Allenfalls dann, wenn die Beteiligung der Gesellschafter an der Kapitalgesellschaft als atypisch stille Beteiligung gestaltet ist, sind m. E. die Mitunternehmergrundsätze vorrangig anzuwenden.[116]

1.2.2.2 Betriebsverpachtung bei Betriebsfortführung

Wenn die Voraussetzungen der Betriebsverpachtung vorliegen, steht dem Verpächter das Wahlrecht zu, sich zwischen einer Betriebsaufgabe und einer Betriebsfortführung zu unterscheiden.[117] Entscheidet er sich für die Fortführung des Betriebs und gibt keine Aufgabeerklärung ab, besitzt er weiterhin Betriebsvermögen und erzielt mit den Pachteinnahmen Einkünfte aus Gewerbebetrieb i. S. d. § 15 EStG. Der Betrieb gilt steuerlich trotz Einstellens der werbenden Tätigkeit durch den Verpächter als fortgeführt. Allerdings fällt keine Gewerbesteuer auf die Pachteinnahmen an, da diese nur werbende Betriebe erfasst.

Der Verpächter muss den Betrieb nicht gem. § 16 Abs. 3 EStG aufgeben. Eine Versteuerung der stillen Reserven kann bei Beginn der Betriebsverpachtung unterbleiben, da weiterhin Betriebsvermögen und kein Privatvermögen vorliegt.

Der Betrieb gilt dann solange als fortgeführt, bis der Verpächter doch die Betriebsaufgabe erklärt oder die Voraussetzungen für das Verpächterwahlrecht wegfallen.

2 Das Rechtsinstitut der Betriebsaufspaltung

Bilden zwei rechtlich selbstständige Gesellschaften durch personelle und sachliche Verflechtung eine wirtschaftliche Einheit, so liegt eine steuerrechtliche Betriebsaufspaltung vor. Aufgaben, die auch von einem einzigen Unternehmen wahrgenommen werden könnten, werden auf zwei verschiedene Unternehmen mit (ganz oder teilweise) identischen Gesellschaftern aufgeteilt.[118]

Üblicherweise erfolgt eine Trennung zwischen Besitz und Betrieb. Bei der sog. eigentlichen Betriebsaufspaltung fungiert die Personengesellschaft als Besitz- bzw.

---

[115] Vorliegend soll jedoch nur der Fall betrachtet werden, dass es sich bei dem pachtenden Unternehmen um eine Kapitalgesellschaft handelt.

[116] Vgl. ausführlicher ab S. 58ff.

[117] Vgl. BFH v. 13.11.1963 (GrS 1/63 S), BStBl III, 1964, S. 124; vgl. BFH v. 20.4.1989 (IV R 95/87), BStBl II, 1989, S. 863.

[118] Vgl. Kaligin, Die Betriebsaufspaltung, 2001, S. 19.

Verpächterunternehmen und überlässt der Kapitalgesellschaft, als Betrieb- bzw. Pächterunternehmen wesentliche Betriebsgrundlagen.[119]

Kerngedanke des Rechtsinstituts der Betriebsaufspaltung ist, dass die Personengesellschaft aufgrund ihrer hohen Affinität zur Betriebskapitalgesellschaft über diese am allgemeinen wirtschaftlichen Verkehr teilnimmt. Die eigentlich nur eine Vermietungs- und Verpachtungstätigkeit ausführende Personengesellschaft stellt nach deutschem Steuerrecht bei Vorliegen der Voraussetzungen der Betriebsaufspaltung (personelle und sachliche Verflechtung) einen Gewerbebetrieb mit gewerblichen Einkünften dar.

2.1 Voraussetzungen der Betriebsaufspaltung

Die Rechtsfolgen der Betriebsaufspaltung treten ein, wenn die Besitzpersonengesellschaft und die Betriebskapitalgesellschaft personell und sachlich verflochten sind.

2.1.1 Sachliche Verflechtung

Die beiden Gesellschaften sind sachlich verflochten, wenn die Besitzgesellschaft der Betriebsgesellschaft auf schuldrechtlicher oder dinglicher Grundlage Wirtschaftsgüter zur Nutzung überlässt, die bei dieser eine wesentliche Betriebsgrundlage darstellen. Es ist ausreichend, wenn eine einzige, für den Betrieb der Betriebskapitalgesellschaft wesentliche Betriebsgrundlage überlassen wird, d. h. es ist nicht erforderlich, dass sämtliche wesentliche Betriebsgrundlagen Gegenstand des Miet- bzw. Pachtvertrages zwischen der Betriebs- und der Besitzgesellschaft sind.[120]

2.1.1.1 Begriff der wesentlichen Betriebsgrundlage

Eine wesentliche Betriebsgrundlage sind Wirtschaftsgüter, die nach dem Gesamtbild der Verhältnisse zur Erreichung des Betriebszwecks erforderlich sind und besonderes Gewicht für die Geschäftsführung haben.[121] Das Wirtschaftsgut muss nur für das Betriebsunternehmen eine wesentliche Betriebsgrundlage darstellen, nicht jedoch für das Besitzunternehmen, d. h. es kommt nur auf die funktionalen Erfordernisse des Betriebsunternehmens an.[122] Unerheblich ist, ob und in welchem Umfang das überlassene Wirtschaftsgut stille Reserven enthält.[123]

Die Erforderlichkeit der sachlichen Verflechtung wird damit gerechtfertigt, dass für das Betriebsunternehmen hierdurch eine gewisse Abhängigkeit vom Besitzunter-

---

[119] Vgl. Brandmüller, Die Betriebsaufspaltung, 1997, A Rn. 5.
[120] Vgl. z. B. BFH v. 24.8.1989 (IV R 135/86), BStBl II, 1989, S. 1014.
[121] Vgl. BFH v. 24.8.1989 (IV R 135/86), BStBl II, 1989, S. 1014; vgl. z. B. BFH v. 15.10.1998 (IV R 20/98), BStBl II, 1999, S. 445.
[122] Vgl. BFH z. B. Schmidt, in: Schmidt, EStG, 2003, § 15 Rn. 808.
[123] Vgl. BFH v. 24.8.1989 (IV R 135/86), BStBl II, 1989, S. 1014.

nehmen entsteht, da es ohne die überlassene wesentliche Betriebsgrundlage in dieser Form nicht fortgeführt werden kann. Hierdurch kann das Besitzunternehmen beherrschend Einfluss auf das Betriebsunternehmen nehmen.[124]

Bei der wesentlichen Betriebsgrundlage kann es sich sowohl um materielle als auch um immaterielle Wirtschaftsgüter handeln.

2.1.1.2 Beispiele für wesentliche Betriebsgrundlagen

Wann der Begriff der wesentlichen Betriebsgrundlage erfüllt ist, ist vom Einzelfall, insbesondere von der Art des Wirtschaftsgutes abhängig.[125] Es gibt keine feststehende Definition der wesentlichen Betriebsgrundlage. Die Wesentlichkeit richtet sich nach den sachlichen Betriebserfordernissen des jeweiligen Betriebsunternehmens.[126]

2.1.1.2.1 Unbewegliches Vermögen

Grundstücke und Gebäude sind dann als wesentliche Betriebsgrundlage anzusehen, wenn sie für die Betriebsgesellschaft eine herausragende Bedeutung und ein besonderes wirtschaftliches Gewicht für die Betriebsführung haben.[127]

Gebäude stellen häufig eine wesentliche Betriebsgrundlage dar.[128] Nach der Rechtsprechung des Bundesfinanzhofs[129] gelten Gebäude insbesondere dann als wesentliche Betriebsgrundlage, wenn folgende Voraussetzungen erfüllt sind:

1. Die Betriebsgesellschaft kann ihre gewerbliche Tätigkeit ohne wesentliche Änderung der Organisation des Unternehmens nur mit einem Gebäude der überlassenen Art fortführen.

2. Das Gebäude erfüllt alle Anforderungen an ein für den Betrieb der Betriebsgesellschaft geeignetes Gebäude.

3. Das Gebäude bildet die räumliche und funktionale Grundlage für die Geschäftstätigkeit der Betriebsgesellschaft.

In einem Urteil vom 23.5.2000 entschied der Bundesfinanzhof[130], dass Büro- und Verwaltungsgebäude immer dann eine wesentliche Betriebgrundlage darstellen, wenn sie für die Betriebsgesellschaft nicht von untergeordneter Bedeutung sind. Nach neuerer Rechtsprechung ist ein Büro- und Verwaltungsgebäude immer dann

---

[124] Vgl. BFH v. 4.11.1992 (XI R 1/92), BStBl II, 1993, S. 245. Vgl. Söffing, Die Betriebsaufspaltung, 2001, S. 52; vgl. Übersicht zur Rechtsprechung bei Ritzrow, sachliche Verflechtung im Rahmen einer Betriebsaufspaltung, 2003, S. 95ff.
[125] Vgl. Bauschatz, in: Carlé, Die Betriebsaufspaltung, 2003, Rn. 320.
[126] Vgl. ausführlicher zu den Einzelfällen z. B. Söffing, Die Betriebsaufspaltung, 2001, S. 56ff.
[127] Vgl. BFH v. 24.8.1989 (IV R 135/86), BStBl II, 1989, S. 1014.
[128] Vgl. Schmidt, in: Schmidt, EStG, 2003, Art. 15 Rn. 811.
[129] Vgl. BFH v. 23.1.2001 (VIII R 71/98), BFH/NV, 2001, S. 894.
[130] Vgl. BFH v. 23.5.2000 (VIII R 11/99), BStBl II, 2000, S. 621.

eine wesentliche Betriebsgrundlage, wenn es räumlich und funktional im Zentrum der Geschäftstätigkeit der Betriebsgesellschaft steht.[131]

Grundstücke sind eine wesentliche Betriebsgrundlage, wenn sie entweder besonders auf die Bedürfnisse des Betriebs zugeschnitten sind, oder der Betrieb seiner Art nach von der Lage des Grundstücks bestimmt wird, oder das Grundstück derart benötigt, dass er mit einem anderen Grundstück nicht in der bisherigen Form fortgeführt werden kann. Dies gilt insbesondere für Fabrikgrundstücke, auf denen einen Betriebsgebäude errichtet wurde.[132] Ohne Bedeutung ist allerdings, ob die Betriebsgesellschaft am Markt ein für seine Belange gleichartiges Grundstück mieten oder erwerben kann.[133]

Ein Gebäude oder Grundstück, welches für das Betriebsunternehmen keine oder lediglich eine geringe wirtschaftliche Bedeutung hat, kann nicht als wesentliche Betriebsgrundlage gesehen werden.[134]

2.1.1.2.2 Bewegliches Vermögen

Bewegliche Wirtschaftsgüter, bei denen es sich regelmäßig um Anlagevermögen handelt, gelten dann als wesentliche Betriebsgrundlage, wenn sie im Vergleich zu dem restlichen Anlagevermögen der Betriebsgesellschaft nicht von völlig untergeordneter Bedeutung sind.[135]

2.1.1.2.3 Immaterielle Wirtschaftsgüter

Handelt es sich bei dem Überlassungsobjekt um immaterielle Wirtschaftsgüter, ist für deren Qualifizierung als wesentliche Betriebsgrundlage maßgebend, in welchem Umfang die Umsätze des Betriebsunternehmens mit den immateriellen Wirtschaftsgütern erzielt werden.[136]

In Betracht kommen beispielsweise Schutzrechte, insbesondere Patente[137], daneben auch ungeschützte Erfindungen[138] und Urheberrechte[139].

---

[131] Vgl. BFH v. 23.1.2001 (VIII R 71/98), BFH/NV, 2001, S. 894; vgl. auch BFH v. 3.4.2001 (IV B 111/00), BFH/NV, 2001, S. 1252.
[132] Vgl. BFH v. 18.9.2002 (X R 4/01), BFH/NV, 2003, S. 41; vgl. Fichtelmann, Betriebsaufspaltung, 1999, E 117.
[133] Vgl. BFH 26.5.1993 (X R 78/91), BStBl II, S. 718.
[134] Vgl. z. B. BFH v. 18.09.2002 (X R 4/01), BFH/NV, 2003, S. 41.
[135] Vgl. z. B. BFH v. 2.2.2000 (XI R 8/99), BFH/NV, 2000, S. 1135; vgl. Bauschatz, in: Carlé, Die Betriebsaufspaltung, 2003, Rn. 328; vgl. Übersicht zur Rechtsprechung bei Ritzrow, sachliche Verflechtung im Rahmen der Betriebsaufspaltung, 2003, S. 106f.
[136] Vgl. Übersicht zur Rechtsprechung bei Ritzrow, sachliche Verflechtung im Rahmen der Betriebsaufspaltung, 2003, S. 107ff.
[137] Vgl. z. B. BFH v. 26.1.1989 (IV R 151/86), BStBl II, S. 455; vgl. BFH v. 23.9.1998 (XI R 72/97), BStBl II, 1999, S. 281. Vgl. ausführlich zu den einzelnen immateriellen Wirtschaftsgütern z. B. Söffing, Die Betriebsaufspaltung, 2001, S. 76ff.
[138] Vgl. BFH v. 21.10.1988 (III R 258/84), BFH/NV, 1989, S. 322.
[139] Vgl. BFH v. 1.6.1994 (X R 81/90), BFH/NV, 1995, S. 154.

Der auf dem Überlassungsgegenstand beruhende Umsatzanteil, der zur Annahme einer wesentlichen Betriebsgrundlage führt, variiert in der Rechtsprechung und ist vom Einzelfall abhängig. So hat der Bundesfinanzhof die Grenze beispielsweise teilweise erst bei 75 v. H.[140] gezogen, ist in anderen Fällen jedoch bereits von einer wesentlichen Betriebsgrundlage ausgegangen, wenn der Umsatzanteil bereits bei 25 v. H.[141] lag.[142]

2.1.2 Personelle Verflechtung

Personelle Verflechtung erfordert, dass die Betriebs- und die Besitzgesellschaft von einem einheitlichen geschäftlichen Betätigungswillen getragen werden, d. h. dass eine Person oder eine Personengruppe zusammen beide Unternehmen in der Weise beherrscht, dass sie gemeinsam die Möglichkeit haben, nicht nur in dem Besitz- sondern auch in dem Betriebsunternehmen einen einheitlichen Geschäfts- und Betätigungswillen durchzusetzen. Kann dieser Wille in beiden Unternehmen durchgesetzt werden, liegt sog. Beherrschungsidentität vor.[143] Sie ist grundsätzlich anhand der gesellschaftsrechtlichen Stimmverhältnisse zu bestimmen.[144] Beherrschungsidentität kann auch dann gegeben sein, wenn zwar keine Beteiligungsidentität in oben genanntem Sinne herrscht, an beiden Unternehmen also nicht dieselben Personen in exakt gleichem Verhältnis beteiligt sind, jedoch gemeinsam trotzdem in der Lage sind, ihren Willen in beiden Unternehmen durchzusetzen. Auch in letzterem Fall ist von einem zweckgerichteten Zusammenschluss dieser Personen auszugehen ist.[145] Hier kommt die Personengruppentheorie zur Anwendung.[146]

Sind die Gesellschafter der Besitz-Personengesellschaft nicht gleichzeitig an der Betriebsgesellschaft beteiligt und müssen die Beschlüsse der Besitz-Personengesellschaft einstimmig gefasst werden, liegt nach nunmehr ständiger Rechtsprechung des Bundesfinanzhofs[147] aufgrund fehlender personeller Verflechtung keine Betriebsaufspaltung vor. Ist das Einstimmigkeitsprinzip – das für die Gesellschaft bürgerlichen Rechts nach § 709 BGB den gesellschaftsrechtlich vorgesehenen Re-

---

[140] Vgl BFH v. 6.11.1991 (XI R 12/87), BStBl II, 1992, S. 415.
[141] Vgl. BFH v. 20.9.1973 (IV R 41/69), BStBl II, 1973, S. 869.
[142] Vgl. ausführlicher und mit Nachweisen zur Rechtsprechung z. B. Bauschatz, in: Carlé, Die Betriebsaufspaltung, 2003, Rn. 330.
[143] Vgl. BFH v. 8.11.1971 (GrS 2/71), BStBl II, 1972, S. 63; vgl. BFH v. 26.11.1992 (IV R 15/91), BStBl II, 1993, S. 876; vgl. Brandmüller, Die Betriebsaufspaltung, 1997, C Rn. 97.
[144] Vgl. BFH v. 29.1.1997 (XI R 23/96), BStBl II, S. 437. Allerdings liegt auch bei Beherrschung aufgrund der Stimmrechtsverhältnisse keine personelle Verflechtung vor, wenn der Mehrheitsgesellschafter aufgrund besonderer Vereinbarungen seinen Willen faktisch nicht durchsetzen kann. Vgl. BFH v. 15.3.2000 (VIII R 82/98), BStBl II, 2002, S. 774.
[145] Vgl. Schmidt, in: Schmidt, EStG, 2003, § 15 Rn. 820ff.
[146] Vgl. z. B. BFH v. 24.2.1994 (IV R 8-9/93), BStBl II, 1994, S. 466.
[147] Vgl. z. B. BFH v. 11.5.1999 (VIII R 72/96), BStBl II, 2002, S. 722.

gelfall darstellt – also nicht gesellschaftsvertraglich abbedungen, kann keine personelle Verflechtung angenommen werden.[148]

Allerdings kann nicht mehr von gleichgerichteten Interessen ausgegangen werden, wenn die Beteiligungsverhältnisse an Besitz- und Betriebsunternehmen extrem gegenläufig sind. In diesem Fall liegt keine Beherrschungsidentität und somit auch keine personelle Verflechtung vor.[149]

Ebenso können bei Ehegatten Anteile nicht aufgrund der ehelichen Lebensgemeinschaft zusammengerechnet werden.[150] Für die Zusammenrechnung der Anteile müssen neben die familiäre Bindung zusätzliche Indizien für gleichgerichtete wirtschaftliche Interessen treten.[151] Personelle Verflechtung ist keinesfalls gegeben, wenn das sog. Wiesbadener Modell vorliegt, d. h. wenn ein Ehegatte ausschließlich am Besitzunternehmen beteiligt, der andere Ehegatte ausschließlich am Betriebsunternehmen ist.[152]

Bei der Beteiligung minderjähriger Kinder ist unter bestimmten Voraussetzungen von gleichgerichteten Interessen auszugehen und die Anteile dürfen zusammengerechnet werden.[153]

Im Ausnahmefall kann eine personelle Verflechtung auch durch eine faktische Beherrschung entstehen, wenn trotz des Fehlens einer entsprechenden Beteiligung aufgrund einer besonderen tatsächlichen Machtstellung die Möglichkeit besteht, den Willen in beiden Unternehmen durchzusetzen.[154]

2.2   Besteuerung der Betriebsaufspaltung

Aufgrund des Rechtsinstitutes der Betriebsaufspaltung wird die ihrem äußeren Erscheinungsbild nach lediglich vermögensverwaltende Besitzpersonengesellschaft in einen Gewerbebetrieb umqualifiziert.

Die Gesellschafter der Besitzgesellschaft erzielen Einkünfte aus Gewerbebetrieb. Dies gilt nicht nur für die Qualifizierung der Pachtzahlungen der Betriebskapitalgesellschaft, sondern für sämtliche Einkünfte der Besitzpersonengesellschaft.[155]

---

[148]   Vgl. ausführlicher z. B. Schoor, Personelle Verflechtung bei Betriebsaufspaltung und Einstimmigkeitsprinzip, 2003, 42ff.
[149]   Vgl. BFH v. 12.10.1988 (X R 5/86), BStBl II, 1989, S. 152.
[150]   Vgl. BVerfG v. 12.3.1985 (1 BvR 47/83), BStBl II, 1985, S. 475; vgl. BFH v. 27.11.1985 (I R 115/85), BStBl II, 1986, S. 362.
[151]   Vgl. ausführlicher hierzu z. B. Fichtelmann, Gütergemeinschaft und Betriebsaufspaltung, 2001, S. 140ff.
[152]   Vgl. BFH v. 26.10.1988 (I R 228/84), BStBl II, 1989, S. 155.
[153]   Vgl. hierzu R 137 Abs. 8 EStR.
[154]   Vgl. hierzu mit Beispielen z. B. Schmidt, EStG, 2003, § 15 Rn. 836ff.
[155]   Vgl. BFH v. 13.11.1997 (IV R 67/96), BStBl II, 1998, S. 254.

Wirtschaftsgüter der Gesellschafter stellen kein Privatvermögen mehr, sondern Betriebsvermögen dar.[156] Aufgrund der Abfärbetheorie, die in § 15 Abs. 3 Nr. 1 EStG ihren gesetzlichen Niederschlag findet, gilt dies nicht nur für die der Kapitalgesellschaft überlassenen Wirtschaftsgüter, sondern ebenso für zurückbehaltene und an Dritte überlassene Wirtschaftsgüter. Genauso werden die Wirtschaftsgüter des Sonderbetriebsvermögens der Besitzgesellschaft von der Gewerblichkeit infiziert.[157]

Die Anteile an der pachtenden Kapitalgesellschaft, die eigentlich Privatvermögen darstellen, werden aufgrund der Betriebsaufspaltung zu notwendigem Sonderbetriebsvermögen II.[158] Begründet wird die Einstufung als Sonderbetriebsvermögen II mit dem einheitlichen geschäftlichen Betätigungswillen der Gesellschafter.[159]

Überlässt ein Gesellschafter der Besitzpersonengesellschaft der Betriebskapitalgesellschaft ein Wirtschaftsgut zur Nutzung, gehört dieses dann zu seinem Sonderbetriebsvermögen II bei der Besitzgesellschaft, wenn das Überlassen durch betriebliche Interessen der Besitzgesellschaft motiviert ist.[160]

Auch die Gewinnausschüttungen stellen dann keine Einkünfte aus Kapitalvermögen i. S. d. § 20 Abs. 1 S. 1 Nr. 1 EStG mehr dar, sondern müssen als Sonderbetriebseinnahmen versteuert werden.

Gesellschafter, die lediglich an der Besitzgesellschaft, nicht jedoch an der Betriebsgesellschaft beteiligt sind (Nur-Besitz-Gesellschafter), unterliegen ebenso den Rechtsfolgen der Betriebsaufspaltung, d. h. sie werden ebenfalls erfasst von der Umqualifizierung der vermögensverwaltenden Tätigkeit zu einem Gewerbebetrieb.[161]

2.3 Abgrenzung zu den Rechtsfolgen einer atypisch stillen Beteiligung

Beteiligt sich ein Gesellschafter an der Kapitalgesellschaft in Form einer atypisch stillen Beteiligung, entstehen ähnliche Rechtsfolgen wie bei einer Betriebsaufspaltung. Ebenso wie bei dem Rechtsinstitut der Betriebsaufspaltung kann ein steuerli-

---

[156] Vgl. Söffing, Die Betriebsaufspaltung, 2001, S. 209 mit ausführlicher Rechtsprechung.

[157] Vgl. BFH v. 13.11.1997 (IV R 67/96), BStBl II, 1998, S. 254; vgl. BFH v. 21.11.1998 (VIII R 61/97), BStBl II, 1999, S. 483. Vgl. Söffing. Die Betriebsaufspaltung, 2001, S. 232.

[158] Vgl. BFH v. 12.2.1992 (XI R 18/90), BStBl II, 1992, S. 723.

[159] Stark kritisiert wird dies von Söffing, Die Betriebsaufspaltung, 2001, S. 243ff, da diese Begründung nicht übereinstimmt mit der eigentlichen Rechtfertigung von Sonderbetriebsvermögen II.

[160] Vgl. BFH v. 13.10.1998 (VIII R 46/95), BStBl II, 1999, S. 357; vgl. BFH v. 10.6.1999 (IV R 21/98), BStBl II, 1999, S. 715. Vgl. Kempermann, Entwicklung des Rechts der Mitunternehmerschaft und der Betriebsaufspaltung, 2002, S. 31.

[161] Vgl. hierzu ausführlich Söffing, Die Betriebsaufspaltung, 2001, S. 232ff. Söffing kritisiert diese Mitgegangen-Mitgefangen-These, da sie im Widerspruch zum Beschluss des GrS v. 25.6.1984 (GrS 4/82), BStBl II, 1984, S. 751, steht, weil hier keine gemeinschaftliche Ausübung der Tätigkeit vorliegt.

cher Zusammenhang zwischen den Anteilen an der Kapitalgesellschaft und der Nutzungsüberlassung der Personengesellschaft ausgemacht werden.

2.3.1 Atypisch stille Beteiligung an der Kapitalgesellschaft

Ein Gesellschafter einer Kapitalgesellschaft kann sich an dieser auch still beteiligen.[162] Die stille Gesellschaft ist zivilrechtlich eine reine Innengesellschaft, die in §§ 230ff. HGB geregelt ist. Je nach Ausgestaltung kann es sich steuerrechtlich um eine typisch stille oder eine atypisch stille Gesellschaft handeln.

Ist der stille Gesellschafter nicht Mitunternehmer, sind seine Einnahmen aus der Beteiligung an der Kapitalgesellschaft als Einkünfte aus Kapitalvermögen i. S. d. § 20 Abs. 1 Nr. 4 EStG zu qualifizieren. Die Gesellschaft hat lediglich den Charakter einer Kapitalanlage. Das Pachtverhältnis mit der Personengesellschaft kann in keinem Zusammenhang zu der stillen Beteiligung an der Kapitalgesellschaft gesehen werden.

Anders verhält es sich jedoch, wenn der Gesellschafter sich atypisch still an der Kapitalgesellschaft beteiligt und folglich als Mitunternehmer anzusehen ist.[163] In diesem Fall wird die steuerliche Behandlung der Nutzungsüberlassung der Personengesellschaft an die Kapitalgesellschaft von der Beteiligung an der Kapitalgesellschaft beeinflusst.

2.3.1.1 Steuerliche Folgen der atypisch stillen Beteiligung

Eine atypisch stille Beteiligung setzt voraus, dass eine Mitunternehmerschaft vorliegt, d. h. der Gesellschafter trägt Mitunternehmerrisiko und übt Mitunternehmerinitiative.[164] Dies ist regelmäßig der Fall bei einer Teilnahme am Gewinn und am Verlust, sowie einer Beteiligung an den stillen Reserven und dem Geschäftswert bzw. bei entsprechenden Geschäftsführungsbefugnissen, durch die ein maßgeblicher Einfluss auf das Unternehmen ausgeübt werden kann.[165]

Die einkünfteprägende Tätigkeit wird von der Kapitalgesellschaft ausgeübt. Der Gewinnanteil des atypisch stillen Gesellschafters ist unabhängig vom Zuflusszeitpunkt als mitunternehmerische Einkünfte aus Gewerbebetrieb i. S. d. § 15 Abs. 1 Nr. 2 EStG zu versteuern.[166] Alles was der Gesellschafter darüber hinaus als Leistungsvergütung für eine Tätigkeit oder die Überlassung von Wirtschaftsgütern von

---

[162] Vgl. Blaurock, Handbuch der Stillen Gesellschaft 2003, Rn. 20.59.
[163] Zur Unterscheidung zwischen typisch stiller Gesellschaft und atypisch stiller Gesellschaft vgl. ausführlicher z. B. Blaurock, Handbuch der Stillen Gesellschaft, 2003, Rn. 20.47.
[164] Vgl. Fichtelmann, GmbH & Still, 2000, Rn. 257ff; vgl. Blaurock, Handbuch der Stillen Gesellschaft, 2003 Rn. 20.53.
[165] Vgl. ausführlicher zum Begriff des atypisch stillen Gesellschafters z. B. Zacharias/Hebig/Rinnewitz, Die atypisch stille Gesellschaft, 2000, S. 148ff.
[166] Vgl. Schoor, Die GmbH & Still, 2001, Rn. 281.

der Kapitalgesellschaft bezieht, ist ebenfalls als Sondervergütung und somit als Einkünfte aus Gewerbebetrieb zu werten.[167]

Der Anteil des atypisch stillen Gesellschafters an der Kapitalgesellschaft stellt Sonderbetriebsvermögen II dar.[168]

2.3.1.2 Steuerliche Behandlung der Nutzungsüberlassung

Überlässt der atypisch stille Gesellschafter der Kapitalgesellschaft unmittelbar Wirtschaftsgüter, stellen diese für ihn Sonderbetriebsvermögen I dar.[169] Das Entgelt aus der Nutzungsüberlassung ist als Sondervergütung zu qualifizieren und fällt somit ebenfalls unter die gewerblichen Einkünfte.[170]

Fraglich ist nun, wie die Überlassung von Wirtschaftsgütern einzuordnen ist, wenn diese nicht von dem atypisch stillen Gesellschafter selbst, sondern wie im Ausgangsfall von der vermögensverwaltenden Personengesellschaft, an der er ebenfalls beteiligt ist, überlassen wird. Hierbei ist zu unterscheiden, ob der atypisch stille Gesellschafter das Wirtschaftsgut alleine in seinem Privatvermögen hält und dieses der vermögensverwaltenden Personengesellschaft überlässt oder ob das Wirtschaftsgut Privatvermögen der vermögensverwaltenden Personengesellschaft und somit anteilig den Gesellschaftern zuzurechnen ist.

Grundsätzlich stellen auch Wirtschaftsgüter, die ein Mitunternehmer einem Dritten zu dem Zweck überlässt, dass dieser das Wirtschaftsgut an die Gesellschaft, an der der Mitunternehmer beteiligt ist, weiterleitet, ebenfalls Sonderbetriebsvermögen dar.[171] Dies müsste m. E. selbst dann gelten, wenn das Wirtschaftsgut nicht direkt der Mitunternehmerschaft, sondern der Kapitalgesellschaft überlassen wird, da auch im Fall einer direkten Überlassung an die Kapitalgesellschaft Sonderbetriebsvermögen vorliegt. So stellt ein Wirtschaftsgut, welches der atypisch stille Gesellschafter über die Personengesellschaft der Kapitalgesellschaft überlässt, Sonderbetriebsvermögen für ihn dar und die Pachtzahlungen sind als gewerbliche Einkünfte zu qualifizieren.

Befindet sich das Wirtschaftsgut im Vermögen der Personengesellschaft, so ist das Wirtschaftsgut den Gesellschaftern anteilig zuzurechnen. Bei vermögensverwaltenden Personengesellschaften findet § 39 Abs. 2 Nr. 2 AO Anwendung, wonach ein zum Gesamthandsvermögen gehörendes Wirtschaftsgut den Gesellschaftern anteilig zugerechnet wird.[172]

---

[167] Vgl. Blaurock, Handbuch der Stillen Gesellschaft, 2003, Rn. 22.37.

[168] Vgl. BFH v. 15.10.1998 (IV R 18/98), BStBl II, 1999, S. 286.

[169] Vgl. Schoor, Die GmbH & Still, 2001, Rn. 292.

[170] Vgl. BFH 31.8.1999 (VIII R 22/98), BFH/NV, 2000, S. 420; vgl. BFH v. 28.3.2003 (VIII B 194/01), BFH/NV, 2003, S. 1308.

[171] Vgl. BFH v. 15.1.1981 (IV R 76/77), BStBl II, 1981, S. 314; vgl. BFH v. 9.9.1993 (IV R 14/91), BStBl II, 1994, S. 250.

[172] Vgl. hierzu ferner Söffing, Durchgriff durch die Personengesellschaft, 1996, S. 289ff.

Sind die der Kapitalgesellschaft überlassenen Wirtschaftsgüter im Vermögen der Personengesellschaft, müssen diese anteilig dem Vermögen des atypisch stillen Gesellschafters und anteilig den weiteren Gesellschaftern zugerechnet werden. Existieren weitere Gesellschafter, die ausschließlich an der Personengesellschaft beteiligt sind bzw. an der Kapitalgesellschaft nicht ebenfalls atypisch still beteiligt sind, so ist dieser Anteil an den Wirtschaftsgütern dem Privatvermögen zuzuordnen.

Fraglich ist, wie der Anteil an diesem Wirtschaftsgut, welcher dem atypisch stillen Gesellschafter zuzurechnen ist, zu qualifizieren ist. Nach Ansicht des Bundesfinanzhofs gehören zum Sonderbetriebsvermögen eines Mitunternehmers die „in seinem Eigentum stehenden Wirtschaftsgüter (Anteile an Wirtschaftsgütern)"[173]. Da die vermögensverwaltende Personengesellschaft nicht über ein Betriebsvermögen verfügt, sondern ihr Vermögen anteilig Privatvermögen der Gesellschafter darstellt, ist das Wirtschaftsgut m. E. anteilig als Sonderbetriebsvermögen zu qualifizieren.

Mithin erzielt der Gesellschafter m. E. mit den aus der Nutzungsüberlassung der Personengesellschaft resultierenden Pachteinnahmen gewerbliche Einkünfte. Das Wirtschaftsgut stellt entsprechend der Beteiligungsquote des Gesellschafters Sonderbetriebsvermögen dar, welches als Betriebsvermögen der Kapitalgesellschaft zuzurechnen ist. Die Personengesellschaft selbst erhält hierdurch jedoch keinen gewerblich infizierten Status.

2.3.2 Besteuerungsunterschiede zwischen atypisch stiller Gesellschaft und Betriebsaufspaltung

Die Rechtsfolgen der atypisch stillen Gesellschaft sind insofern mit denen der Betriebsaufspaltung vergleichbar, als die Anteile des atypischen stillen Gesellschafters an der Kapitalgesellschaft Sonderbetriebsvermögen II darstellen, die Gewinnausschüttungen Sonderbetriebseinnahmen sind.

Allerdings sind die überlassenen Wirtschaftsgüter nur auf Ebene des atypisch stillen Gesellschafters anteilig Sonderbetriebsvermögen I, sie können jedoch kein Betriebsvermögen auf Ebene der Personengesellschaft sein. Sie werden dem Betriebsvermögen der atypisch stillen Gesellschaft zugeordnet, d. h. sie sind Betriebsvermögen auf Ebene der Kapitalgesellschaft. Bei einer Betriebsaufspaltung hingegen wird das Vermögen auf Ebene der Personengesellschaft für alle Gesellschafter von Privatvermögen in Betriebsvermögen umqualifiziert.

Die Umqualifizierung der Pachtzahlungen in gewerbliche Einkünfte erfolgt im Rahmen einer atypisch stillen Beteiligung an der Kapitalgesellschaft erst auf Ebene des atypisch stillen Gesellschafters, nicht jedoch auf Ebene der Personengesell-

---

[173] BFH v. 6.5.1986 (VIII R 160/85), BStBl II, 1986, S. 838; vgl. außerdem BFH v. 18.3.1958 (I 147/57 U), BStBl III, 1958, S. 262.

schaft. Somit erzielen weitere Gesellschafter, welche an der Kapitalgesellschaft nicht ebenfalls atypisch still beteiligt sind, keine gewerblichen Einkünfte sondern je nach Überlassungsgegenstand Einkünfte gem. § 21 EStG oder § 22 EStG. Insofern unterscheiden sich die Rechtsfolgen von der der Betriebsaufspaltung, als dort die Gewerblichkeit auf Gesellschaftsebene entsteht und somit alle Gesellschafter der Personengesellschaft davon erfasst werden.

Bei der atypisch stillen Beteiligung kann die Gewerblichkeit bei dem Handelsgewerbe der Kapitalgesellschaft lokalisiert werden, wohingegen bei der Betriebsaufpaltung die Gewerblichkeit auf Ebene der Personengesellschaft entsteht.

Liegt eine Betriebsaufspaltung vor, ist die Behandlung der Anteile an der Betriebskapitalgesellschaft eine Folge der Gewerblichkeit der Personengesellschaft. Bei der atypisch stillen Gesellschaft verhält es sich umgekehrt, d. h. die Qualifizierung der durch die Personengesellschaft erzielten Einkünfte als Einkünfte aus Gewerbebetrieb ist eine Konsequenz der Gewerblichkeit der Beteiligung an der Kapitalgesellschaft.

Kapitel 4   Zusammenfassung

Die Gesellschafter einer Personengesellschaft, deren Tätigkeit sich ausschließlich darauf beschränkt, einer Kapitalgesellschaft Wirtschaftsgüter zur Nutzung zu überlassen, erzielen je nach Art und Umfang der Beteiligung, sowie der Art der Überlassungsgegenstände unterschiedliche Einkünfte. So kann die Personengesellschaft steuerlich als vermögensverwaltend qualifiziert werden. Ihre Gesellschafter erzielen dann Überschusseinkünfte. Unter Umständen könnten aber auch die Voraussetzungen einer Betriebsverpachtung vorliegen und Einkünfte aus Gewerbebetrieb anzunehmen sein. In diesen beiden Fällen sind die Anteile eines Gesellschafters an der Kapitalgesellschaft gänzlich unabhängig von den Miet- und Pachtverträgen zu werten. Sie sind somit dem Privatvermögen zuzuordnen. Gewinnausschüttungen sind als Einkünfte aus Kapitalvermögen i. S. d § 20 Abs. 1 S. 1 Nr. 1 EStG zu qualifizieren.

Ist die Beteiligung an der Kapitalgesellschaft als atypisch stille Beteiligung ausgestaltet, ist eine Mitunternehmerschaft i. S d. § 15 EStG anzunehmen, die zu gewerblichen Einkünften und Sonderbetriebsvermögen führt. Diese wiederum kann konkurrieren mit dem Vorliegen einer Betriebsaufspaltung. Im weiteren Verlauf der Arbeit wird die atypisch stille Gesellschaft nicht weiter betrachtet. Da sich hier die Gewerblichkeit nicht durch die Nutzungsüberlassung ergibt, sondern aus der Beteiligung an der Kapitalgesellschaft resultiert, ist sie für die eigentliche Qualifikation der nutzungsüberlassenden Tätigkeit der Personengesellschaft nicht von Bedeutung. Die Rechtsfolgen der atypisch stillen Gesellschaft betreffen nur den Gesellschafter, nicht jedoch die Personengesellschaft selbst. Untersuchungsgegenstand der Arbeit ist mithin nur die Einordnung der Personengesellschaft und die daraus resultierenden Auswirkungen auf ihre Gesellschafter.

Aufgrund des Rechtsinstituts der Betriebsaufspaltung wird eine, eigentlich nur eine Vermietungs- bzw. Verpachtungstätigkeit ausführende Gesellschaft bei personeller und sachlicher Verflechtung mit der mietenden bzw. pachtenden, gewerblich tätigen Gesellschaft zu einem Gewerbebetrieb. Sie erzielt mit den Pachteinnahmen gewerbliche Einkünfte.[174] Sachliche Verflechtung liegt dann vor, wenn die überlassenen Wirtschaftsgüter bei der Betriebsgesellschaft eine wesentliche Betriebsgrundlage darstellen. Personelle Verflechtung ist dann gegeben, wenn die an beiden Gesellschaften beteiligten Gesellschafter einen einheitlichen geschäftlichen Betätigungswillen ausüben. Obwohl die Personengesellschaft grundsätzlich lediglich vermögensverwaltend tätig ist, wird sie als Gewerbebetrieb besteuert, sofern die Voraussetzungen der Betriebsaufspaltung erfüllt sind. Anteile an der Kapitalgesellschaft werden zu Sonderbetriebsvermögen II und stellen kein Privatvermögen mehr dar. Dividenden stellen Einkünfte aus Gewerbebetrieb dar und Veräußerungsgewinne sind somit in jedem Fall steuerpflichtig.[175]

Nachfolgende Übersicht (Abb. 5) fasst diese Rechtsfolgen noch einmal zusammen:

---

[174] Vgl. grundlegend BFH v. 8.11.1971 (GrS 2/71), BStBl II, 1972, S. 63. Vgl. ausführlicher z. B. Schmidt, in: Schmidt, EStG, 2003, § 15 Rn. 800ff.

[175] Allerdings erfolgt unter bestimmten Voraussetzungen auch eine Besteuerung von Gewinnen aus der Veräußerung von Kapitalgesellschaftsanteilen, die im Privatvermögen gehalten wurden (§§ 17 und 23 EStG). Zudem ist nicht auszuschließen, dass der Gesetzgeber irgendwann auch private Veräußerungsgewinne grundsätzlich der Besteuerung unterwirft (Vgl. zuletzt Entwurf eines Gesetzes zum Abbau von Steuervergünstigungen und Ausnahmeregelungen i. d. F. des Bundestagsentschlusses v. 21.2.2003, BT-Drs. 15/119) Somit würde diese Rechtsfolge der Betriebsaufspaltung an Bedeutung verlieren, da bei Veräußerung der Anteile sowohl bei Zugehörigkeit zum Betriebsvermögen als auch zum Privatvermögen ein steuerpflichtiger Veräußerungsvorgang vorliegen kann.

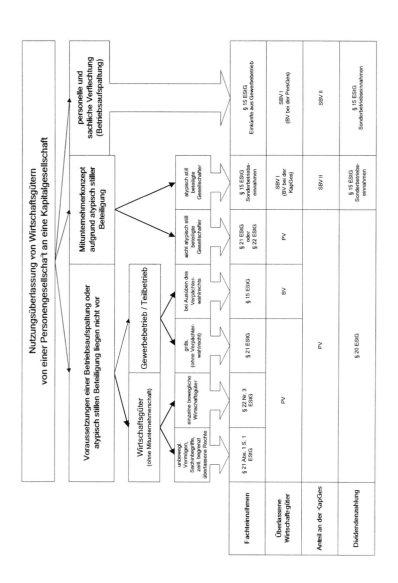

Abb. 5: Nutzungsüberlassung im nationalen Recht

Abschnitt 3 Ausländischer Gesellschafter einer Betriebsaufspaltung im Inland

Kapitel 1 Überblick

In diesem Abschnitt werden die Besteuerungsfolgen einer Betriebsaufspaltung, bei der sich sowohl Besitz- als auch Betriebsunternehmen im Inland befinden, ein Gesellschafter beider Gesellschaften jedoch im Ausland ansässig ist, untersucht.

Es wird der Grundfall angenommen, dass es sich um eine sog. eigentliche Betriebsaufspaltung handelt, d. h. die Betriebsgesellschaft ist eine Kapitalgesellschaft, die Besitzgesellschaft eine Personengesellschaft.

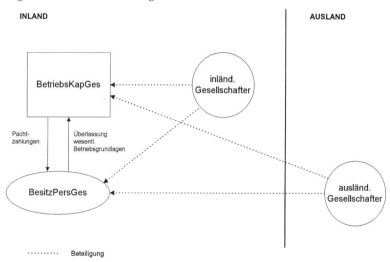

Abb. 6: Inländische Betriebsaufspaltung mit ausländischem Gesellschafter

Für den im Inland ansässigen Gesellschafter treten die Rechtsfolgen der Betriebsaufspaltung ein. Er wird aufgrund der Gewerblichkeit der Personengesellschaft als Mitunternehmer besteuert.[176] Die Pachteinnahmen werden von Einkünften aus Vermietung und Verpachtung i. S. d. § 21 EStG umqualifziert in Einkünfte aus Gewerbebetrieb i. S. d. § 15 EStG, das Pachtobjekt wird von Privatvermögen zu Betriebsvermögen, seine Anteile an der Betriebskapitalgesellschaft sind Sonderbetriebsvermögen II, Gewinnausschüttungen der Betriebskapitalgesellschaft sind

---

[176] Vgl. S. 35ff. und 56ff.

Sonderbetriebseinnahmen und nicht Einkünfte aus Kapitalvermögen i. S. d. § 20 EStG.

Inwieweit aber hat das Rechtsinstitut der Betriebsaufspaltung Einfluss auf den im Ausland ansässigen Gesellschafter? Welche Art von Einkünften erzielt er im nationalen Recht und im Abkommensrecht? Wirkt sich die nationale Einordnung der Besitzpersonengesellschaft als Gewerbebetrieb auch auf die Einstufung nach dem Recht der Doppelbesteuerungsabkommen aus? Diesen Fragen wird im Folgenden nachzugehen sein.

1 Grundsätzliches zur Besteuerung des ausländischen Gesellschafters

1.1 Steuerpflicht nach nationalem Recht

Der ausländische Gesellschafter kann mit den inländischen Einkünften, die er durch den Anteil an der Personengesellschaft bezieht, der beschränkten Steuerpflicht i. S. d. § 1 Abs. 4 EStG unterliegen, sofern die territorialen Anknüpfungskriterien einer Einkunftsart von § 49 Abs. 1 EStG erfüllt sind. Die Ermittlung der Einkünfte des ausländischen Gesellschafters erfolgt dann auf gleiche Weise wie die Ermittlung der Einkünfte der inländischen Gesellschafter.

Liegen die Voraussetzungen einer Betriebsaufspaltung vor, bezieht der ausländische Gesellschafter ebenso wie ein inländischer Gesellschafter Einkünfte aus Gewerbebetrieb, da § 49 Abs. 1 Nr. 2 EStG uneingeschränkt auf § 15 EStG verweist. Damit diese Einkünfte allerdings auch der beschränkten Steuerpflicht i. S. d. § 1 Abs. 4 EStG unterliegen, muss gem. § 49 Abs. 1 Nr. 2a EStG eine Betriebsstätte im Inland unterhalten oder ein ständiger Vertreter bestellt werden.

Nach § 12 S. 1 AO ist „jede feste Geschäftseinrichtung oder Anlage, die der Tätigkeit eines Unternehmens dient", eine Betriebsstätte. Unter einer festen Geschäftseinrichtung sind ein oder mehrere zusammengefasste körperliche Gegenstände zu verstehen, die örtlich fixiert sind. Somit müssen also vier Begriffsmerkmale erfüllt sein: Es muss sich um eine „Geschäftseinrichtung oder Anlage" handeln, die „fest" ist, über die das Unternehmen „Verfügungsmacht" hat und die der „Tätigkeit eines Unternehmens dient".[177] In § 12 S. 2 AO werden Beispiele für Betriebsstätten genannt. Unter anderem sind dort die Stätte der Geschäftsleitung, Zweigniederlassungen, Geschäftsstellen, Fabrikations- oder Werkstätten, Warenlager, Ein- oder Verkaufsstellen aufgeführt.[178]

---

[177] Vgl. zu den einzelnen Merkmalen z. B. Birk, 1996, in: H/H/Sp, AO und FGO, § 12 Rn. 8ff.
[178] Vgl. ausführlich zum Begriff der Betriebsstätte nach § 12 AO z. B. auch Kruse, 2003, in: Tipke/Kruse, AO/FGO, § 12 Rn.1ff; vgl. Buciek, Aktuelle Entwicklungen zur Betriebsstättenbesteuerung, 2003, S. 139ff.

Unter einem ständigen Vertreter i. S. d § 13 S. 1 AO ist eine Person zu verstehen, „die nachhaltig die Geschäfte eines Unternehmens besorgt und dabei dessen Sachanweisungen unterliegt". § 13 S. 2 AO bestimmt hierzu ergänzend, dass „ständiger Vertreter insbesondere eine Person [ist], die für ein Unternehmen nachhaltig Verträge abschließt oder vermittelt oder Aufträge einholt oder einen Bestand von Gütern oder Waren unterhält und davon Auslieferungen vornimmt". Der Begriff des ständigen Vertreters setzt also voraus, dass dieser für den Vertretenen Handlungen ausführt, die grundsätzlich in den betrieblichen Bereich des Unternehmers fallen.[179]

Regelmäßig begründet eine Personengesellschaft für ihre Gesellschafter am Ort ihrer Geschäftsleitung i. S. d. § 10 AO eine Betriebsstätte i. S. d. § 12 AO.[180] Da dieser Ort der Geschäftsleitung im Inland liegt, wird der im Ausland ansässige Mitunternehmer im Inland mit seinen inländischen Einkünften beschränkt steuerpflichtig.

Gleichzeitig unterliegt er jedoch im Ausland mit seinem Welteinkommen der dortigen unbeschränkten Steuerpflicht, so dass eine steuerliche Doppelbelastung entsteht.

1.2 Behandlung nach Abkommensrecht

Ein Doppelbesteuerungsabkommen kann zu einer Begrenzung oder Aufhebung des inländischen oder des ausländischen Besteuerungsrechts führen. Je nach Einkunftsart erlangt ein abkommensberechtigter Gesellschafter also eine Befreiung[181] oder Milderung[182] von der Steuerlast im Wohnsitzstaat oder im Quellenstaat.[183] Bei der Freistellungsmethode i. S. d. Art. 23 A OECD-MA unterliegt das Einkommen nur in einem der beiden Staaten der Besteuerung, der andere Staat verzichtet gänzlich auf eine Besteuerung.[184] Im Gegensatz hierzu wird im Rahmen der Anrechnungsmethode i. S. d. Art. 23 B OECD-MA das Einkommen sowohl im Ansässigkeitsstaat des Gesellschafters, als auch im Quellenstaat besteuert. Allerdings kann in einem der Vertragsstaaten von der zu zahlenden Steuer der Betrag abgezogen werden, der bereits im anderen Vertragsstaat als Steuer gezahlt wurde.

---

[179] Vgl. BFH v. 27.11.1963 (I 335/60 U), BStBl III, 1964, S. 76. Vgl. hierzu auch z. B. Kruse, 2003, in: Tipke/Kruse, AO/FGO, , § 13 Rn.1ff.

[180] Vgl. z. B. BFH v. 26.2.1992 (I R 85/91), BStBl II, 1992, S. 937.

[181] Im Rahmen der Befreiungsmethode gem. Art.23 A OECD-MA.

[182] Im Rahmen der Anrechnungsmethode gem. Art. 23 B OECD-MA.

[183] Häufig wird der (vollständige oder teilweise) Verzicht auf den Steueranspruch allerdings davon abhängig gemacht, ob im anderen Vertragstaat eine Besteuerung tatsächlich stattfindet. Eine solche sog. subject-to-tax-Klausel ist im OECD-MA nicht verankert, wird im Musterkommentar jedoch vorgeschlagen. Vgl. Vogel, in: Vogel/Lehner, DBA, 2003, Vor Art 6-22, Rn. 19f.

[184] Die Gewinne werden von der Bemessungsgrundlage der deutschen Steuer unter Vorbehalt der Tarifprogression ausgenommen.

Die Zuweisung des Besteuerungsrechts an einen der Vertragsstaaten hängt davon ab, welcher abkommensrechtlichen Einkunftskategorie die Einkünfte zuzuordnen sind. Fallen die Einkünfte innerhalb eines Unternehmens an, wird das Besteuerungsrecht regelmäßig dem Staat zugewiesen, in dem das Unternehmen eine Betriebsstätte i. S. d. Art. 5 OECD-MA unterhält, durch welche die Einkünfte erwirtschaftet werden.[185]

1.2.1 Abkommensberechtigung

Gem. Art. 1 OECD-MA gilt das Doppelbesteuerungsabkommen für im Vertragsstaat ansässige Personen. Auch wenn die Personengesellschaft als Personenvereinigung i. S. d. Art. 3 Abs. 1 a OECD-MA und somit als Person gilt, kann sie aufgrund des Transparenzprinzips, demzufolge sie kein Steuersubjekt darstellt, nicht die Anforderungen der Ansässigkeit erfüllen. Die Personengesellschaft selbst kann daher keine Abkommensberechtigung erlangen.[186]

Anderes würde gelten, wenn die Personengesellschaft nach innerstaatlichem Recht steuerlich intransparent ist, d. h. wenn sie selbst und nicht ihre Gesellschafter steuerpflichtig wird. In diesem Fall würde sie als eigenständiges Steuersubjekt selbst Abkommensberechtigung erlangen. Erfolgt in den Vertragsstaaten eine unterschiedliche Qualifizierung der Personengesellschaft, d. h. wird sie im einen Staat als steuerlich intransparentes Rechtsgebilde betrachtet, während der andere Staat eine Besteuerung nach dem Transparenzprinzip annimmt, kann es zu Qualifikationskonflikten kommen. Grundsätzlich wird zunächst geprüft, wie die Personengesellschaft im Ansässigkeitsstaat eingeordnet wird.[187] Anschließend wird sie nach den Grundsätzen des innerstaatlichen Rechts desjenigen Staates beurteilt, dessen Steuerpflicht in Frage steht.[188] In allen im Rahmen dieser Arbeit behandelten Fällen wird allerdings davon ausgegangen, dass beide Vertragsstaaten eine einheitliche Einordnung vornehmen und von einem steuerlich transparenten Rechtsgebilde ausgehen.[189]

Maßgebend ist die Abkommensberechtigung des Gesellschafters. Bei dem ausländischen Gesellschafter handelt es sich um eine natürliche Person i. S. d. Art. 3 Abs. 1a OECD-MA. Die Abkommensberechtigung erlangt der Gesellschafter

---

[185] Abgesehen von Einkünften i. S. d. Art. 6 OECD-MA. Bei Einkünften aus unbeweglichem Vermögen gilt das sog. Belegenheitsprinzip. Dieses hat Vorrang vor dem Betriebsstättenprinzip.

[186] Vgl. Raupach, Unternehmen und Unternehmer im Recht der DBA, 2000, S. 1085.

[187] Vgl. Schmidt, Personengesellschaften im Abkommensrecht, 2002, S. 1138.

[188] Vgl. Prokisch, in: Vogel/Lehner, DBA, 2003, Art. 1 Rn. 18.

[189] Vgl. ausführlicher zu den Konsequenzen einer unterschiedlichen Qualifizierung z. B. Prokisch, in: Vogel/Lehner, DBA, 2003, Art. 1 Rn. 31ff. mit umfangreichen Literaturhinweisen unter Rn. 13. Zur Einordnung ausländischer Rechtsgebilde vgl. z. B. Schnittker/Lemaitre, Steuersubjektqualifikation ausländischer Personen- und Kapitalgesellschaften, 2003, S. 1314ff.

durch die Ansässigkeit in einem der Vertragsstaaten i. S. d. Art. 4 Abs. 1 OECD-MA, d. h. aufgrund unbeschränkter Steuerpflicht wegen seines Wohnsitzes oder gewöhnlichen Aufenthaltes im Ausland.

Nach innerstaatlichem Recht hat jemand seinen Wohnsitz i. S. d. § 8 AO dort, „wo er eine Wohnung unter Umständen hat, die darauf schließen lassen, dass er die Wohnung beibehalten und benutzen will". Regelmäßig befindet er sich also am Mittelpunkt seiner gesamten Lebensinteressen.[190] Den gewöhnliche Aufenthalt i. S. d § 9 S. 1 AO hat jemand dort, „wo er sich unter Umständen aufhält, die erkennen lassen, dass er an diesem Ort oder in diesem Gebiet nicht nur vorübergehend verweilt." Nach § 9 S. 2 AO ist dies grundsätzlich gegeben bei einem zeitlich zusammenhängenden Aufenthalt, der länger als sechs Monate dauert. Hier wird also ein zum Begriff des Wohnsitzes subsidiäres Anknüpfungsmerkmal der unbeschränkten Steuerpflicht normiert. In der Regel sind mit dem Vorliegen eines gewöhnlichen Wohnsitzes auch die Merkmale des gewöhnlichen Aufenthalts erfüllt, so dass der gewöhnliche Aufenthalt nur dann Bedeutung erlangt, wenn eine unbeschränkte Steuerpflicht nicht bereits durch den Wohnsitz entsteht.[191]

1.2.2 Einkunftsarten im nationalen Recht und im Abkommensrecht

Mit der Einteilung in unterschiedliche Einkunftsarten verfolgen das nationale Recht und das Abkommensrecht unterschiedliche Ziele. Im nationalen Recht kann die Zuordnung zu einer der Einkunftsarten des § 49 EStG eine Steuerpflicht begründen. Das Bilden von Einkunftskategorien im Abkommensrecht hingegen hilft, die Besteuerungsrechte der Vertragsstaaten voneinander abzugrenzen.[192] Somit dient § 49 EStG der Feststellung einer inländischen Steuerpflicht, während die Doppelbesteuerungsabkommen regeln, welcher Staat sein Besteuerungsrecht wahrnehmen darf.[193] Selbst wenn sich die Bezeichnungen von Einkunftsarten nach innerstaatlichem Recht und nach Abkommensrecht teilweise gleichen, dürfen sie daher nicht gleichgesetzt werden.[194]

Einkünfte, die innerhalb eines Unternehmens erzielt werden, werden nach nationalem Recht und nach Abkommensrecht unterschiedlich behandelt. Während im deutschen Steuerrecht aufgrund der Subsidiaritätsklauseln der §§ 21 Abs. 3, 20 Abs. 3 und 22 Nr. 3 EStG[195] die Einkünfte, die ein Unternehmen erzielt, als ge

---

[190] Vgl. Kruse, 2003, in: Tipke/Kruse, AO/FGO, § 8 Rn.1. Der Wohnsitzbegriff setzt allerdings nicht zwingend voraus, dass dort auch der Mittelpunkt der Lebensinteressen ist. Vgl. BFH v. 19.3.1997 (I R 69/96), BStBl II, 1997, S. 447.
[191] Vgl. Kruse, 2003, in: Tipke/Kruse, AO/FGO, § 8 Rn. 1.
[192] Vgl. Riemenschneider, Abkommensberechtigung von Personengesellschaften, 1995, S. 28.
[193] Vgl. Roth, 2002, in: H/H/R, § 49 Rn. 42.
[194] Vgl. Vogel, in: Vogel/Lehner, DBA, 2003, Vor Art. 6-22 Rn. 2.
[195] Ausnahmsweise gilt die Subsidiaritätsklausel jedoch nicht im Rahmen der beschränkten Steuerpflicht bei § 49 Abs. 1 Nr. 9 EStG. Vgl. hierzu ab S. 81.

werbliche Einkünfte qualifiziert werden, hat im Abkommensrecht grundsätzlich die speziellere Einkunftsart Vorrang, d. h. hier werden auch Einkünfte, die im Rahmen eines Gewerbebetriebs erzielt werden, ihrer ursprünglichen Art nach beurteilt.[196] Gem. Art. 7 Abs. 7 OECD-MA sind die in den anderen Artikeln des Abkommens behandelten Einkunftsarten vorrangig vor den Unternehmensgewinnen i. S. d. Art. 7 OECD- MA anzuwenden. Während also im Abkommensrecht eine Zuordnung zu den Unternehmensgewinnen im Sinne des Art. 7 OECD-MA nur subsidiär erfolgt[197], werden im deutschen Steuerrecht Einkünfte, die im Rahmen eines Gewerbebetriebs entstehen, grundsätzlich als Einkünfte aus Gewerbebetrieb qualifiziert, d. h. hier ist die Subsidiarität der Einkunftsarten genau gegenläufig.

Allerdings können die Einkünfte im Abkommensrecht trotz ursprünglicher Zuordnung zu einer spezielleren Einkunftsart doch unter den Begriff der Unternehmensgewinne i. S. d. Art. 7 OECD-MA fallen, wenn der Artikel der spezielleren Einkunftsart einen sog. Betriebsstättenvorbehalt[198] enthält. Nach diesem Vorbehalt unterliegen Einkünfte die grundsätzlich unter eine speziellere Einkunftsart fallen, der Unternehmensbesteuerung i. S. d. Art. 7 OECD-MA, wenn der im einen Vertragsstaat ansässige Gesellschafter die Einkünfte im Zusammenhang mit einer Betriebsstätte i. S. d. Art. 5 OECD-MA im anderen Vertragsstaat erzielt.[199]

1.2.3 Das Betriebsstättenprinzip bei Unternehmensgewinnen

Gem. Art. 7 Abs. 1 OECD-MA darf grundsätzlich der Ansässigkeitsstaat des Gesellschafters den Unternehmensgewinn besteuern, es sei denn, das Unternehmen übt seine Geschäftstätigkeit durch eine Betriebsstätte i. S. d. Art. 5 OECD-MA im Quellenstaat aus (Betriebsstättenprinzip).

In der Regel werden Einkünfte, die aufgrund eines Betriebsstättenvorbehaltes im Ansässigkeitsstaat des Gesellschafters von der Besteuerung im Rahmen der Befreiungsmethode von Art. 23 A OECD-MA freigestellt. Häufig finden sich in den Doppelbesteuerungsabkommen sog. Aktivitätsvorbehalte. Sind die Einkünfte nicht

---

[196] Vgl. Wassermeyer, 2001, in: Debatin/Wassermeyer, Doppelbesteuerung, Art. 7 MA Rn. 16a.
[197] Vgl. Lang, Einführung in das Recht der DBA, 2002, Rn. 297.
[198] Vgl. Art. 10 Abs. 4 OECD-MA, Art. 11 Abs. 4 OECD-MA, Art. 12 Abs. 3 OECD-MA und Art. 21 Abs. 2 OECD-MA.
[199] Wassermeyer unterscheidet zwischen dem Tatbestand und der Rechtsfolge der Artikel des Doppelbesteuerungsabkommens. Demzufolge können die Einkünfte nach dem Abkommensrecht tatbestandsmäßig sowohl unter eine speziellere Einkunftsart als auch unter die Unternehmensgewinne fallen. Dies bedeutet, dass beispielsweise Einkünfte aus unbeweglichem Vermögen zwar Unternehmensgewinne darstellen können, sich die Rechtsfolgen jedoch nach Art. 6 OECD-MA richtet. Vgl. ders., 2001, in: Debatin/Wassermeyer, Doppelbesteuerung, Vor Art. 6-22 MA Rn. 11, Art. 7 MA Rn. 15; gleicher Ansicht z. B. auch BMF v. 24.9.1999 (IV D 3 – S 1301 Ung – 5/99), IStR, 2000, S. 627.

durch eine aktive Tätigkeit[200] entstanden, erfolgt im Ansässigkeitsstaat des Gesellschafters keine Steuerfreistellung und die Anrechnungsmethode des Art. 23 B OECD-MA kommt zur Anwendung.[201]

1.2.3.1 Abkommensrechtlicher Betriebsstättenbegriff

In den Doppelbesteuerungsabkommen wird mit Art. 5 OECD-MA ein vom nationalen Recht unabhängiger Betriebsstättenbegriff definiert.

Gem. der Betriebsstättendefinition des Art. 5 Abs. 1 OECD-MA erfordert die Annahme einer Betriebsstätte die Erfüllung folgender Tatbestandsmerkmalen: Es muss eine Geschäftseinrichtung vorliegen, zweitens muss diese fest sein, drittens muss in ihr eine Tätigkeit ausgeübt werden und viertens muss diese Tätigkeit im Rahmen eines Unternehmens ausgeführt werden.[202] Im Unterschied zu dem im nationalen Steuerrecht verwendeten Betriebsstättenbegriff des § 12 AO muss in der Betriebsstätte nach abkommensrechtlichem Verständnis die Tätigkeit eines Unternehmens ausgeübt werden und darf nicht nur lediglich der Tätigkeit eines Unternehmens dienen.[203]

Darüber hinaus kann auch ohne Prüfung dieser Voraussetzungen eine Betriebsstätte angenommen werden, wenn eines der in Art. 5 Abs. 2 OECD-MA aufgezählten Beispiele für Betriebsstätten vorliegt.[204] So liegt beispielsweise auch bei Fehlen einer festen Geschäftseinrichtung eine Betriebsstätte am Ort der Leitung gem. Art. 5 Abs. 2 Buchst. a OECD-MA vor.[205] In Art. 5 Abs. 5 OECD-MA erfolgt mit der

---

[200] Hierzu zählt regelmäßig mindestens die Herstellung und der Verkauf von Gütern und Waren, sowie Bank- und Versicherungsgeschäfte; vgl. z. B. Krawitz/Büttgen-Pöhland/Hick, Aktivitätsvorbehalte bei Einkünften aus ausländischen Kapitalgesellschaften, 2003, S. 111. Der Umfang der aktiven Tätigkeiten ist in den verschiedenen Doppelbesteuerungsabkommen unterschiedlich ausgestaltet. Eine Übersicht über die in von Deutschland abgeschlossenen Aktivitätsvorbehalte und deren Ausgestaltung findet sich bei Wassermeyer, 2001, in: Debatin/Wassermeyer, Doppelbesteuerung, Art. 23 A MA, Anl. 1.

[201] Nach neuer Rechtsprechung des Bundesfinanzhofs zum Outboundfall hat bei Vorliegen einer Aktivitätsklausel im Abkommen eine Aufteilung der Betriebsstätteneinkünfte in freizustellende Einkünfte und nicht freizustellende Einkünfte zu erfolgen. Einkünfte, die der Betriebsstätte zwar zuzurechnen sind, jedoch auf einer passiven Tätigkeit beruhen, unterliegen demzufolge der Anrechnungsmethode. Vgl. BFH v. 7.8.2002 (I R 10/01), BStBl II, 2002, S. 848. Vgl. hierzu auch Strunk/Kaminski, Besteuerung von ausländischen Betriebsstätten und Personengesellschaften, 2003, S. 184ff; vgl. Mössner, BFH-Rechtsprechung zu DBA im Jahr 2002, 2003, S. 299f.

[202] Vgl. Kumpf, Betriebsstätte: Prinzip und Definition, 1993, S. 34.

[203] Vgl. Tz. 1.2.1.1 der Betriebsstätten-Verwaltungsgrundsätze, BMF v. 24.12.1999, (IV B 4-S 130-111/99), BStBl I, 1999, S. 1076; vgl. Wassermeyer, 2000, in: Debatin/Wassermeyer, Doppelbesteuerung, Art. 5 MA Rn. 9f.

[204] Vgl. Wassermeyer, 2000, in: Debatin/Wassermeyer, Doppelbesteuerung, Art. 5 MA Rn. 4, demzufolge der Art. 5 Abs. 2 OECD-MA konstitutiven Charakter besitzt.

[205] Vgl. Tz. 1.1.1.1 der Betriebsstätten-Verwaltungsgrundsätze, BMF v. 24.12.1999 (IV B 4-S 130-111/99), BStBl I, 1999, S. 1076.

Definition des abhängigen Vertreters eine Ausweitung des Betriebsstättenbegriffs[206], bei dem ebenfalls keine feste Geschäftseinrichtung erforderlich ist.

Wassermeyer[207] fasst als Voraussetzung der Betriebsstätte zusammen, „dass in ihr eine menschliche Tätigkeit ausgeübt wird, die dem Unternehmen zuzurechnen ist". Von entscheidender Bedeutung hierbei ist, dass die Betriebsstätte nicht selbst die Anforderungen eines Unternehmens erfüllen muss. Sie muss nicht alle Eigenschaft eines Gewerbebetriebs eigenständig erfüllen. Lediglich die Tätigkeiten, die in ihr ausgeübt werden, müssen einem Gewerbebetrieb zugeordnet werden können.

Mithin vollzieht sich die Prüfung des Vorliegens von Betriebsstätteneinkünften in drei Schritten: Erstens muss der Ort, der als Betriebsstätte qualifiziert werden soll, die Betriebsstätteneigenschaften erfüllen. Zweitens muss die Gesellschaft, die an diesem Ort eine Tätigkeit entfaltet, einen Gewerbebetrieb darstellen. Drittens reicht die bloße Existenz eines Unternehmens nicht aus; vielmehr müssen die Gewinne des Unternehmens müssen auch dieser Betriebsstätte zugerechnet werden können. Auch wenn aufgrund von Art. 5 Abs. 2 OECD-MA und Art. 5 Abs. 5 OECD-MA eine Betriebsstätte trotz des Fehlens vereinzelter Tatbestandsmerkmale des Art. 5 Abs. 1 OECD-MA begründet werden kann, so ist in allen Fällen das Vorhandensein eines Unternehmens unabdingbar.

1.2.3.2 Betriebsstätte durch Beteiligung an einer Personengesellschaft

Durch eine Beteiligung an einer Personengesellschaft kann nicht per se eine Betriebsstätte angenommen werden. Die Beteiligung an einer Personengesellschaft begründet eine Betriebsstätte des Gesellschafters bei der Personengesellschaft, wenn die Personengesellschaft ein Unternehmen im Sinne des Art. 7 OECD-MA betreibt und diese Personengesellschaft wiederum eine Betriebsstätte unterhält.[208] Die Betriebsstätte der Personengesellschaft wird den Gesellschaftern anteilig als eigene Betriebsstätte zugerechnet. Nach dem Recht der Doppelbesteuerungsabkommen gilt die Beteiligung jedes einzelnen Mitunternehmers an einer gewerblichen Personengesellschaft als Betreiben eines eigenständigen Unternehmens im Sinne von Art. 3 Abs. 1c OECD-MA.[209]

Da allerdings ausschließlich ein Unternehmen einen Ort der Leitung i. S. d. Art. 5 Abs. 2 Buchst. a OECD-MA haben kann[210], kann dieser Ort der Leitung nur bei einer gewerblichen Personengesellschaft, nicht jedoch bei einer vermögensverwal-

---

[206] Vgl. Wassermeyer, 2000, in: Debatin/Wassermeyer, Doppelbesteuerung, Art. 5 MA Rn. 192.

[207] Vgl. Wassermeyer, 2000, in: Debatin/Wassermeyer, Doppelbesteuerung, Art. 5 MA Rn. 10b, 26.

[208] Vgl. Wassermeyer, 2000, in: Debatin/Wassermeyer, Doppelbesteuerung, Art. 5 MA Rn. 34.

[209] Vgl. BFH v. 8.1.1969 (I 158/64), BStBl II, 1969, S. 466; BFH v. 26.2.1992 (I R 85/91), BStBl II, 1992, S. 937.

[210] Vgl. Wassermeyer, 2000, in: Debatin/Wassermeyer, Doppelbesteuerung, Art. 5 MA Rn. 64.

tenden Personengesellschaft eine Betriebsstätte begründen. Dass im Abkommen nur der Begriff der „Leitung", nicht aber der der „Geschäftsleitung" verwendet wird, ist nicht darauf zurückzuführen, dass es sich nicht um die Leitung eines Geschäftes bzw. einer Geschäftstätigkeit handeln muss. Vielmehr soll der Begriff alle in einem Unternehmen anfallenden Leitungstätigkeiten, auch wenn dies nicht unmittelbar geschäftsleitende Tätigkeiten sind, umfassen.[211] So kann ein Ort der Leitung i. S. d. Art. 5 Abs. 2 Buchst.a OECD-MA nur dann auch eine vermögensverwaltende Tätigkeit erfassen, wenn diese im Rahmen eines gewerblichen Unternehmens erfolgt. Ein Ort der vermögensverwaltenden Leitung, die nicht innerhalb eines Unternehmens stattfindet, stellt somit keine Betriebsstätte dar. Eine Betriebsstätte, in der zwar nur vermögensverwaltende Tätigkeiten ausgeführt werden, die aber einem Unternehmen zugerechnet werden kann, stellt eine Betriebsstätte i. S. d. Art. 5 OECD-MA dar.

Hat ein Unternehmen die Form eines steuerlich transparenten Gebildes, knüpfen die Doppelbesteuerungsabkommen nicht an den Ort der Tätigkeit des Unternehmens an, sondern an die Ansässigkeit des Gesellschafters gem. Art. 1 Abs. 4 OECD-MA. Dieser wird mit seiner Beteiligung an der Personengesellschaft als eigenständiger Unternehmer gewertet wird.[212] Es geht somit nicht um die Besteuerung des Unternehmens, sondern um die des Unternehmers.

Sofern ein Personengesellschafter nur an einer vermögensverwaltenden Personengesellschaft beteiligt ist, d. h. wenn kein Unternehmen vorhanden ist, dann kann die Beteiligung an der Personengesellschaft auch keine Betriebsstätte für den Gesellschafter begründen.

Es ist somit von Bedeutung, ob die Personengesellschaft im Sinne der Doppelbesteuerungsabkommen als Gewerbebetrieb oder als vermögensverwaltende Gesellschaft einzustufen ist. Daher ist es für den ausländischen Gesellschafter bedeutsam, ob die Besitzpersonengesellschaft, die im Inland aufgrund des Rechtsinstituts der Betriebsaufspaltung als Gewerbebetrieb gilt, auch für die Abkommensanwendung als Unternehmen anzusehen ist.

2 Vorgehensweise

Die zentrale Frage ist, ob sich die nationale Einordnung der Besitzpersonengesellschaft als Gewerbebetrieb auch auf die Einstufung nach dem Recht der Doppelbesteuerungsabkommen auswirkt. Für die Zuweisung des Besteuerungsrechts ist ausschlaggebend, ob ein Gesellschafter an einer vermögensverwaltenden oder an einer gewerblichen Personengesellschaft beteiligt ist, da nur eine gewerbliche Personengesellschaft dem Gesellschafter eine Betriebsstätte i. S. d. Art. 5 OECD-MA

---

[211] Vgl. Wassermeyer, 2000, in: Debatin/Wassermeyer, Doppelbesteuerung, Art. 5 MA Rn. 64.
[212] Vgl. Raupach, Unternehmen und Unternehmer im Recht der DBA, 2000, S. 1069.

vermitteln kann. Unterhält die gewerbliche Personengesellschaft eine Betriebsstätte, wird diese dem Gesellschafter anteilig zugerechnet. Eine vermögensverwaltende Personengesellschaft hingegen kann keine Betriebsstätte unterhalten, da der Betriebsstättenbegriff das Vorliegen eines Unternehmens bzw. von Gewerblichkeit voraussetzt. Der verpachtete Gewerbebetrieb bzw. überlassene Wirtschaftsgüter können selbst keine Betriebsstätte für den Verpächter darstellen, da keine gewerbliche Tätigkeit in einer Geschäftseinrichtung ausgeübt wird.[213]

In Kapitel 2 erfolgt zunächst eine Darstellung der unterschiedlichen Besteuerungsfolgen bei Beteiligung eines ausländischen Gesellschafters an einer Personengesellschaft, deren Tätigkeit ausschließlich aus Nutzungsüberlassungen besteht. Hierbei werden nur Fälle betrachtet, bei denen es sich um die Überlassung einer wesentlichen Betriebsgrundlage handeln kann. Es werden also nur solche Nutzungsüberlassungen in die Betrachtung miteinbezogen, die bei gleichzeitigem Vorliegen von personeller Verflechtung zu einer Betriebsaufspaltung führen. Hierbei wird sowohl die Entstehung einer beschränkten Steuerpflicht aufgrund der Zuordnung zu einer der Einkunftsarten des Einkünftekatalog des § 49 EStG betrachtet, als auch der Frage nachgegangen, wie diese Einkünfte abkommensrechtlich zu qualifizieren sind und welcher Vertragsstaat weiterhin ein Besteuerungsrecht hat. Ebenso werden Besteuerungsfolgen einer etwaigen Veräußerung des Pachtobjekts aufgezeigt.

Anschließend wird untersucht, anhand welcher Kriterien im Abkommensrecht eine Einstufung als Unternehmen oder als vermögensverwaltende Gesellschaft erfolgt. Da weder der Begriff des Unternehmens, noch der Begriff der vermögensverwaltenden Gesellschaft in den Doppelbesteuerungsabkommen definiert wird, müssen beide Begriffe erst ausgelegt werden.

Kapitel 3 beschäftigt sich daher - zunächst losgelöst von dem hier zu behandelnden Problem der Betriebsaufspaltung - mit der Auslegung von Doppelbesteuerungsabkommen. Insbesondere wird hier auf das Verhältnis von innerstaatlichem Recht und Abkommensrecht eingegangen. Da Art. 3 Abs. 2 OECD-MA unter bestimmten Voraussetzungen bei im Abkommen nicht definierten Begriffen einen Rückgriff auf nationales Recht vorschreibt, ist zu klären, wann und wie dieser Verwendung von nationale Begriffsbedeutungen zu erfolgen hat.

Ausgehend von den hierbei gewonnen Erkenntnissen wird in Kapitel 4 eine Abgrenzung zwischen vermögensverwaltender und gewerblicher Personengesellschaft im Abkommensrecht vorgenommen und der Frage nachgegangen, ob und inwie-

---

[213] Vgl. BFH v. 28.7.1982 (I R 196/79), BStBl II, 1983, S. 77: „Es trifft nicht zu – wie das FA meint -, dass das gewerbliche Unternehmen der Pachtgesellschaft (Betriebsgesellschaft) ohne weiteres eine Betriebsstätte für die Besitzgesellschaft begründet. Eine solche Annahme wird dem Wesen der Betriebsaufspaltung nicht gerecht". Vgl. Wassermeyer, 2000, in: Debatin/Wassermeyer, Doppelbesteuerung, Art. 5 MA Rn. 10b.

weit sich die Gewerblichkeit der Personengesellschaft aufgrund des inländischen Rechtsinstitutes der Betriebsaufspaltung auf das Abkommensrecht auswirkt.

Gegenstand von Kapitel 5 ist schließlich die steuerliche Behandlung von Dividenden aus Anteilen an der Betriebskapitalgesellschaft, sowie von Gewinnen aus deren Veräußerung. Da sich nach nationalem Recht die Rechtsfolgen der Betriebsaufspaltung auch auf die Beteiligung an der Kapitalgesellschaft erstrecken, steht hier das Problem der abkommensrechtlichen Behandlung von Sonderbetriebsvermögen und Sonderbetriebseinnahmen im Mittelpunkt.

Kapitel 2   Steuerliche Folgen des Pachtverhältnisses

Der ausländische Gesellschafter der inländischen Personengesellschaft kann sowohl mit den Einkünften, die die Personengesellschaft durch die Überlassung von Wirtschaftsgütern erzielt, als auch mit Gewinnen aus der Veräußerung des Pachtobjekts beschränkt steuerpflichtig werden.

1   Steuerliche Behandlung der Nutzungsüberlassung

Unter Einkünften aus Nutzungsüberlassung werden hier Einkünfte aus der Vermietung bzw. Verpachtung von unbeweglichem oder beweglichem Vermögen und aus der Überlassung von Rechten verstanden. Die nachfolgenden Betrachtungen beziehen sich ausschließlich auf Pachtobjekte, die für die pachtende Gesellschaft eine wesentliche Betriebsgrundlage darstellen können.

Welche Einkunftsart bei Einkünften aus Nutzungsüberlassung vorliegt, hängt sowohl im nationalen Recht als auch im Abkommensrecht von zwei Faktoren ab: Einerseits von der Art des Überlassungsobjekts und andererseits davon, ob die Nutzungsüberlassung in einem gewerblichen oder in einem vermögensverwaltenden Rahmen stattfindet.

Um die steuerlichen Konsequenzen einer Qualifizierung der Personengesellschaft als Gewerbebetrieb im nationalen Recht bzw. im Abkommensrecht (sofern sie auch abkommensrechtlich zu einem Gewerbebetrieb führen würde) abschätzen zu können, werden beide Varianten, d. h. Vermögensverwaltung und gewerblicher Rahmen dargestellt. Es wird gezeigt, wie sich die Eigenschaft der Personengesellschaft als Gewerbebetrieb oder vermögensverwaltende Gesellschaft auf die Besteuerung der Einkünfte des ausländischen Gesellschafters auswirkt.

Gegenstand dieses Kapitels ist jedoch nicht die Abgrenzung zwischen Vermögensverwaltung und Gewerbebetrieb im internationalen Steuerrecht[214], sondern lediglich

---

[214]   Diese Abgrenzung erfolgt im Rahmen von Kapitel 4.

die Darstellung der unterschiedlichen Besteuerungsfolgen nach erfolgter Einstufung als vermögensverwaltende oder gewerbliche Personengesellschaft.[215]

Es ist zu unterscheiden, ob unbewegliches Vermögen, Sachinbegriffe, einzelne bewegliche Sachen oder Rechte bzw. „Know How" überlassen werden. Einkünfte aus Nutzungsüberlassung können im nationalen Recht unter die Vermietungs- und Verpachtungseinkünfte im Sinne des § 49 Abs. 1 Nr. 6 EStG i. V. m. § 21 EStG, unter die Sonstigen Einkünfte im Sinne des § 49 Abs. 1 Nr. 9 EStG i. V. m. § 22 EStG oder unter Einkünfte aus Gewerbebetrieb im Sinne des § 49 Abs. 1 Nr. 2a EStG i. V. m. §§ 15ff. EStG fallen. Diese Einkunftsarten stellen unterschiedlich hohe Anforderungen an den Inlandsbezug, so dass die Einordnung zu einer dieser Einkunftsarten für die Entstehung einer beschränkten Steuerpflicht von gravierender Bedeutung ist. Im Abkommensrecht können die Einkünfte aus Nutzungsüberlassung Einkünfte aus unbeweglichem Vermögen im Sinne des Art. 6 OECD-MA, Lizenzgebühren im Sinne des Art. 12 OECD-MA oder andere Einkünfte im Sinne des Art. 21 OECD-MA darstellen.

Die Abbildung auf S. 77 gibt hierfür einen ersten Überblick.

1.1 Überlassung von unbeweglichem Vermögen

1.1.1 Besteuerung nach nationalem Recht

Sofern eine Personengesellschaft Einkünfte aus der Vermietung und Verpachtung von unbeweglichem Vermögen hat, kann der ausländische Gesellschafter Einkünfte im Sinne des § 49 Abs. 1 Nr. 6 EStG erzielen. Voraussetzung hierfür ist ein ausreichender Inlandsbezug. Dieser wird bei unbeweglichem Vermögen durch Belegenheit im Inland erfüllt. Eine Eintragung in ein öffentliches Buch oder Register ist nicht zwingende Voraussetzung, kann jedoch neben der Belegenheit im Inland vorliegen.[216]

Der Begriff des „unbeweglichen Vermögens" wird im Einkommensteuergesetz nicht explizit definiert. Allerdings erfolgt in § 21 Abs. 1 S. 1 EStG eine beispielhafte Aufzählung. Demnach handelt es sich bei unbeweglichem Vermögen vor allem um Grundstücke, Gebäude, Gebäudeteile, in ein Schiffsregister eingetragene Schiffe und Rechte, die den Vorschriften des bürgerlichen Rechts über Grundstücke unterliegen.

Da sich § 49 Abs. 1 Nr. 6 EStG ohne Einschränkung auf § 21 EStG bezieht, ist die in § 21 Abs. 3 EStG verankerte Subsidiaritätsklausel hier auch im Rahmen der be

---

[215] Allerdings erfolgt bei der Betrachtung der vermögensverwaltenden Personengesellschaft eine Beschränkung auf solche Gesellschaften, die ihre Einkünfte lediglich durch Nutzungsüberlassung erzielen. Lediglich Kapitalvermögen verwaltende Personengesellschaften sind somit nicht Gegenstand der folgenden Ausführungen.

[216] Vgl. Wied, 1999, in: Blümich, § 49 Rn. 176.

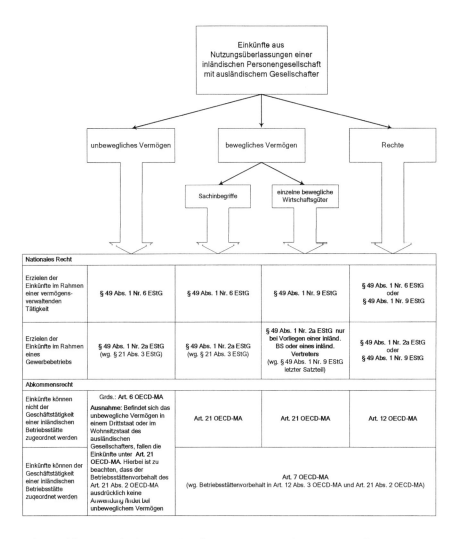

Abb. 7: Nutzungsüberlassung einer Personengesellschaft mit ausländ. Gesellschafter

schränkten Steuerpflicht anwendbar, d. h. die Einkünfte müssen, wenn sie im Rahmen eines Gewerbebetriebs erzielt werden, zu den gewerblichen Einkünften im Sinne des § 49 Abs. 1 Nr. 2a EStG gerechnet werden.[217] Ist dies der Fall, ändern sich auch die Anforderungen an den Inlandsbezug, da § 49 Abs. 1 Nr. 2a EStG

---

[217]   Vgl. Klein, 2003, in: H/H/R, § 49 Rn. 959.

eine Zuordnung der Einkünfte zu einer inländischen Betriebsstätte bzw. einem ständigen Vertreter voraussetzt.[218]

Sofern dieser Tatbestand des § 49 Abs. 1 Nr. 2a EStG nicht erfüllt ist, also im Inland gewerbliche Einkünfte ohne gleichzeitiges Vorhandensein einer Betriebsstätte bzw. eines ständigen Vertreters vorliegen, können diese Einkünfte nicht im Inland besteuert werden und der ausländische Gesellschafter wird nicht beschränkt steuerpflichtig. Es liegen dann auch bei Erfüllung der Tatbestandsvoraussetzung des § 49 Abs. 1 Nr. 6 EStG keine steuerbaren Einkünfte vor. Die isolierende Betrachtungsweise im Sinne des § 49 Abs. 2 EStG greift nicht ein, da hier keine im Ausland gegebenen Besteuerungsmerkmale vorliegen, die außer Betracht gelassen werden können. Nach der hier vertretenen Ansicht wird die Gewerblichkeit als Besteuerungsmerkmal gesehen, welche ausschließlich bei der inländischen Personengesellschaft und nicht beim ausländischen Gesellschafter gegeben ist.[219] Regelmäßig begründet die Personengesellschaft jedoch für ihre Gesellschafter am Ort ihrer Leitung im Inland eine Betriebsstätte. Mithin sind die Voraussetzungen des § 49 Abs. 1 Nr. 2a EStG erfüllt und es entstehen beschränkt steuerpflichtige Einkünfte aus Gewerbebetrieb.

1.1.2 Behandlung nach Abkommensrecht

Einkünfte aus der Überlassung von unbeweglichem Vermögen werden gem. Art. 6 Abs. 1 OECD-MA am Ort der Belegenheit des unbeweglichen Vermögens besteuert. Mit der Belegenheit wird gleichzeitig eine enge wirtschaftliche Verbindung zu dem Staat, in dem das unbewegliche Vermögen liegt, vermutet.[220] Bei Vermietung oder Verpachtung von inländischem unbeweglichem Vermögen erfolgt eine Besteuerung im Belegenheitsstaat gem. Art. 6 Abs. 1 OECD-MA unabhängig davon, ob es sich bei der verpachtenden Gesellschaft um einen Gewerbebetrieb handelt oder nicht.[221]

Dem Begriff „unbewegliches Vermögen" kommt gem. Art. 6 Abs. 2 S. 1 OECD-MA die Bedeutung zu, die er nach dem Recht des Belegenheitsstaates hat. Ausgehend von dieser Definition des unbeweglichen Vermögens muss jedoch jeder Vertragsstaat nach der eigenen nationalen Rechtsordnung beurteilen, ob Einkünfte hieraus steuerbar sind.[222] Dies könnte gegebenenfalls dazu führen, dass Einkünfte im Ansässigkeitsstaat des Gesellschafters nach der nationalen Rechtsordnung zwar

---

[218] Vgl. S. 66.
[219] Zur isolierenden Betrachtungsweise vgl. ausführlicher die Ausführungen ab S. 156ff.
[220] Vgl. Kluge, Das internationale Steuerrecht, 2000, S 40 mit dem Hinweis auf die Parallelität zum Internationalen Privatrecht („lex rei sitae").
[221] Vgl. Wassermeyer, 2002, in: Debatin/Wassermeyer, Doppelbesteuerung, Art. 6 MA, Rn. 21.
[222] Vgl. Wassermeyer, 2002, in: Debatin/Wassermeyer, Doppelbesteuerung, Art. 6 MA Rn. 15. Zu den Besonderheiten bei dem Rückgriff auf nationales Recht vgl. auch die Ausführungen zur Auslegung von Doppelbesteuerungsabkommen S. 95ff.

besteuert werden, der Begriff des „unbeweglichen Vermögens" im nationalen Recht des Belegenheitsstaats jedoch so eng gefasst ist, dass diese Einkünfte trotzdem nicht unter Art. 6 Abs. 1 OECD-MA fallen können und somit Qualifikationskonflikte entstehen.

In Art. 6 Abs. 2 S. 2 OECD-MA erfolgt eine Aufzählung, was auf jeden Fall unter den Begriff des „unbeweglichen Vermögens" fällt, d. h. hier wird ein Mindestumfang des Begriffes festgelegt, der unabhängig von dem Recht der jeweiligen Vertragsstaaten gilt.[223] Selbst wenn der Begriff des „unbeweglichen Vermögens" nach dem innerstaatlichen Recht des Belegenheitsstaates nicht erfüllt ist, jedoch in dieser Auflistung erscheint, liegt abkommensrechtlich unbewegliches Vermögen vor.[224]

Wenn das unbewegliche Vermögen kein Grundstück ist, sondern aufgrund der wirtschaftlichen und rechtlichen Verbundenheit mit einem Grundstück als unbewegliches Vermögen qualifiziert wird, dann ist der Belegenheitsbegriff „normativ" anzuwenden. Dies bedeutet, dass es nicht darauf ankommt, wo sich dieses unbewegliche Vermögen tatsächlich befindet, sondern entscheidend ist vielmehr die Belegenheit des Grundstücks.[225] Somit werden bewegliche Wirtschaftsgüter und Rechte, die ausschließlich aufgrund der Zugehörigkeit zu unbeweglichem Vermögen als eben solches qualifiziert werden, unabhängig von ihrer tatsächlichen Belegenheit, immer dort lokalisiert werden, wo das unbewegliche Vermögen liegt, dem sie zugerechnet werden.

Gem. Art. 6 Abs. 4 OECD-MA findet das Belegenheitsprinzip auch Anwendung, wenn das unbewegliche Vermögen im Rahmen eines Unternehmens überlassen wird. Somit hat das Belegenheitsprinzip Vorrang vor dem Betriebsstättenprinzip. Aufgrund von Art. 7 Abs. 7 OECD-MA kann dies jedoch nur deklaratorischen Charakter haben, da Art. 7 OECD-MA tatbestandlich ohnehin nicht zum Zuge kommen würde. Gem. Art. 7 Abs. 7 OECD-MA richtet sich die Behandlung von Einkünften, die bereits Gegenstand von anderen Artikeln des Abkommen sind, nicht nach Art. 7 OECD-MA.

Abweichungen ergeben sich jedoch, wenn sich das Grundstück im Ansässigkeitsstaat des ausländischen Gesellschafters oder in einem Drittstaat befindet. Art. 6 OECD-MA geht von einer grenzüberschreitenden Überlassung des unbeweglichen

---

[223] Demnach umfasst der Begriff des unbeweglichen Vermögens auf jeden Fall das Zubehör zum unbeweglichen Vermögen, das lebende und tote Inventar land- und forstwirtschaftlicher Betriebe, die Rechte, für die die Vorschriften des Privatrechts über Grundstücke gelten, Nutzungsrechte an unbeweglichem Vermögen und Rechte auf veränderliche oder feste Vergütungen für die Ausbeutung oder das Recht auf Ausbeutung von Mineralvorkommen, Quellen und anderen Bodenschätzen. Explizit ausgeschlossen werden Schiffe und Luftfahrzeuge.

[224] Vgl. Kluge, Das Internationale Steuerrecht, 2000, S 41.

[225] Vgl. Reimer, in: Vogel/Lehner, 2003, Art. 6 Rn. 31.

Vermögens aus.[226] Sofern das unbewegliche Vermögen im Wohnsitzstaat des Gesellschafters oder in einem Drittstaat liegt, fallen die Einkünfte nicht unter Art. 6 OECD-MA, sondern unter Art. 21 Abs. 1 OECD-MA.[227]

Gem. Art. 21 Abs. 2 OECD-MA gilt der Betriebsstättenvorbehalt jedoch ausdrücklich nicht für Einkünfte aus unbeweglichem Vermögen, die unter Art. 21 Abs. 1 OECD-MA fallen. Die Einkünfte fallen jedoch auch nicht unter Art. 6 Abs. 1 OECD-MA. Vielmehr werden die Einkünfte aus der Überlassung von unbeweglichem Vermögen, selbst wenn im anderen Vertragsstaat eine Betriebsstätte i. S. d. Art. 5 OECD-MA vorliegt weiterhin i. S. d. Art. 21 Abs. 1 OECD-MA im Ansässigkeitsstaat des Gesellschafters besteuert.[228]

1.2 Überlassung von beweglichem Vermögen

1.2.1 Besteuerung nach nationalem Recht

Im deutschen Steuerrecht wird zwischen Sachinbegriffen und einzelnen beweglichen Wirtschaftsgütern unterschieden. Die Einkünfte aus der Überlassung von beweglichem Vermögen können je nach Zuordnung unter § 49 Abs. 1 Nr. 6 EStG oder unter § 49 Abs. 1 Nr. 9 EStG fallen.

Problematisch ist die Abgrenzung zwischen einzelnen beweglichen Wirtschaftsgütern und Sachinbegriffen. Eine nähere Definition des Begriffes „Sachinbegriffe" erfolgt im Einkommensteuergesetz nicht. In Anlehnung an das Zivilrecht und den allgemeinen Sprachgebrauch kann hierunter eine „Mehrheit selbstständiger Sachen, die zu einem gemeinsamen Zweck verbunden bzw. zu einer wirtschaftlichen Einheit zusammengefasst sind"[229] verstanden werden. Einzelne Wirtschaftsgüter, die in keinem Funktionszusammenhang stehen, stellen somit keinen Sachinbegriff dar.

§ 49 Abs. 1 Nr. 6 EStG erfasst bewegliche Gegenstände nur, wenn diese Sachinbegriffe darstellen. Voraussetzung ist ein ausreichender Inlandsbezug. Dieser ist bei Vermietungs- und Verpachtungseinkünften gem. § 49 Abs. 1 Nr. 6 EStG dann gegeben, wenn sich der Pachtgegenstand im Inland befindet[230] oder im Inland verwertet[231] wird.

Die Überlassung einzelner beweglicher Sachen, die keine Sachinbegriffe verkörpern, kann zu Einkünften gem. § 49 Abs. 1 Nr. 9 EStG führen. Hier werden somit

---

[226] Vgl. z. B. Vogel, DBA, 1996 (3. Auflage!), Art. 6 Rn. 7; vgl. Wassermeyer, 2002, in: Debatin/Wassermeyer, Doppelbesteuerung, Art. 6 MA Rn. 42.

[227] Vgl. Reimer, in: Vogel/Lehner, DBA, 2003, Art. 6 Rn. 32f.

[228] Vgl. Wassermeyer, 2003, in: Debatin/Wassermeyer, Doppelbesteuerung, Art. 21 MA Rn. 76.

[229] Kantenwein/Melcher, Der Sachinbegriff i. S. d. § 21 EStG, 1985, S. 235.

[230] Vgl. Wied, 1999, in: Blümich, EStG, § 49 Rn. 176. Demnach wird „Belegenheit" im Sinne von „Sich befinden" aufgefasst.

[231] Vgl. Klein, 2003, in: H/H/R, EStG und KStG, § 49 Rn. 941.

solche Fälle erfasst, welche die Tatbestandsmerkmale des § 49 Abs. 1 Nr. 6 EStG nicht erfüllen.[232] Voraussetzung hierfür ist, dass die bewegliche Sache im Inland genutzt und nicht nur verwertet wird, wie § 49 Abs. 1 Nr. 6 EStG es fordert.[233] Somit werden bei den Einkünften aus Überlassung einzelner Sachen höhere Anforderungen an die inländischen Anknüpfungsmerkmale gestellt als an die Einkünfte aus der Überlassung von Sachinbegriffen.

Während bei § 49 Abs. 1 Nr. 6 EStG die Subsidiaritätsklausel des § 21 Abs. 3 EStG Anwendung findet und die Vermietungs- bzw. Verpachtungseinkünfte bei einer Nutzungsüberlassung im Rahmen eines Gewerbebetriebs zu gewerblichen Einkünften werden, ist die Subsidiaritätsklausel des § 22 Nr. 3 EStG gem. § 49 Abs. 1 Nr. 9 EStG bei Einkünften eines beschränkt Steuerpflichtigen nicht anzuwenden. Allerdings wird die Subsidiarität durch den letzten Satzteil von § 49 Abs. 1 Nr. 9 EStG teilweise wieder hergestellt. Hiernach greift Nr. 9 nur dann ein, wenn die Einkünfte nicht unter die vorhergehenden Einkunftsarten gefasst werden können.[234] Eine Zuordnung zu den Sonstigen Einkünften ist nur möglich, wenn eine Einordnung unter sämtliche andere Einkunftsarten ausgeschlossen ist. Dies bedeutet, dass hier die Subsidiaritätsklausel der unbeschränkt steuerpflichtigen Einkünfte ausgeschaltet wird, jedoch eine neue, nur im Rahmen der beschränkt steuerpflichtigen Einkünfte wirksame Subsidiaritätsklausel eingeführt wird. Die Subsidiarität des § 22 Nr. 3 EStG zu den Einkünften i. S. d. § 15 EStG wird nicht in die beschränkte Steuerpflicht mit übernommen. Ein Subsidiaritätsverhältnis wird nur zwischen § 49 Abs. 1 Nr. 2a EStG und § 49 Abs. 1 Nr. 9 EStG hergestellt.

Somit ist die Abgrenzung zwischen § 49 Abs. 1 Nr. 6 EStG und § 49 Abs. 1 Nr. 9 EStG vor allem dann von Bedeutung, wenn die Einkünfte im Rahmen eines Gewerbebetriebs anfallen. Während die Einkünfte i. S. d. Nr. 6 automatisch in gewerbliche Einkünfte umqualifiziert werden, erfolgt eine Umqualifizierung der Einkünfte i. S. d. Nr. 9 nur, wenn gleichzeitig die Voraussetzungen des § 49 Abs. 1 Nr. 2a EStG erfüllt sind. Dementsprechend fallen Einkünfte i. S. d. Nr. 9 nicht allein bei Vorliegen eines Gewerbebetriebs unter die gewerblichen Einkünfte, sondern es muss zusätzlich ein ausreichender Inlandsbezug in Form einer inländischen Betriebsstätte oder eines inländischen Vertreters bestehen. Einkünfte, die unter § 49 Abs. 1 Nr. 9 EStG fallen, werden somit selbst wenn sie im Rahmen eines Gewerbebetriebs anfallen, nicht als gewerbliche Einkünfte behandelt, falls der in § 49 Abs. 1 Nr. 2a EStG geforderte Inlandsbezug nicht erfüllt ist. Diese Einkünfte werden weiterhin als Sonstige Einkünfte i. S. d. § 49 Abs. 1 Nr. 9 EStG besteuert. Einkünfte, die hingegen grundsätzlich unter Nr. 6 fallen würden und im Rahmen eines Gewerbebetriebs erzielt werden, können bei fehlendem Inlandsbezug weder

---

[232] Vgl. Roser, Die Besteuerung des ausländischen Leasinggebers, 1990, S. 394.
[233] Vgl. ausführlicher Klein, 1998, in: H/H/R, EStG und KStG, § 49 Rn. 1102, 1112, 1115.
[234] Vgl. Klein, 1998, in: H/H/R, EStG und KStG, § 49 Rn. 1053.

nach § 49 Abs. 1 Nr. 2a EStG noch nach § 49 Abs. 1 Nr. 6 EStG besteuert werden. In diesem Fall würden nicht steuerbare Einkünfte vorliegen, die im Einzelfall allenfalls durch Anwendung des § 49 Abs. 2 EStG zu einer beschränkten Steuerpflicht führen könnten.

Mithin kommt es im vorliegenden Fall bei Beteiligung an einer vermögensverwaltenden Personengesellschaft zu einer Besteuerung der Erträge gem. § 49 Abs. 1 Nr. 9 EStG. Liegt hingegen eine gewerbliche Personengesellschaft vor, können Einkünfte aus Gewerbebetrieb i. S. d. § 49 Abs. 1 Nr. 2a EStG angenommen werden, da die Personengesellschaft mit dem Ort ihrer Geschäftleitung im Inland eine Betriebsstätte i. S. d. § 12 AO für die ausländische Gesellschaft begründet.

1.2.2 Behandlung nach Abkommensrecht

Der Begriff des „beweglichen Vermögens" ist im Abkommensrecht nicht definiert. Allerdings kann er durch Negativabgrenzung vom Begriff des „unbeweglichen Vermögens" in Art. 6 Abs. 2 OECD-MA bestimmt werden. Dem Begriff des „unbeweglichen Vermögens" ist die Bedeutung, die ihm nach dem nationalen Recht des Belegenheitsstaates zukommt, zugrunde zu legen. Hiervon ausgehend kann abgegrenzt werden, was unter „beweglichem Vermögen" zu verstehen ist, da Art. 6 OECD-MA als speziellere Einkunftsart grundsätzlich Vorrang vor anderen Artikeln hat. Vermögen kann nur dann bewegliches Vermögen sein kann, wenn es nicht unbewegliches Vermögen i. S. d. Art. 6 Abs. 2 OECD-MA ist. Es darf jedoch nicht auf die Definition des beweglichen Vermögens nach nationalem Recht zurückgegriffen werden. Der Rückgriff auf eine nationale Begriffsdefinition findet lediglich im Rahmen des Art. 6 Abs. 2 OECD-MA statt, durch den die nationale Begriffsdefinition selbst Bestandteil des Abkommens wird.[235] Nur ausgehend von dieser Definition darf das „bewegliche Vermögen" bestimmt werden. Insoweit kann die Auslegung des Begriffs des „beweglichen Vermögens" als abkommensautonom verstanden werden. Ein Rückgriff auf nationales Recht ist nur indirekt über Art. 6 Abs. 2 OECD-MA erforderlich.

Art. 3 Abs. 2 OECD-MA ist hier nicht einschlägig. Dieser gibt einen allgemeinen Rückgriff auf nationales Recht vor, wenn der Zusammenhang nichts anderes erfordert.[236] Da jedoch mit Art. 6 Abs. 2 OECD-MA eine speziellere Regelung mit einem Verweis auf eine konkrete Begriffsbedeutung des innerstaatlichen Rechts vorliegt, erfordert der Zusammenhang etwas anderes, nämlich einen Rückgriff über Art. 6 Abs. 2 OECD-MA.

Eine Differenzierung zwischen Sachinbegriffen und selbstständigen beweglichen Sachen erfolgt im Abkommensrecht somit ebenfalls nicht. Es handelt sich bei dem

---

[235] Zur Auslegung von Doppelbesteuerungsabkommen vgl. ausführlich S. 95ff.
[236] Vgl. ausführlich zu Art. 3 Abs. 2 OECD-MA S. 103ff.

„beweglichem Vermögen" um einen nicht tiefer differenzierten Begriff, der im Umkehrschluss aus der Definition des „unbeweglichen Vermögens" nach dem Recht des Belegenheitsstaates erfolgt. Was nicht „unbewegliches Vermögen" i. S. d. Art. 6 Abs. 2 OECD-MA bzw. § 21 EStG ist, ist „bewegliches Vermögen".

Im OECD-MA 1963 und 1977 wurden in Art. 12 Abs. 2 OECD-MA unter Lizenzgebühren auch Vergütungen „für die Benutzung oder das Recht auf Benutzung gewerblicher, kaufmännischer oder wissenschaftlicher Ausrüstungen" gefasst.[237] Es war umstritten[238], ob hierunter auch die Einkünfte aus der Überlassung beweglicher Wirtschaftsgüter fallen sollten. Seit der Streichung im OECD-MA 1992 ist jedoch eindeutig, dass unter den Art. 12 OECD-MA nur immaterielle Wirtschaftsgüter fallen.[239]

In Betracht kommt somit nur eine Subsumtion unter die Unternehmensgewinne i. S. d. Art. 7 OECD-MA oder die sonstigen Einkünfte i. S. d. Art. 21 OECD-MA.

Einkünfte aus der Überlassung von beweglichen Sachen könnten gem. Art. 21 Abs. 1 OECD-MA im Wohnsitzstaat des ausländischen Gesellschafters besteuert werden. Unter Art. 21 Abs. 1 OECD-MA fallen Einkünfte, „die in den vorstehenden Artikeln nicht behandelt wurden", d. h. Einkünfte, die nicht von Art. 6 – 20 OECD-MA erfasst wurden.[240] Das Besteuerungsrecht wird dem Ansässigkeitsstaat des Gesellschafters zugewiesen. Art. 21 Abs. 2 OECD-MA normiert jedoch einen Betriebsstättenvorbehalt, d. h. die Einkünfte sind, sofern sie einer inländischen Betriebsstätte zurechenbar sind, unter Art. 7 Abs. 1 OECD-MA zu subsumieren.

Art. 21 OECD-MA ist nur subsidiär zu Art. 7 OECD-MA anzuwenden, da Art. 7 OECD-MA unter die „vorstehenden Artikel" im Sinne des Art. 21 Abs. 1 OECD-MA fällt und nur im Falle der Erfüllung der Voraus-setzungen des Betriebsstättenvorbehalts des Art. 21 Abs. 2 OECD-MA zur Anwendung kommt. Sofern also kein Unternehmen mit einer Betriebsstätte i. S. d. Art. 5 OECD-MA vorliegt, fallen Einkünfte aus der Überlassung beweglicher Wirtschaftsgüter unter die Zuteilungsregeln des Art. 21 Abs. 1 OECD-MA.[241]

---

[237] Zur Entwicklung des Art. 12 Abs. 2 OECD-MA vgl. Wassermeyer, 2001, in: Debatin/Wassermeyer, Doppelbesteuerung, Art. 12 MA Rn. 16ff., 84.

[238] Ablehnend vgl. z. B. Runge, Anwendung von DBA bei Leasingverträgen, 1977, S. 275. Zustimmend vgl. z. B. Streu, Besteuerung von Leasingraten nach den DBA, 1997, S. 1321. Dieser Ansicht nach sollten die Einkünfte aus der Überlassung beweglicher Wirtschaftsgüter ursprünglich schon unter Art. 12 OECD-MA subsumiert werden.

[239] Vgl. Streu, Besteuerung von Leasingraten nach den DBA, 1997, S. 1321.

[240] Vgl. Wassermeyer, 2003, in: Debatin/Wassermeyer, Doppelbesteuerung, Art. 21 MA Rn. 1.

[241] Vgl. auch Gassner/Konezny, Die vermögensverwaltende Personengesellschaft aus abkommensrechtlicher Sicht, 2000, S. 241.

1.3 Überlassung von Rechten

1.3.1 Besteuerung nach nationalem Recht

Bei Einkünften aus der Überlassung von Rechten ist im nationalen Recht danach zu unterscheiden, ob diese Überlassung zeitlich begrenzt ist, da sich hierauf die Abgrenzung zwischen § 49 Abs. 1 Nr. 6 EStG und § 49 Abs. 1 Nr. 9 EStG stützt.[242]

Ist die Überlassung der Rechte zeitlich begrenzt, fallen die Einkünfte unter § 49 Abs. 1 Nr. 6 EStG. Der erforderliche Inlandsbezug ist erfüllt, wenn die Rechte in einer inländischen Betriebsstätte oder einer anderen Einrichtung verwertet werden oder in ein inländisches Register eingetragen sind. Der Begriff der Rechte wird beispielhaft in § 21 Abs. 1 S. 1 Nr. 3 EStG aufgezählt. Hiernach zählen vor allem schriftstellerische, künstlerische und gewerbliche Urheberrechte, gewerbliche Erfahrungen, Gerechtigkeiten und Gefälle zu den Rechten.

Mit § 49 Abs. 1 Nr. 9 EStG werden Fälle aufgefangen, die nicht unter § 49 Abs. 1 Nr. 6 EStG fallen, da hier keine zeitliche Begrenzung der Nutzungsüberlassung vorausgesetzt wird.[243] Hierbei handelt es sich regelmäßig um gewerbliche Erfahrung bzw. um die Überlassung von „KnowHow", da die zeitliche Begrenzung der Überlassung hier fraglich ist.[244] Diese Einkunftsart ist gemäß dem letzten Teilsatz des § 49 Abs. 1 Nr. 9 EStG nur subsidiär zu den anderen Einkunftsarten der beschränkten Steuerpflicht, d. h. eine Zuordnung zu den anderen Einkunftsarten geht grundsätzlich vor.

Im Unterschied zu § 49 Abs. 1 Nr. 6 EStG ist der Inlandsbezug des § 49 Abs. 1 Nr. 9 EStG erst bei einer Nutzung oder bei einem Recht auf Nutzung im Inland gegeben und nicht schon bei einer Verwertung im Inland erfüllt. Die aufgrund des überlassenen Rechts vorgenommene Tätigkeit muss im Inland ausgeführt werden.[245]

1.3.2 Behandlung nach Abkommensrecht

Einkünfte aus der Überlassung von Rechten fallen im Abkommensrecht unter die Lizenzgebühren und werden gem. Art. 12 Abs. 1 OECD-MA im Wohnsitzstaat des ausländischen Gesellschafters besteuert. Eine Quellenbesteuerung wird grundsätzlich ausgeschlossen, da angenommen wird, dass die Lizenzen im Ansässigkeitsstaat des Gesellschafters entwickelt wurden und die Entwicklungskosten ebenso dort angefallen sind.[246]

---

[242] Vgl. FG München v. 24.11.1982 (I 349/79), EFG, 1983, S. 353.
[243] Vgl. Klein, 1998, in: H/H/R, § 49 Rn. 1053.
[244] Vgl. Klein, 2003, in: H/H/R, § 49 Rn. 931.
[245] Vgl. Klein, 1998, in: H/H/R, § 49 Rn. 1115.
[246] Vgl. Kluge, Das Internationale Steuerrecht, 2000, S 230.

In Art. 12 Abs. 2 OECD-MA erfolgt eine genaue Definition der Einkünfte, die unter die Lizenzgebühren fallen. Demnach umfasst der Begriff der Lizenzgebühren Vergütungen jeder Art, die für die Benutzung oder für das Recht auf Benutzung von Urherberrechten, gewerblichen Rechten, Ausrüstungen und Erfahrungen gezahlt werden. Ein Rückgriff auf nationales Recht ist mithin nur insoweit erforderlich, als die Begriffe, die für die Definition der Lizenzgebühren verwendet werden, auslegungsbedürftig sind.[247]

Allerdings ist hier wieder der Betriebsstättenvorbehalt zu beachten, nach dem bei Zurechenbarkeit der Lizenzeinnahmen zu einer Betriebsstätte im Quellenstaat, dieser die Einkünfte besteuern darf. Gem. Art. 12 Abs. 3 OECD-MA ist Art. 7 OECD-MA anzuwenden, wenn die Einkünfte einer inländischen Betriebsstätte zugerechnet werden können.

1.4 Zusammenfassung

Sowohl im nationalen Steuerrecht als auch im Abkommensrecht richtet sich die Behandlung von Einkünften aus Nutzungsüberlassung im Wesentlichen danach, ob diese Einkünfte im Rahmen eines Gewerbebetriebs oder nur aufgrund einer lediglich vermögensverwaltenden Tätigkeit anfallen. Darüber hinaus muss in beiden Fällen, vor allem jedoch im Rahmen der Vermögensverwaltung, nach dem Pachtgegenstand unterschieden werden.

Die Abbildung auf S. 86 fasst die Einkunftsarten, denen die Einkünfte aus Nutzungsüberlassung nach deutschem Steuerrecht im Rahmen der beschränkten Steuerpflicht zuzuordnen sind, noch einmal zusammen.

In den Doppelbesteuerungsabkommen spielt die Frage nach der Gewerblichkeit bei der Einteilung der Einkunftsarten zunächst keine Rolle. Die Einkünfte werden grundsätzlich ihrer originären Einkunftsart zugerechnet, d. h. der gewerbliche Rahmen färbt zunächst nicht auf die Einkunftskategorie ab. Von Bedeutung ist die Frage, ob die Einkünfte im Rahmen eines Unternehmens erzielt werden erst, wenn dieses Unternehmen eine Betriebsstätte i. S. d. Art. 5 OECD-MA im Inland unterhalt, der die Einkünfte zugerechnet werden können. Die Einkünfte sind dann in einem zweiten Schritt unter die Unternehmensgewinne i. S. d. Art. 7 OECD-MA zu subsumieren.

Da nur eine gewerbliche Personengesellschaft dem ausländischen Gesellschafter eine inländische Betriebsstätte vermitteln kann, ist auch für die Anwendung des Doppelbesteuerungsabkommens die Frage bedeutsam, ob es sich bei der inländischen Personengesellschaft um einen Gewerbebetrieb oder um eine lediglich vermögensverwaltend tätige Personengesellschaft handelt. Anders verhält es sich bei

---

[247] Vgl. Pöllath, in: Vogel/Lehner, DBA, 2003, Art. 12 Rn. 42f.

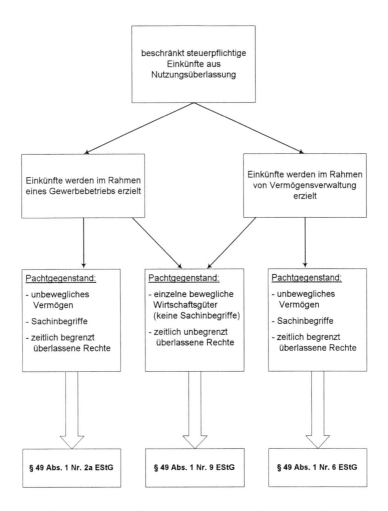

Abb. 8: Einkunftsarten aus Nutzungsüberlassung bei beschränkter Steuerpflicht

Einkünften aus unbeweglichem Vermögen i. S. d. Art. 6 OECD-MA. Diese werden unabhängig von der Existenz einer inländischen Betriebsstätte immer im Belegenheitsstaat besteuert.[248] Abb. 9 fasst die Zuweisung des Besteuerungsrechts in Abhängigkeit vom Überlassungsgegenstand noch einmal zusammen:

---

[248] Es sei denn, das unbewegliche Vermögen befindet sich in einem Drittstaat oder im Ansässigkeitsstaat des Gesellschafters.

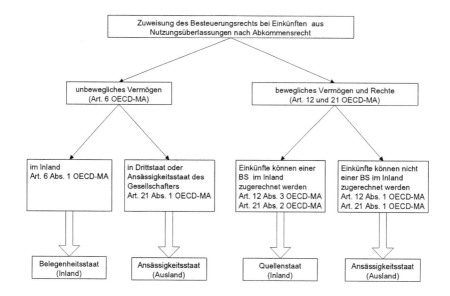

Abb. 9: Zuweisung des Besteuerungsrechts bei Einkünften aus Nutzungsüberlassung

2 Steuerliche Behandlung von Gewinnen aus der Veräußerung des Pachtobjekts

In Punkt 1 dieses Kapitels wurden die Besteuerungsfolgen eines ausländischen Gesellschafters einer inländischen Personengesellschaft, welche ausschließlich Einkünfte aus der Überlassung von unbeweglichem Vermögen, beweglichem Vermögen oder Rechten erzielt, betrachtet. Werden diese Pachtobjekte veräußert, kann ein steuerpflichtiger Veräußerungsgewinn entstehen. Der ausländische Gesellschafter kann mit dem Gewinn aus der Veräußerung dieser Überlassungsgegenstände ebenso der beschränkten Steuerpflicht unterliegen, wie im Rahmen der laufenden Erträge aus der Nutzungsüberlassung.

Während Veräußerungsgewinne nach nationalem Recht grundsätzlich anderen Einkunftsarten zugeordnet werden[249], stellen sie im Abkommensrecht eine eigene Einkunftskategorie dar.[250]

---

[249] Vgl. § 14, § 16 Abs. 1, § 17 Abs. 1, § 18 Abs. 3, § 22 Nr. 2 und § 23 Abs. 1 EStG.
[250] Vgl. Kluge, Das internationale Steuerrecht, 2000, S 250. Vgl. OECD-MK Art. 13 Nr. 1-3.

2.1 Besteuerung nach nationalem Recht

Für die Besteuerung eines Gewinns aus der Veräußerung des Pachtobjekts ist ebenso wie bei den laufenden Einkünften maßgebend, ob die Veräußerung durch eine gewerbliche oder eine vermögensverwaltende Personengesellschaft erfolgt bzw. ob der Pachtgegenstand dem Betriebsvermögen oder dem Privatvermögen zuzuordnen ist.

2.1.1 Pachtobjekt im Privatvermögen

Eine vermögensverwaltende Personengesellschaft verfügt nicht über Betriebsvermögen, sondern ausschließlich über Privatvermögen. Grundsätzlich sind Gewinne aus der Veräußerung von Privatvermögen nicht steuerbar. Allerdings gibt es hiervon Ausnahmefälle:

Der erste Ausnahmefall betrifft gewerbliche Einkünfte i. S. d. § 49 Abs. 1 Nr. 2f EStG. Werden unbewegliches Vermögen, Sachinbegriffe oder zeitlich begrenzt überlassene Rechte i. S. d. § 49 Abs. 1 Nr. 6 EStG veräußert, entstehen beschränkt steuerpflichtige gewerbliche Einkünfte i. S. d. § 49 Abs. 1 Nr. 2f EStG.[251] Durch die Bezugnahme auf § 49 Abs. 1 Nr. 6 EStG gelten die dort vorgegebenen Anforderungen an territoriale Anknüpfungspunkte auch bei § 49 Abs. 1 Nr. 2f EStG.[252] Das Unterhalten einer Betriebsstätte oder eines ständigen Vertreters wie bei den Einkünften aus Gewerbebetrieb i. S. d. § 49 Abs. 1 Nr. 2a EStG ist mithin nicht gefordert. Zu den Einkünfte aus Gewerbebetrieb i. S. d. § 49 Abs. 1 Nr. 2f EStG gehören inländische Einkünfte ausschließlich dann, wenn sie nicht unter § 49 Abs. 1 Nr. 2a EStG fallen. Sind die Einkünfte bereits gewerbliche Einkünfte i. S. d. § 49 Abs. 1 Nr. 2a EStG, kann § 49 Abs. 1 Nr. 2f EStG selbst dann nicht zum Tragen

---

[251] Vgl. ausführlich zu Problemen der Einkunftsermittlung im Rahmen dieser Einkünfte z. B. Hendricks, § 49 Abs. 1 Nr. 2f EStG, 1997, S. 230ff; vgl. Lüdicke, Besteuerung gewerblicher Veräußerungsgewinne beschränkt Steuerpflichtiger, 1994, S. 954.

[252] Nicht eindeutig ist allerdings, ob der Verweis auf § 49 Abs. 1 Nr. 6 EStG nur die Art des Vermögens und dessen Inlandsbezug erfasst, oder ob zusätzlich eine vorhergehende Vermietung bzw. Verpachtung des Veräußerungsobjekts verlangt ist; so z. B. Flies, Die Umqualifikation der Einkünfte bei beschränkter Steuerpflicht, 1995, S. 435. Da das Tatbestandsmerkmal „vorhergehende Vermietung/Verpachtung" jedoch dem Wortlaut nicht direkt entnommen werden kann und eine solche Begrenzung des Anwendungsbereich auch dem Sinn und Zweck dieser Vorschrift, nämlich dass Besteuerungslücken geschlossen werden sollen, widerspricht, geht die h. M. davon aus, dass sich § 49 Abs. 1 Nr. 2f EStG nur auf insoweit auf § 49 Abs. 1 Nr. 6 EStG bezieht, als es um die Bezeichnung der Vermögensgegenstände und deren territorialen Anknüpfungspunkte geht. Vgl. z. B. Lüdicke, Besteuerung gewerblicher Veräußerungsgewinne beschränkt Steuerpflichtiger, 1994, S. 953; vgl. Hendricks, § 49 Abs. 1 Nr. 2f EStG, 1997, S. 229f; vgl. Heinicke, in: Schmidt, EStG, 2003, § 49 Rn. 38. In der vorliegenden Arbeit wird allerdings davon ausgegangen, dass eine Personengesellschaft, deren Tätigkeit grundsätzlich nur aus der Überlassung von Wirtschaftsgütern besteht, eines dieser Wirtschaftsgüter veräußert. Von einer vorhergehenden Nutzungsüberlassung wird daher ausgegangen. Die Frage, ob der Bezug auf § 49 Abs. 1 Nr. 6 EStG eine vorhergehende Vermietung bzw. Verpachtung mit erfasst, kann daher dahingestellt bleiben.

kommen, wenn die Einkünfte wegen mangelnden Inlandsbezuges nicht zu einer Steuerpflicht führen.[253]

Daneben sind private Veräußerungsgeschäfte i. S. d. § 49 Abs. 1 Nr. 8 EStG i. V. m. § 22 Nr. 2 EStG und § 23 EStG denkbar. Demnach können Gewinne aus der Veräußerung von Privatvermögen dann besteuert werden, wenn sie innerhalb einer bestimmten Frist angeschafft und veräußert wurden. Liegen zwischen der Anschaffung und Veräußerung von Grundstücken und grundstücksgleichen Rechten nicht mehr als zehn Jahre, so liegt ein privates Veräußerungsgeschäft i. S. d. § 23 Abs. 1 S. 1 Nr. 2 EStG vor. Bei den anderen Wirtschaftsgütern, hier also beweglichen Wirtschaftsgütern und Rechten, beträgt die steuerlich schädliche Frist gem. § 23 Abs. 1 S. 1 Nr. 2 EStG ein Jahr. Da im untersuchten Fall allerdings davon ausgegangen wird, dass die Tätigkeit der Personengesellschaft ausschließlich aus Gebrauchsüberlassung besteht, ist kaum von einem Anwendungsbereich des § 49 Abs. 1 Nr. 8 EStG auszugehen. Die hier betrachtete Personengesellschaft erwirbt Wirtschaftsgüter nicht zum Zweck der Weiterveräußerung, sondern beschränkt ihrer Tätigkeit darauf, Wirtschaftsgüter zu vermieten bzw. zu verpachten. Hier wird nur auf den Fall eingegangen, dass die Personengesellschaft Wirtschaftsgüter, die vorher zu Einkünften aus Nutzungsüberlassung geführt haben, veräußert werden.

Mithin werden Gewinne aus der Veräußerung des Vermögens einer vermögensverwaltenden Personengesellschaft regelmäßig nicht besteuert. Ausnahmsweise erzielt der ausländische Gesellschafter nur bei der Veräußerung von Vermögen i. S. d. § 49 Abs. 1 Nr. 6 EStG Einkünfte aus Gewerbebetrieb i. S. d. § 49 Abs. 1 Nr. 2f EStG.

2.1.2 Pachtobjekt im Betriebsvermögen

Ist das Pachtobjekt im Vermögen einer gewerblichen Personengesellschaft, stellt es nicht Privatvermögen des Gesellschafters, sondern Betriebsvermögen der Personengesellschaft dar. Wird der Überlassungsgegenstand veräußert, erzielt der ausländische Gesellschafter aufgrund der Zugehörigkeit des Pachtobjekts zum Betriebsvermögen der Personengesellschaft gewerbliche Einkünfte i. S. d. § 49 Abs. 1 Nr. 2a EStG. § 49 Abs. 1 Nr. 2 EStG nimmt uneingeschränkt Bezug auf § 15 EStG. Ein Gewinn aus der Veräußerung von zu inländischem Betriebsvermögen gehörenden Wirtschaftsgütern bzw. von einem Gewerbebetrieb i. S. d. § 16 EStG ist somit in die Einkünfte aus Gewerbebetrieb mit eingeschlossen.

Diese können genauso wie die durch Verpachtung erzielten Einnahmen im Inland versteuert werden, da dem ausländischen Gesellschafter mit der Beteiligung an der

---

[253] Anderer Ansicht allerdings Hendricks, § 49 Abs. 1 Nr. 2f EStG, 1997, S. 229. Zur Abgrenzung zwischen § 49 Abs. 1 Nr. 2f EStG und § 49 Abs. 1 Nr. 2a EStG vgl. ausführlich ab S. 181.

Besitzpersonengesellschaft eine inländische Betriebsstätte i. S. d. § 12 AO vermittelt werden kann.

Im Ergebnis bleibt festzuhalten, dass Wirtschaftsgüter einer gewerblichen Personengesellschaft Betriebsvermögen sind und ein etwaiger Veräußerungsgewinn für den ausländischen Gesellschafter zu beschränkt steuerpflichtigen Einkünften i. S. d. § 49 Abs. 1 Nr. 2a EStG führt.

2.2 Behandlung nach Abkommensrecht

Im Abkommensrecht gibt es mit Art. 13 OECD-MA eine spezielle Regel für Veräußerungsgewinne. Art. 13 OECD-MA weist ausgehend vom Veräußerungsgegenstand und der Zugehörigkeit zu einer Betriebsstätte das Besteuerungsrecht dem einen oder anderen Vertragsstaat zu. Art. 13 OECD-MA geht Art. 7 OECD-MA dann vor, wenn es sich bei dem Veräußerungsgegenstand um Substanz des Unternehmens handelt, der Veräußerungsgewinn also nicht zum laufenden Unternehmensgewinn zählt.

Gewinne aus der Veräußerung des Pachtobjekts gehören eindeutig nicht zur operativen Geschäftstätigkeit der Personengesellschaft, da sich ihre Haupttätigkeit auf die Verwaltung und Überlassung von Wirtschaftsgütern beschränkt. Bei der Zuteilung der Besteuerungsrechte erfolgt eine Orientierung an den laufenden Einkünften.[254] Der OECD-MK führt in Nr. 4 zu Art. 13 OECD-MA aus: „Das Recht zur Besteuerung des Gewinns aus der Veräußerung eines Vermögenswertes eines Unternehmens ist, ohne Rücksicht darauf, ob dieser Gewinn einen Veräußerungsgewinn oder einen Unternehmensgewinn darstellt, demselben Staat zuzustehen.“

Gewinne aus der Veräußerung von unbeweglichem Vermögen, also insbesondere von überlassenem Grundbesitz, werden explizit in Art. 13 Abs. 1 OECD-MA geregelt. Für die anderen Pachtobjekte ist Art. 13 Abs. 2 OECD-MA einschlägig, wenn sie zu einer Betriebsstätte i. S. d. Art. 5 OECD-MA gehören. Ist dies nicht der Fall, kommt Art. 13 Abs. 5 OECD-MA zum Tragen, dessen Anwendungsbereich vorwiegend bei der Veräußerung von Privatvermögen liegt.

Für Art. 13 OECD-MA gilt der Begriff des „beweglichen Vermögens" in einem erweiterten Umfang. Er umfasst dort sowohl bewegliches Vermögen i. e. S., als auch Rechte.[255]

---

[254] Vgl. Kluge, Das Internationale Steuerrecht, 2000, S 251, der auf den Bezug zwischen Art. 13 Abs. 1 OECD-MA und Art. 6 OECD-MA, zwischen Art. 13 Abs. 2 OECD-MA und Art. 7 OECD-MA, zwischen Art. 13 Abs. 3 OECD-MA und Art. 8 OECD-MA, sowie zwischen Art. 13 Abs. 4 OECD-MA (mittlerweile Art. 13 Abs. 5 OECD-MA) und Art. 22 OECD-MA weist. Vgl. hierzu auch Schmalz, Veräußerung von Beteiligungen, 2003, S. 293.

[255] Vgl. zum Begriff des beweglichen Vermögens i. S. d. Art. 13 Abs. 2 OECD-MA ab S. 91.

2.2.1 Veräußerung von unbeweglichem Vermögen

Wird unbewegliches Vermögen i. S. d. Art. 6 Abs. 2 OECD-MA veräußert[256], steht das Besteuerungsrecht eines etwaigen Veräußerungsgewinns gem. Art. 13 Abs. 1 OECD-MA immer dem Belegenheitsstaat zu. Ebenso wie bei der Behandlung von laufenden Einkünften aus unbeweglichem Vermögen, hat also das Belegenheitsprinzip hier Vorrang vor dem Betriebsstättenprinzip.

Auch hier ist das Belegenheitsprinzip nur für grenzüberschreitende Veräußerungen maßgebend. Art. 13 Abs. 1 OECD-MA gilt daher nicht für Gewinne aus der Veräußerung von unbeweglichem Vermögen, welches im Ansässigkeitsstaat des Gesellschafters oder in einem Drittstaat liegt. Für diese Veräußerungsgewinne ist Art. 13 Abs. 5 OECD-MA einschlägig, wonach der Gewinn im Ansässigkeitsstaat des Gesellschafters besteuert werden darf.[257]

2.2.2 Veräußerung von beweglichem Vermögen und Rechten

Bei Veräußerung von beweglichem Vermögen i. e. S. und Rechten richtet sich die Zuweisung des Besteuerungsrechts danach, ob diese einer Betriebsstätte i. S. d. Art. 5 OECD-MA zuzurechnen sind oder als Privatvermögen gelten.

2.2.2.1 Veräußerung von Betriebsstättenvermögen

Art. 13 Abs. 2 OECD-MA weist Gewinne aus der Veräußerung beweglichen Vermögens, welches Betriebsvermögen einer Betriebsstätte ist, dem Betriebsstättenstaat zu.

Der Begriff des beweglichen Vermögens i. S. d. Art. 13 Abs. 2 OECD-MA ist hier jedoch umfassender zu verstehen als im Rahmen der Einkünfte aus der Überlassung von beweglichem Vermögen, welches unter Art. 7 OECD-MA fällt. Entsprechend dem OECD-Musterkommentar gehören hierzu auch „immaterielle Vermögenswerte wie der Firmenwert (goodwill), Lizenzrechte und dergleichen"[258]. Im Rahmen der laufenden Erträge sind Einkünfte aus der Überlassung von Rechten einer eigenständigen Einkunftsart, nämlich den Lizenzgebühren i. S. d. Art. 12 OECD-MA zuzuordnen. Anders als bei den Überlassungseinkünften, fallen bewegliches Vermögen i. e. S. und Rechte bei den Veräußerungsgewinnen unter eine Einkunftsart. Diese Zusammenfassung resultiert daraus, dass Gegenstand von Art. 13 Abs. 2 OECD-MA nur Gewinne aus der Veräußerung von Vermögen sind, dessen laufenden Einkünfte vorhergehend als Betriebsstätteneinkünfte behandelt wurden.

Art. 13 Abs. 2 OECD-MA bezieht sich nicht direkt auf Art. 12 OECD-MA und Art. 21 OECD-MA. Vielmehr ist nur eine Parallele zwischen Art. 13 Abs. 2

---

[256] Vgl. zum Begriff des unbeweglichen Vermögens auch S. 78.
[257] OECD-MK, Art. 13 Tz. 22.
[258] Vgl. OECD-MK, Art. 13 Tz. 24.

OECD-MA und den Betriebsstättenvorbehalten gem. Art. 12 Abs. 3 OECD-MA und Art. 21 Abs. 2 OECD-MA zu ziehen, nach denen die Einkünfte als Unternehmensgewinne i. S. d. Art. 7 OECD-MA zu behandeln sind.

Bei Pachtobjekten, die aufgrund der Zurechnung zu einer Betriebsstätte bisher zu Einkünften i. S. d. Art. 7 OECD-MA geführt haben, sind die Gewinne aus einer Veräußerung ebenfalls dem Betriebsstättenstaat bzw. vorliegend dem Inland zuzurechnen.

2.2.2.2 Veräußerung von Privatvermögen

Existiert im Inland keine Betriebsstätte oder besteht kein wirtschaftlicher Zusammenhang zu dieser Betriebsstätte, so werden die Veräußerungsgewinne nach Maßgabe von Art. 13 Abs. 5 OECD-MA im Ansässigkeitsstaat des Gesellschafters, also im Ausland versteuert. Auch wenn in Art. 13 OECD-MA ein Betriebsstättenvorbehalt nicht ausdrücklich normiert ist, lässt sich der Rechtsgedanke, der einem Betriebsstättenvorbehalt zugrunde liegt, aus Art. 13 OECD-MA ablesen.

Aufgrund der Unterscheidung zwischen Betriebsstättenvermögen (Art. 13 Abs. 2 OECD-MA) und Vermögen, welches nicht einer Betriebsstätte zugeordnet werden kann (Art. 13 Abs. 5 OECD-MA) und einer entsprechend unterschiedlichen Zuordnung der Besteuerungsrechte eines Gewinns aus der Veräußerung dieses Vermögens, liest sich Art. 13 OECD-MA ähnlich wie ein Betriebsstättenvorbehalt.[259] Wie in den Betriebsstättenvorbehalten ändert sich aufgrund der Zuordnung zu einer Betriebsstätte im anderen Vertragsstaat die Zuweisung des Besteuerungsrechts. Die Gewinne aus der Veräußerung des Pachtobjekts werden im gleichen Vertragsstaat besteuert, in dem auch die Einkünfte aus der Überlassung des Pachtobjekts besteuert werden durften.

2.3 Zusammenfassung

Im nationalen Recht ist die Einordnung des Pachtobjekts als Betriebsvermögen oder Privatvermögen insbesondere für die Steuerbarkeit der Veräußerungsgewinne maßgebend.

Wird Betriebsvermögen veräußert, entstehen beschränkt steuerpflichtige Einkünfte i. S. d. § 49 Abs. 1 Nr. 2a EStG.

Gewinne aus der Veräußerung eines privaten Pachtobjekts werden regelmäßig nicht besteuert. Dies gilt insbesondere für Überlassungsobjekte, die vorhergehend zu Einkünften i. S. d. § 49 Abs. 1 Nr. 9 EStG geführt haben.

---

[259] Vgl. auch Kluge, Das internationale Steuerrecht, 2000, S 252, der sich ebenfalls auf das Konkurrenzverhältnis zwischen Abs. 2 und Abs. 4 von Art. 13 OECD-MA bezieht. Vgl. auch Lüdicke, der darauf hinweist, dass trotz der abweichenden Formulierung vom Betriebsstättenvorbehalt die tatsächliche Zugehörigkeit zur Betriebsstätte zu prüfen ist. Vgl. ders., Besteuerung von Personengesellschaften, 1997, S. 476.

Unerheblich ist die Qualifizierung jedoch bei Vermögen i. S. d. § 49 Abs. 1 Nr. 6 EStG. Ist die Personengesellschaft ein Gewerbebetrieb, fallen die Gewinne aus der Veräußerung von unbeweglichem Vermögen, Sachinbegriffen und zeitlich begrenzt überlassenen Rechten unter § 49 Abs. 1 Nr. 2a EStG, andernfalls liegen Einkünfte aus Gewerbebetrieb i. S. d. § 49 Abs. 1 Nr. 2f EStG vor. Im Ausgangsfall ist für beide Einkunftsarten der Inlandsbezug erfüllt, so dass immer eine Besteuerung im Inland erfolgt.

Abkommensrechtlich fallen Veräußerungsgewinne unter Art. 13 OECD-MA. Demzufolge wird das Besteuerungsrecht für den Gewinn aus der Veräußerung des Pachtobjekts dem Staat zugeordnet, der auch die laufenden Einkünfte aus der Nutzungsüberlassung besteuern durfte.[260]

3 Fazit

Es bleibt festzuhalten, dass sowohl bei Einkünften aus Nutzungsüberlassung, als auch bei Veräußerung des Überlassungsgegenstands, die steuerlichen Folgen entscheidend davon abhängig sind, ob die inländische Personengesellschaft als gewerblich oder vermögensverwaltend eingestuft wird.

Im nationalen Steuerrecht beeinflusst die Gewerblichkeit der Personengesellschaft bei den Pachteinnahmen lediglich die Einkunftsart. Bei einer vermögensverwaltenden Personengesellschaft werden die Einkünfte ihrer originären Einkunftsart zugeordnet. Gesellschafter einer gewerblichen Personengesellschaft erzielen Einkünfte aus Gewerbebetrieb. Einschneidender sind die Folgen der Gewerblichkeit bei der Veräußerung des Pachtobjekts. Ist es dem Privatvermögen einer vermögensverwaltenden Personengesellschaft zuzuordnen, ist der Gewinn aus der Veräußerung des Pachtobjekts vom Grundsatz her nicht steuerbar. Trotz der Zuordnung zu der außerbetrieblichen Sphäre kommt es ausnahmsweise nur bei Vermögen i. S. d. § 49 Abs. 1 Nr. 6 EStG zu einer Besteuerung von gewerblichen Einkünften i. S. d. § 49 Abs. 1 Nr. 2f EStG. Gewinne aus der Veräußerung von Vermögen i. S. d. § 49 Abs. 1 Nr. 6 EStG führen mithin unabhängig von ihrer Qualifizierung als Betriebs- oder Privatvermögen bei Belegenheit im Inland immer zu einer Besteuerung.[261] Eine Qualifizierung als Betriebsvermögen einer gewerblichen Personengesellschaft führt hingegen grundsätzlich zu einer Besteuerung.

---

[260] Vgl. hierzu auch die Abbildung auf S. 87.

[261] Dies gilt nur für den vorliegend betrachteten Fall, dass der ausländischen Gesellschafter an der inländischen Personengesellschaft beteiligt ist. Ist die Personengesellschaft gewerblich, vermittelt sie dem Gesellschafter eine inländische Betriebsstätte i. S. d. § 12 AO und die Einkünfte können gem. § 49 Abs. 1 Nr. 2a EStG besteuert werden. Andernfalls fallen die Einkünfte unter § 49 Abs. 1 Nr. 2f EStG.

Abkommensrechtlich hängt die Bedeutung der Gewerblichkeit der Personengesellschaft von der Art des Überlassungsobjekts bzw. der Art des Veräußerungsobjekts ab. Grundsätzlich folgt die Zuweisung des Besteuerungsrechts bei Gewinnen aus der Veräußerung des Pachtobjekts der Zuweisung bei laufenden Erträgen. Unberührt von der Einordnung der Personengesellschaft als Gewerbebetrieb oder vermögensverwaltende Gesellschaft im Abkommensrecht bleibt die Zuweisung des Besteuerungsrechts bei Einkünften aus der Überlassung von unbeweglichem Vermögen oder aus der Veräußerung von unbeweglichem Vermögen i. S. d. Art. 6 OECD-MA. Die Betriebsstättenqualität der Beteiligung an der Personengesellschaft kann dahingestellt bleiben, da das Besteuerungsrecht gem. Art. 6 Abs. 1 OECD-MA und Art. 13 Abs. 1 OECD-MA grundsätzlich dem Belegenheitsstaat zugewiesen wird. Von maßgebender Bedeutung ist die abkommensrechtliche Qualifizierung der Personengesellschaft jedoch bei der Überlassung oder Veräußerung von beweglichem Vermögen und Rechten. Nur eine gewerbliche Personengesellschaft kann dem ausländischen Gesellschafter eine Betriebsstätte i. S. d. Art. 5 OECD-MA im Inland vermitteln. Aufgrund der Betriebsstättenvorbehalte von Art. 12 Abs. 3 OECD-MA und Art. 21 Abs. 2 OECD-MA bei Einkünften aus der Überlassung von beweglichem Vermögen und Rechten kann bei Vorliegen einer Betriebsstätte im Inland eine Besteuerung als Unternehmensgewinne i. S. d. Art. 7 OECD-MA erfolgen. Handelt es sich dagegen bei der Personengesellschaft um eine vermögensverwaltende Gesellschaft, kann für den ausländischen Gesellschafter keine inländische Betriebsstätte angenommen werden und die Besteuerung erfolgt gem. Art. 12 Abs. 1 OECD-MA und Art. 21 Abs. 1 OECD-MA im Ansässigkeitsstaat des Gesellschafters. Dieses Schicksal teilen auch Gewinne aus der Veräußerung des beweglichen Vermögens und der Rechte. Diese werden bei Zuordnung zu einer inländischen Betriebsstätte gem. Art. 13 Abs. 2 OECD-MA im Inland besteuert, andernfalls weist Art. 13 Abs. 5 OECD-MA das Besteuerungsrecht dem Ausland zu.

Die Qualifizierung der Personengesellschaft hat somit insbesondere nach dem Recht der Doppelbesteuerungsabkommen weitreichende Konsequenzen:

Wird die Personengesellschaft dem Bereich der Vermögensverwaltung zugeordnet, hat der Ansässigkeitsstaat des Gesellschafters, also das Ausland das Besteuerungsrecht für Einkünfte des ausländischen Gesellschafters aus der Überlassung und Veräußerung von beweglichem Vermögen und Rechten. Wird sie hingegen als Gewerbebetrieb qualifiziert, kann sie dem ausländischen Gesellschafter eine inländische Betriebsstätte i. S. d. Art. 5 OECD-MA vermitteln. Hierdurch kann sich die Zuweisung des Besteuerungsrechts ändern und die Einkünfte werden entsprechend dem Betriebsstättenprinzip im Betriebsstättenstaat, also im Inland besteuert.

Kapitel 3   Auslegung der Begriffe eines DBA

Doppelbesteuerungsabkommen befinden sich genau in der Schnittmenge, in der verschiedene Steuerrechtsordnungen übereinander lappen und versuchen in dieser Schnittmenge eine Zuordnung einzelner Sachverhalte zu einer der beiden Steuerrechtsordnungen vorzunehmen. Die Abkommen verwenden oftmals Begriffe, die in den beiden nationalen Rechtsordnungen der Vertragsstaaten ebenfalls zu finden sind, häufig mit anderer Bedeutung. Durch dieses Zusammentreffen unterschiedlicher Rechtskreise mit von einander abweichenden Begrifflichkeiten, sowie durch das (notwendige) Hinzukommens eines weiteren Rechtskreises, dem Doppelbesteuerungsabkommen, ergeben sich Schwierigkeiten, diese Schnittmenge aufzulösen. Gleichlautende Begriffe mit unterschiedlichen Bedeutungsmöglichkeiten stehen nebeneinander. Bei der Auslegung der Doppelbesteuerungsabkommen stellt sich nun das Problem, welche Bedeutung einem im Doppelbesteuerungsabkommen verwendeten Begriff zuzuordnen ist.

Grundsätzlich sind Doppelbesteuerungsabkommen vertragsimmanent, d. h. aus sich selbst heraus auszulegen. Fraglich ist nur, inwieweit eine eigenständige Auslegung der Doppelbesteuerungsabkommen möglich ist. Eine gänzliche Autonomie vom innerstaatlichen Recht ist schon deshalb nicht möglich, da sich die Doppelbesteuerungsabkommen auf Rechtsfolgen des nationalen Rechts beziehen.[262]

Nachfolgend wird kurz auf das Verhältnis zwischen Doppelbesteuerungsabkommen und nationalem Recht eingegangen und das Problem der gleichlautenden Begriffe analysiert. Im Anschluss wird der Frage nachgegangen, wie Art. 3 Abs. 2 OECD-MA auszulegen ist. Gem. Art. 3 Abs. 2 OECD-MA erfolgt ein Rückgriff auf Bedeutungen des nationalen Rechtes, wenn dies der Zusammenhang erfordert. Diese Vorschrift ist auslegungsbedürftig und zwar in zweierlei Hinsicht: einerseits muss geklärt werden, wann sie anwendbar ist, d. h. wann der Zusammenhang ihre Anwendung erfordert[263], andererseits stellt sich die Frage, wie sie anzuwenden ist[264], d. h. wie ein Rückgriff auf das nationale Recht erfolgen soll.

1 Funktion der Abkommen und ihr Verhältnis zum nationalen Recht

Bei grenzüberschreitenden Aktivitäten eines Steuerpflichtigen kann es zu einer Überschneidung der Steueransprüche der berührten Staaten kommen. Eine solche Überschneidung liegt dann vor, wenn der Wohnsitzstaat im Sinne des Globalitätsprinzips das Welteinkommen des Steuerpflichtigen zur Besteuerung heranzieht, hingegen der andere Staat, aus dem die Einkünfte stammen, eine Quellenbesteue-

---

[262] Vgl. Wassermeyer, 2001, in: Debatin/Wassermeyer, Doppelbesteuerung, Art. 3 MA Rn. 76.
[263] Vgl. hierzu die Ausführungen auf S. 105.
[264] Vgl. hierzu die Ausführungen auf S. 111.

rung vornimmt. Zur Vermeidung einer daraus resultierenden Doppelbesteuerung können die Staaten Doppelbesteuerungsabkommen schließen.

Doppelbesteuerungsabkommen sind völkerrechtliche Verträge[265], die nach den Vorschriften des WÜRV[266] zustande kommen und im Inland durch das Zustimmungsgesetz gem. Art. 59 Abs. 2 GG für rechtsverbindlich erklärt werden. Somit erhalten die Doppelbesteuerungsabkommen den gleichen Rang wie ein Bundesgesetz und sind grundsätzlich mit den nationalen Normen auf einer Ebene.[267] Gem. Art. 25 S. 2 GG stehen nur die allgemeinen Regeln des Völkerrechts und nicht auch solche des völkerrechtlichen Vertragsrechts im Rang über innerstaatlichen Gesetzen.[268]

Fraglich ist, welchem Recht, also dem Abkommensrecht oder dem nationalen Recht, im Kollisionsfall Vorrang zu geben ist.

Gem. § 2 AO sind völkerrechtliche Vereinbarungen dem nationalen Recht übergeordnet. Diese Vorschrift kann jedoch lediglich deklaratorischen Charakter haben, da ein einfaches Gesetz nicht das Rangverhältnis von nationalem Recht zu völkerrechtlichen Verträgen festlegen kann.[269] Der Vorrang ergibt sich im Regelfall jedoch nach der allgemeinen Kollisionsregel „lex specialis derogat legi generali", also aus der Spezialität der Doppelbesteuerungsabkommen gegenüber dem nationalen Recht.[270]

Wie weit greift aber die Spezialität der Doppelbesteuerungsabkommen? Dies lässt sich nur mit einem Blick auf die ungleichen Funktionen bzw. den unterschiedlichen Charakter von innerstaatlichem Steuerrecht und Abkommensrecht beantworten.

Ausschließlich durch das nationale Steuerrecht der jeweiligen Vertragsstaaten kann eine Steuerpflicht dem Grunde und der Höhe nach begründet werden.[271] Durch die Doppelbesteuerungsabkommen kann das Besteuerungsrecht der Vertragstaaten jedoch wieder beschnitten (im Rahmen der Anrechnungsmethode gem. Art. 23 B OECD-MA) oder ganz verhindert (im Rahmen der Freistellungs- oder Befreiungsmethode gem. Art. 23 A OECD-MA) werden.

---

[265] Vgl. Vogel, in: Vogel/Lehner, DBA, 2003, Einl. Rn. 45.
[266] Wiener Übereinkommen über das Recht der Verträge vom 23.5.1969.
[267] Vgl. Debatin, DBA und innerstaatliches Recht, 1992, S. 1.
[268] Vgl. Kruse/Drüen, 2003, in: Tipke/Kruse, AO/FGO, § 2 Rn. 1.
[269] Vgl. Gersch, in: Klein, AO, 2003, § 2 Rn. 1, 3.
[270] Vgl. z. B. Debatin, DBA und innerstaatliches Recht, 1992, S. 2; ders., System und Auslegung der DBA, 1985, S. 2; Tillmanns, in: Mössner, Steuerrecht international tätiger Unternehmen, 1998, B 476; Langbein, DBA im Spannungsfeld, 1984, S. 537. Allerdings wird nicht ausnahmslos von einer Spezialität der Normen der Doppelbesteuerungsabkommen ausgegangen. Vgl. Kruse/ Drüen, 2001, in: Tipke/Kruse, AO/FGO, § 2 Rn. 38. Ausführlicher zur Anwendung der lex-posterior und der lex-specialis-Regeln im Verhältnis der Doppelbesteuerungsabkommen zu den innerstaatlichen Gesetzen vgl. Birk, 2002, in: H/H/Sp, § 2 Rn. 163ff. Vgl. auch Schaumburg, Internationales Steuerrecht, 1998, Rn. 16.41ff.
[271] Vgl. BFH v. 15.1.1971 (III R 125/69), BStBl II, 1971, S. 379.

Debatin bezeichnet die Abkommensnormen daher auch als „Verzichtsnormen", da sie von den jeweiligen Staaten einen Verzicht auf die Ausübung ihrer Besteuerungsrechte verlangen, diesen somit „Schranken" setzen.[272] Diese Schranken sind jedoch unabhängig davon, ob der andere Staat seine Besteuerungskompetenz nutzt, d. h. es spielt keine Rolle, ob dieser von seinem ausschließlich nach innerstaatlichem Recht bestimmten Besteuerungsrecht auch Gebrauch macht.[273] *Wassermeyer*[274] nennt sie „Steuerbefreiungs- und Ermäßigungsnormen", da sie bereits bestehende Steueransprüche von der Steuer befreien oder ermäßigen. *Vogel*[275] spricht in Anlehnung an internationale Begriffsverwendungen von „Verteilungsnormen". Im Unterschied zu den „Kollisionsnormen" des Internationalen Privatrechts geben sie nicht vor, welches Recht anzuwenden ist, sondern setzen grundsätzlich voraus, dass die jeweiligen Vertragsstaaten ihr Recht anwenden und setzen nur dieser Anwendung Grenzen.[276]

Bei der Abkommensanwendung können drei Stufen unterschieden werden: Auf der ersten Stufe werden nach inländischem Recht Steuersubjekt und Steuerobjekt bestimmt, auf der zweiten Stufe wird eine potenzielle Beschränkung des Besteuerungsrechts nach Abkommensrecht untersucht und auf der dritten Stufe erfolgt dann eine Besteuerung auf Grundlage des nationalen Rechtes von einem der Vertragsstaaten.[277]

Die Bildung von Einkunftskategorien im innerstaatlichen Recht hat einen völlig anderen Hintergrund als die Einteilung der Einkunftsarten nach Abkommensrecht: Nach nationalem Steuerrecht dient die Zuordnung zu verschiedenen Einkunftsarten einerseits der Tatbestandsbestimmtheit.[278] Andererseits kann hierdurch die Besteuerung den unterschiedlichen Einkunftsquellen angepasst werden. So ist die Einordnung von Einkünften in eine bestimmte Einkunftsart im innerstaatlichen Recht insbesondere von Bedeutung für die Gewinnermittlung, die zeitliche Erfassung der Einkünfte und die Gewährung von Freibeträgen und Steuervergünstigungen.[279]

Im Abkommensrecht hingegen liegen der Einteilung in verschiedene Einkunftsarten die Kriterien zu Grunde, nach denen das Steueraufkommen unter den Staaten

---

[272] Vgl. Debatin, System und Auslegung der DBA, 1985, S. 2; vgl. ders., DBA und innerstaatliches Recht, 1992, S.1.

[273] Vgl. Kruse/Drüen, 2001, in: Tipke/Kruse, AO/FGO, § 2 Rn. 33.

[274] Vgl. Wassermeyer, 2001, in: Debatin/Wassermeyer, Doppelbesteuerung, Vor Art. 6-22 MA, Rn. 1 mit Verweis auf BFH v. 24.3.1998 (I R 83/97), BStBl II, 1998, S. 601.

[275] Vgl. Vogel, Transnationale Auslegung von DBA, 2003, S. 524.

[276] Vgl. Vogel, in: Vogel/Lehner, DBA, 2003, Einl. Rn. 68.

[277] Vgl. Loukota, OECD-Report zur Anwendung des OECD-MA, 2000, S. 24f.

[278] Vgl. Vogel, in: Vogel/Lehner, DBA, 2003, Vor Art. 6-22 Rn. 2.

[279] Vgl. Seeger, in: Schmidt, EStG, 2003, § 2 Rn. 35.

aufgeteilt werden sollte. Hier geht es in erster Linie um eine wirtschaftlich effiziente und gerechte Aufteilung der Steuereinnahmen zwischen den Vertragsstaaten.[280]

Zusammenfassend lässt sich festhalten, dass durch das nationale Steuerrecht einerseits geregelt wird, dass etwas überhaupt besteuert werden darf und andererseits, auf welche Art und Weise die Besteuerung erfolgen soll. Die Doppelbesteuerungsabkommen hingegen hindern die Staaten lediglich an der Ausübung dieser durch ihr jeweiliges nationales Steuerrecht entstandenen Besteuerungsrechte. Dabei greifen sie vornehmlich beim „ob" und weniger beim „wie" der Besteuerung ein. Somit liegt dem nationalen Recht und dem Abkommensrecht eine gänzlich unterschiedliche Funktion zu Grunde.

2 Problem der Begriffswelten von Doppelbesteuerungsabkommen und nationalem Recht

Unbestritten handelt es sich bei den nationalen Rechtssystemen und dem Recht der Doppelbesteuerungsabkommen grundsätzlich um zwei „in sich geschlossene Rechtskreise [..], die ihre eigenen Abgrenzungen und Begriffsbestimmungen haben"[281]. Fraglich ist jedoch, wo die Grenzen der Eigenständigkeit des Abkommens zu ziehen sind.[282]

Eine klare Trennung der Begrifflichkeiten wird vor allem dadurch erschwert, dass das Abkommen auf das innerstaatliche Recht Bezug nimmt, da es gerade dessen Anwendung zum Regelungsgegenstand hat.[283] Auch wenn in den Doppelbesteuerungsabkommen teilweise die gleichen Begriffe verwendet werden wie im nationalen Recht, so liegt ihnen in der Regel nicht die gleiche Bedeutung zu Grunde, auch wenn sich die Bedeutungen sehr ähnlich sind.[284] Es liegt häufig keine „Begriffsidentität", sondern lediglich „Begriffsparallelität"[285] vor. So sind für die Auslegung eines Doppelbesteuerungsabkommens immer drei Interpretationsweisen für ein und denselben Begriff möglich: die des Ansässigkeitsstaates, die des Quellenstaates und die des Doppelbesteuerungsabkommens. Hinzu kommt, dass nicht nur unterschiedliche Begriffsdefinitionen aufeinander prallen, sondern dass die Vertragsstaaten auch verschiedene Rechtskulturen mit verschiedenartigen Auslegungsmethoden pflegen.[286]

---

[280] Vgl. Vogel, in: Vogel/Lehner, DBA, 2003, Einl. Rn. 24ff.
[281] Wassermeyer, Auslegung von DBA, 1990, S. 405.
[282] Vgl. Kluge, Das internationale Steuerrecht, 2000, R 30.
[283] Vgl. Wassermeyer, 2001, in: Debatin/Wassermeyer, Doppelbesteuerung, Art. 3 MA Rn. 76.
[284] Vgl. z. B. BFH v. 15.1.1971 (III R 125/69), BStBl II, 1971, S. 379; BFH v. 21.8.1985 (I R 63/80), BStBl II, 1986, S.4.
[285] Kluge, Das internationale Steuerrecht, 2000, R 30.
[286] Vgl. Vogel, Probleme der Auslegung von DBA, 2000, S. 104.

Das problematische Verhältnis zwischen Begriffen und ihren Bedeutungen ist aus der Sprachwissenschaft bekannt. Der Sprachwissenschaftler *Saussure* unterscheidet zwischen „signifiant" (Signifikant, Bezeichnendes) und „signifié" (Signifikat, Bezeichnetes).[287] Er stellt zwischen Bezeichnendem und Bezeichnetem einen Zwischenraum fest. Praktisch bedeutet das, dass nie genau das formuliert werden kann, was eigentlich gemeint ist. Die direkte Beziehung von Signifikant und Signifikat geht verloren. Diese Differenz besteht auch bzw. sogar besonders in der Sprache des Rechtes, die eine hohe Abstraktionsebene besitzen muss, um nach Möglichkeit jeden Einzelfall unter den Gesetzestext subsumieren zu können. Verhältnismäßig wenige Begriffe müssen einer Unmenge an Sachverhalten gerecht werden. Daher können, selbst wenn ausschließlich nationales Recht betrachtet wird, Schwierigkeiten bei der Interpretation einzelner Begriffe auftreten. Folglich entstehen erst recht Probleme, wenn mehrere Gesetze mit gleichlautenden Begriffen aufeinander treffen.

Aufgrund der unterschiedlichen Funktion von nationalem Recht und Abkommensrecht und ihrer In-sich-Geschlossenheit haben die Begriffe dieser beiden Rechtskreise jeweils eigene Bedeutungen. Sie sprechen eine unterschiedliche Sprache. Selbst wenn gleichlautenden Begriffen ein ähnliches Signifikat zugrunde liegt, muss auf die Bedeutung, die ihm in der jeweiligen verwendeten Sprache zugerechnet wird, zurückgegriffen werden.

Es ist zunächst eine scharfe Trennung zwischen den beiden Rechtskreisen erforderlich. Die Schwierigkeiten einer klaren Abgrenzung liegen vor allem darin, dass die Prüfung der Abkommensberechtigung unmittelbar an das nationale Recht anknüpft[288] und innerstaatliches Recht als „Anwendungsgegenstand"[289] bzw. als „Regelungsobjekt"[290] der Doppelbesteuerungsabkommen gesehen werden kann. Dieses „In-Bezug-Nehmen" auf nationales Recht schließt jedoch das Verwenden eigener Begriffsbedeutungen nicht aus.[291]

In der Linguistik wird zwischen Metasprache und Objektsprache unterschieden. Während unter einer Metasprache eine „Sprache zu verstehen [ist], in der Aussagen *über* eine Sprache gemacht werden, die ihrerseits die Objektsprache ist", ist eine

---

[287] Vgl. Saussure, Grundfragen der allgemeinen Sprachwissenschaft, 2001, S. 76ff.
[288] Gem. Art. 1 OECD-MA gilt das Abkommen für Personen, die in einem oder in beiden Vertragsstaaten ansässig sind. Die Ansässigkeit bestimmt sich gem. Art. 4 OECD-MA nach dem Recht des Staates, in dem der Steuerpflichtige ansässig ist, wobei Art. 4 OECD-MA jedoch eine Einschränkung auf bestimmte Sachverhalte vornimmt, die zu einer Ansässigkeit führen können.
[289] Vgl. Debatin, System und Auslegung der DBA, 1985, S. 4.
[290] Vgl. Henkel, in: Becker/Höppner/Grotherr/Kroppen, DBA-Kommentar, 2002, Allgemeiner Teil, Grundlagen Abschn. 4 Rn. 52.
[291] Vgl. Debatin, DBA und innerstaatliches Recht, 1992, S. 5.

Objektsprache „die Sprache, die Gegenstand linguistischer Aussagen ist, im Unterschied zur Metasprache, in der diese Aussagen gemacht werden."[292]

Insofern wäre es gerechtfertigt in Analogie hierzu die Artikel der Abkommen als „Metaregelungen" zu bezeichnen und bei den Normen der nationalen Gesetze insofern von „Objektregelungen" zu sprechen. Während sich diese „Objektregelungen" der innerstaatlichen Gesetze direkt auf einen realen Sachverhalt beziehen, haben die „Metaregelungen" der Abkommen diese „Objektregelungen" zum Gegenstand. Andererseits können die Abkommen selbst nicht als „Metagesetz" und das nationale Gesetz nicht als „Objektgesetz" verstanden werden, da nicht das nationale Gesetz selbst, sondern lediglich die Rechtsfolgen, die sich aus diesem Gesetz ergeben, Gegenstand der Doppelbesteuerungsabkommen ist. Das Doppelbesteuerungsabkommen entscheidet nicht über die Anwendung des nationalen Gesetzes, sondern nur über die Folgen der Anwendung des Gesetzes. Ebenso ist die Sprache der Doppelbesteuerungsabkommen nicht als Metasprache zur Sprache der nationalen Gesetze zu verstehen. Die Sprachen sind grundsätzlich als eigenständig zu stehen und eine Meta-vs.-Objekt-Beziehung besteht lediglich zwischen den Regelungen.

Vogel bezeichnet die Begriffe der Doppelbesteuerungsabkommen auch als „Abstraktionen zweiten Grades", da sich die Normen der Abkommen wiederum auf die Normen der nationalen Gesetze beziehen.[293] Denn die Ausdrücke der Normen des nationalen Rechtes sind als Abstraktion ersten Grades zu verstehen, da diese bereits reale Gegebenheiten abstrahieren. Nach der in Anlehnung an die Sprachwissenschaft getroffenen Unterscheidung zwischen Signifikant und Signifikat würde dies folgendes bedeuten: Der reale Sachverhalt kann als Signifikat den Begriffen der nationalen Normen zugeordnet werden. Diese wiederum stellen einerseits für den realen Sachverhalt eine Bezeichnung bzw. ein Signifikant dar, andererseits für die Begriffswelt der Doppelbesteuerungsabkommen ein Signifikat. Die Ausdrücke der nationalen Normen sind also gleichzeitig Bezeichnendes (für die realen Gegebenheiten) und Bezeichnetes (in den Abkommen). Die Problematik besteht nun darin, dass das Doppelbesteuerungsabkommen grundsätzlich nicht auf das Signifikat aus dem nationalen Recht zurückgreift, sondern seine Begriffe selbst definiert, also dem gleichen Begriff ein neues Signifikat zuordnet. Das Abkommen greift nicht auf die Begriffe der nationalen Normen zurück, sondern es erfolgt wieder eine Abstraktion ersten Grades, d. h. die Doppelbesteuerungsabkommen greifen dann mit ihren Begriffen selbst wieder auf die realen Gegebenheiten zurück. Auch wenn der Begriff des nationalen Rechtes zunächst Anknüpfungspunkt für die Doppelbesteuerungsabkommen ist, so wird bei der Anwendung des Abkommens wieder auf den realen Sachverhalt zurückgegriffen. Debatin spricht auch von

---

[292] Stammerjohann, Handbuch der Linguistik, 1975, S. 272 und S. 292.
[293] Vgl. Vogel, Auslegung von DBA, 2000, S. 105.

„eigenständigen Begriffskategorien", die auf „Steuertatbestände des innerstaatlichen Rechts zu projizieren sind"[294]. Nachfolgende Grafik soll dies veranschaulichen:

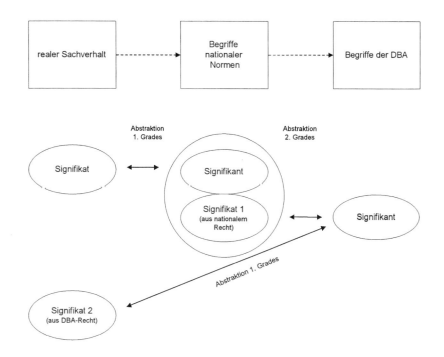

Abb. 10: Verhältnis gleichlautender Begriffe aus nationalem Recht und Abkommensrecht

Eine Abstraktion zweiten Grades findet folglich nur im ersten Schritt statt, wenn sich das Abkommen auf die nationalen Normen als sein Regelungsgegenstand bezieht. Hier besteht zunächst nur eine mittelbare Beziehung zu den realen Gegebenheiten. In einem zweiten Schritt unterliegt jedoch der bisher nur nach nationalem Recht bewertete reale Sachverhalt unmittelbar einer neuen Beurteilung nach Abkommensrecht.

Es ist nicht immer eindeutig, ob ein Signifikat aus dem Recht der Doppelbesteuerungsabkommen (im Folgenden bezeichnet als Signifikat 2) vorliegt und wann auf das Signifikat aus dem nationalen Recht (im Folgenden bezeichnet als Signifikat 1) zurückzugreifen ist. Aus den Abkommen selbst geht nicht immer klar hervor, wie es den Sachverhalt beurteilt. Eindeutig ist die Sachlage ausschließlich dann, wenn das Abkommen eine konkrete Definition für einen Begriff liefert. Allerdings

---

[294] Debatin, Doppelbesteuerungsabkommen und innerstaatliches Recht, 1992, S. 5.

ist darauf hinzuweisen, dass sich selbst bei ausdrücklicher Begriffsdefinition Auslegungsdivergenzen ergeben können.[295] Zudem ist nicht immer eindeutig, wann ein Signifikat 2 vorliegt. So lässt sich darüber streiten, ob ein Signifikat 2 nur dann vorliegt, wenn das Doppelbesteuerungsabkommen tatsächlich eine Definition für einen Begriff gibt, oder ob sich ein Signifikat 2 auch aus dem Sinnzusammenhang der Abkommen ergeben kann. Möglich ist auch, dass das Signifikat 2 auf die Bedeutung eines Signifikat 1 verweist, d. h. das Abkommen verweist auf die Anwendung nationaler Normen.

Wird hingegen eine Begriffsbedeutung des nationalen Rechts verwendet, ist wiederum unklar, welches nationale Recht, das des Quellenstaats oder das des Ansässigkeitsstaates, maßgebend ist. Wenn man die Sprachen der unterschiedlichen nationalen Gesetze mit den Sprachen unterschiedlicher Länder vergleicht, so könnte man die Sprache der Doppelbesteuerungsabkommen als eine Kunstsprache sehen, die in dieser Form eigentlich kein Land spricht, die lediglich dazu dient, eine gemeinsame Kommunikation zwischen den Ländern zu ermöglichen. So bezeichnet beispielsweise *Vogel* die Doppelbesteuerungsabkommen auch als „hochartifizielle Gebilde"[296]. Wie findet man das richtige Signifikat für das im Abkommen verwendete Signifikant, wenn das Abkommen selbst nicht das Signifikat definiert? Fraglich ist also, wie im Abkommen nicht näher definierte Begriffe auszulegen sind. Folgende Grafik soll die Möglichkeiten der Bedeutungen eines Abkommensbegriffes veranschaulichen:

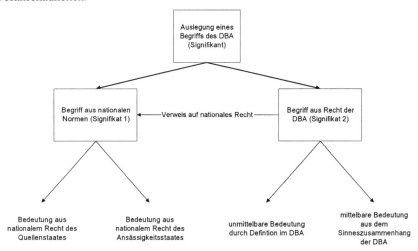

Abb. 11: Mögliche Bedeutungen eines Begriffs der DBA

[295] Vgl. Strobl, Auslegung von DBA unter besonderer Berücksichtigung ausländischer Rechtsordnungen, 1988, S. 636.
[296] Vgl. Vogel, Auslegung von DBA, 2000, S. 106.

3 Rückgriff auf Bedeutungen des nationalen Steuerrechts

Im Folgenden soll der Frage nachgegangen werden, wann und auf welche Weise bei fehlenden Begriffsdefinitionen im Doppelbesteuerungsabkommen auf nationales Recht zurückgegriffen werden darf.

3.1 Auslegungsprobleme beim Rückgriff auf nationales Recht

Grundsätzlich hat bei einer fehlenden Definition im Doppelbesteuerungsabkommen zunächst eine Interpretation aus dem Sinnzusammenhang des Abkommens zu erfolgen. Erst in einem zweiten Schritt darf auf innerstaatliches Recht zurückgegriffen werden.[297] So hat der Bundesfinanzhof[298] im Jahr 1985 folgende Auslegungsreihenfolge als Leitlinie bestätigt:

1. Wortlaut und Definitionen des Abkommens

2. Sinn und Vorschriftenzusammenhang innerhalb des Abkommens

3. Begriffsbestimmungen des innerstaatlichen Rechtes

Allerdings bedarf diese Rangfolge der Auslegungsschritte ebenfalls einer Interpretation. Zum einen ist nicht eindeutig, wo die Grenze der Möglichkeit einer Auslegung aus dem Zusammenhang des Abkommens zu ziehen ist, also wie die zweite und dritte Rangstufe voneinander abzugrenzen sind. Zum anderen kann ein Rückgriff auf das nationale Recht im konkreten Fall zu verschiedenen Lösungen führen, da in den beiden Staaten unterschiedliche Steuerrechtsordnungen herrschen, welche die Begriffe unterschiedlich definieren. Darüber hinaus kann, selbst wenn nur der Rückgriff auf eine der beiden Rechtsordnungen vereinbart ist, der Begriff in diesem Recht unter Umständen gar nicht oder mehrfach mit unterschiedlichen Bedeutungen definiert sein.

In Einzelfällen verweist das Abkommen ganz konkret auf innerstaatliches Recht eines Vertragsstaates.[299] In diesem Fall wird die nationale Begriffsbedeutung Teil des Doppelbesteuerungsabkommens bzw. wird „nationale[s] Steuerrecht [...] zum Regelungsgegenstand der DBA emporgehoben"[300]. Auch in den Sprachen unterschiedlicher Länder wird häufig auf fremdsprachige Begriffe zurückgegriffen. So werden häufig fremdsprachige Wörter in die deutsche Sprache inkorporiert. Ebenso kann durch einen speziellen direkten Verweis des Abkommens auf eine Begriffsbedeutung aus nationalem Recht diese Bedeutung als Wortschatz des Abkommens betrachtet werden.

---

[297] Vgl. BFH v. 15.1.1971 (II R 125/69), BStBl II, 1971, S. 379; vgl. BFH v. 15.6.1973 (III R 118/70), BStBl II, 1973, S. 810; vgl. BFH v. 21.8.1985 (I R 63/80), BStBl II, 1986, S. 4; vgl. BFH v. 10.11.1993 (I R 53/91), BStBl II, 1994, S. 218.
[298] Vgl. BFH v. 21.8.1985 (I R 63/80), BStBl II, 1986, S. 4.
[299] Vgl. z. B. Art. 6 Abs. 2 OECD-MA und Art. 10 Abs. 3 OECD-MA.
[300] Wassermeyer, Auslegung von DBA, 1990, S. 405.

Ist ein Begriff nicht im Doppelbesteuerungsabkommen selbst definiert, und ergibt er sich auch nicht aus dessen Zusammenhang, verweist Art. 3 Abs. 2 OECD-MA auf das nationale Recht. Gem. Art. 3 Abs. 2 OECD-MA hat „bei der Anwendung des Abkommens durch einen Vertragsstaat [..], wenn der Zusammenhang nichts anderes erfordert, jeder im Abkommen nicht definierte Ausdruck die Bedeutung, die ihm im Anwendungszeitraum nach dem Recht dieses Staates über die Steuern zukommt, für die das Abkommen gilt, wobei die Bedeutung nach dem in diesem Staat anzuwendendem Steuerrecht den Vorrang vor einer Bedeutung hat, die der Ausdruck nach anderem Recht dieses Staates hat." Dem ist jedoch lediglich eindeutig zu entnehmen, „dass überhaupt" auf nationales Recht zurückgegriffen werden darf. Auslegungsbedürftig sind der Zeitpunkt und die Art und Weise des Rückgriffs, d. h. das „wann" und das „wie" der Verwendung nationaler Begriffsinhalte. Somit stellt dieser Artikel den Rechtsanwender vor zwei Aufgaben: Erstens ist das Problem der Grenzziehung zwischen Abkommensrecht und nationalem Recht zu lösen und zweitens muss die Verwendung des nationalen Rechtes konkretisiert werden.

Hierbei ist die besondere Eigenart der Abkommen zu berücksichtigen: Doppelbesteuerungsabkommen haben, da sie einerseits im nationalen Recht Gesetzescharakter haben und sie andererseits einen völkerrechtlichen Vertrag darstellen, eine „zweidimensionale Rechtsnatur"[301]. Während innerstaatliches Recht auf dem Willen des Gesetzgebers beruht, handelt es sich bei den Doppelbesteuerungsabkommen zunächst um das Übereinkommen zweier Vertragsstaaten, d. h. diesen liegt der Wille von zwei unterschiedlichen Vertragsparteien zugrunde. Dieser grundsätzlich unterschiedliche Ursprung der Normen von nationalem Recht bzw. Abkommensrecht begründet, dass nationales Recht und das Recht der Doppelbesteuerungsabkommen nicht den gleichen Auslegungsregeln unterliegen können. Daher sind bei der Auslegung von Doppelbesteuerungsabkommen, trotz ihrer Anwendbarkeit im nationalen Recht, auch die Richtlinien zur Auslegung völkerrechtlicher Verträge zu beachten.

Allgemeine Leitlinien zur Auslegung völkerrechtlicher Verträge finden sich in dem WÜRV. Selbst wenn Abkommen bereits vor Inkrafttreten des WÜRV geschlossen wurden, ist diesen als Richtschnur zu folgen, da hier nur eine Kodifizierung von bereits bestehendem Völkerrecht erfolgt ist.[302]

Wird also der ersten Frage nachgegangen, wann auf nationale Begriffsinhalte zurückgegriffen werden darf, ist zunächst festzuhalten, dass die Doppelbesteuerungsabkommen zunächst völkerrechtliche Verträge darstellen. Völkerrechtliche Verträ-

---

[301] Weber-Fas, Prinzipien der Abkommensinterpretation, 1982, S. 803f.
[302] Vgl. BFH v. 9.10.1985 (I R 128/80), BStBl II, 1988, S. 810; vgl. Vogel, in: Vogel/Lehner, DBA, 2003, Einl. Rn. 45.

ge sind grundsätzlich autonom auszulegen. Hierbei wird unterschieden zwischen der völkerrechtlichen und der landesrechtlichen Theorie.[303]

Während bei einer Auslegung im Sinne der völkerrechtlichen Theorie der Rückgriff auf Bedeutungen des nationalen Rechts lediglich die letzte Möglichkeit zur Abkommensinterpretation darstellt, werden bei einer Auslegung im landesrechtlichen Sinne schon früher Begriffe des nationalen Rechtes herangezogen.

Geht es um die Lösung des zweiten Problems, nämlich das „Wie" der Anwendung nationaler Normen, liegt es zunächst fern, auch hierauf die Leitlinien zur Auslegung völkerrechtlicher Verträge zu berücksichtigen. Grundsätzlich bleiben die Normen der innerstaatlichen Gesetzgebung natürlich unberührt durch Doppelbesteuerungsabkommen. Möglicherweise könnten sie jedoch, sobald sie im Rahmen der Doppelbesteuerungsabkommen verwendet werden, aus einer anderen Perspektive auszulegen sein als üblicherweise im nationalen Recht.

Diese Frage der Gewichtung zwischen einer Orientierung an nationalen Auslegungsmaßstäben und einer internationalen Auslegungsausrichtung wiederum kann nur anhand der Auslegung des Art. 3 Abs. 2 OECD-MA beantwortet werden. Somit wird im Folgenden zunächst geklärt, wann Art. 3 Abs. 2 OECD-MA zur Geltung kommt und anschließend der Frage nach gegangen, wie dieser anzuwenden ist.

3.2   „Wann" wird auf nationales Recht zurückgegriffen?

Gem. Art. 3 Abs. 2 OECD-MA darf dann auf nationales Recht zurückgegriffen werden, „wenn der Zusammenhang nichts anderes erfordert". Fraglich ist, was unter einer Erfordernis aus dem Zusammenhang zu verstehen ist.

Grundsätzlich kann diese „Erfordernis aus dem Zusammenhang" im Sinne der völkerrechtlichen Theorie oder im Lichte der landesrechtlichen Theorie ausgelegt werden.[304] Die Richtung, bei der innerstaatliches Recht nur in einem Subsidiaritätsverhältnis zu den Doppelbesteuerungsabkommen steht, kann als „völkerrechtsfreundlich" und die andere, bei der das nationale Recht eine größere Bedeutung erlangt, als „binnenrechtsbezogen"[305] bezeichnet werden. Während Art. 3 Abs. 2 OECD-MA im Rahmen einer völkerrechtlich geprägten Auslegung nur geringe Bedeutung

---

[303]   Vgl. Ausführungen ab S. 106ff. Vgl. auch Riemenschneider, Abkommensberechtigung von Personengesellschaften, 1995, S. 33; vgl. Gloria, Die DBA der BRD und die Bedeutung der Lex-Fori-Klausel, 1986, S. 970ff.

[304]   Vgl. Riemenschneider, Abkommensberechtigung von Personengesellschaften, 1995, S. 33; vgl. Gloria, Die DBA der BRD und die Bedeutung der Lex-Fori-Klausel, 1986, S. 970ff.

[305]   Vgl. Gloria, Die DBA der BRD und die Bedeutung der Lex-Fori-Klausel, 1986, S. 970ff.

zukommt[306], stellt er bei einer national orientierten Auslegung eine spezielle Auslegungsregel für die restlichen Artikel des Doppelbesteuerungsabkommen dar.[307]

3.2.1 Völkerrechtsfreundliche Abkommensauslegung

Bei einer starken Berücksichtigung des Ursprungs der Doppelbesteuerungsabkommen als völkerrechtlicher Vertrag steht das nationale Recht lediglich in einem Subsidiaritätsverhältnis zu den Abkommen, d. h. den Abkommen wird ein Höchstmaß an Autonomie zugestanden und es darf erst dann auf innerstaatliche Begriffsbedeutungen zurückgegriffen werden, wenn alle im Abkommen selbst enthaltenen Anknüpfungspunkte nicht zu einem Auslegungsergebnis führen können.[308] Nach dieser Ansicht ist das nationale Recht lediglich „zur Vermeidung eines non liquet als 'letzte Auslegungshilfe'"[309] zu sehen.

Somit müssen die Begriffe des Doppelbesteuerungsabkommens so weit wie möglich aus ihrem Sinn- und Vorschriftenzusammenhang erschlossen werden. Nach Ansicht von *Lang/Schuch*[310] muss das Abkommen auch bei fehlenden Begriffsdefinitionen als so eigenständig betrachtet werden, dass die Begriffsinhalte ohne Berücksichtigung des innerstaatlichen Rechtes ermittelt werden müssen. Begründet wird diese Distanz zu innerstaatlichem Recht damit, dass die Steuerrechtsordnungen der jeweiligen Vertragsstaaten unterschiedliche Begriffsdefinitionen enthalten und somit bei unterschiedlicher Auslegung der Ausdrücke des Abkommens Qualifikationskonflikte entstehen, die eine Doppelbesteuerung oder eine doppelte Nichtbesteuerung zur Folge haben, welche nicht dem Zweck des Abkommens entspreche.[311] Dem kann jedoch entgegengehalten werden, dass auch bei einer ausschließlich abkommensimmanenten Auslegung die Ergebnisse der jeweiligen Vertragsstaaten sehr unterschiedlich sein können. Auf nationales Recht darf nur dann zurückgegriffen werden, wenn der Zusammenhang des Abkommens keine Interpretation erlaubt. Diese Erforderlichkeit wird aber ausschließlich vom Abkommen her bestimmt.[312] Der „Zusammenhang" ergibt sich insoweit nur aus dem Doppelbesteuerungsabkommen.[313]

---

[306] So z. B. bei Gloria, Die DBA der BRD und die Bedeutung der Lex-Fori-Klausel, 1986, S. 978.

[307] Vgl. z. B. Vogel, in: Vogel/Lehner, DBA, 2003, Art. 3 Rn. 120; vgl. Mössner, Zur Auslegung von DBA, 1988, S. 420; vgl. Klebau, Einzelprobleme bei der Auslegung von DBA, 1985, S. 25.

[308] Vgl. z. B. Kluge, Auslegung von DBA, 1975, S. 95; vgl. Langbein, DBA im Spannungsfeld, 1984, S. 538; vgl. Lang, Qualifikationskonflikte im Recht der DBA, 2000, S. 908.

[309] Debatin, DBA und innerstaatliches Recht, 1992, S. 7.

[310] Vgl. Lang/Schuch, 1997, in: Debatin/Wassermeyer, Doppelbesteuerung, Österreich, Vor Art. 1 Rn. 44.

[311] Vgl. Lang, Bedeutung des Musterabkommens, 1994, S. 34.

[312] Vgl. z. B. Debatin, System und Auslegung der DBA, 1985, S. 6.

[313] Vgl. Widmann, Veränderung von DBA ohne Änderung des Vertragsgesetzes, 1995, S. 50.

Gem. Art. 31 Abs. 1 WÜRV muss ein Vertrag „nach Treu und Glauben in Übereinstimmung mit der gewöhnlichen, seinen Bestimmungen in ihrem Zusammenhang zukommenden Bedeutung und im Lichte seines Zieles und Zwecks" ausgelegt werden. Drei Anhaltspunkte für die Auslegung werden aber geliefert: die wörtliche Auslegung, die Auslegung nach dem Zusammenhang und die Auslegung nach Ziel und Zweck.[314]

Von diesen drei Auslegungsmethoden hat die wörtliche Auslegung Priorität. Eine Auslegung nach dem objektivierten Vertragszweck genießt grundsätzlich Vorrang vor einer historischen Auslegung nach dem Willen der Vertragsparteien.[315] Es darf jedoch auch nicht ausschließlich der Wortlaut betrachtet werden, sondern es ist in einem zweiten Schritt auch festzustellen, welcher Inhalt ihm vor dem Hintergrund des Zusammenhangs und des Ziel und Zweckes des Vertrages zuzuschreiben ist.[316] Einem Begriff ist gem. Art. 31 Abs. 4 WÜRV nur dann eine andere Bedeutung zu Grunde zu legen, wenn feststeht, dass dies im Sinne beider Vertragsparteien war. Dies untermauert, dass grundsätzlich nach dem Sinn der Vertragsparteien zu fragen ist und nicht ausschließlich, wenn auch in einem ersten Schritt, vom Wortlaut des Vertrages auszugehen ist.

Allerdings kann im Rahmen der völkerrechtlichen Theorie eine Auslegung anhand von Zusammenhang und Ziel bzw. Zweck nicht weiter gehen, als dies der Wortlaut erlaubt. So kann ein Doppelbesteuerungsabkommen nicht entgegen dem Wortlaut interpretiert werden, selbst wenn dies dem Sinn des Abkommens näher kommen würde.[317] Auf diese Weise steckt der Wortlaut hier einen Rahmen ab, innerhalb dessen eine Auslegung erfolgen darf, d. h. er bildet sowohl für eine extensive, als auch für eine restriktive Auslegung die jeweils äußerste Grenze.

Eine Auslegung nach dem Zusammenhang entspricht dem „Bemühen um eine harmonische Einordnung der Einzelvorschriften in das gesamte Vertragswerk"[318], d. h. einzelne Artikel des Doppelbesteuerungsabkommens dürfen nicht isoliert betrachtet werden, sondern müssen systematisch mit ihrem Kontext ausgelegt werden. Aus dieser Forderung nach einer Interpretation anhand des Zwecks kann das Gebot der Entscheidungsharmonie abgeleitet werden, d. h. es soll möglichst die Auslegungsvariante gewählt werden, die am ehesten auch im anderen Vertragsstaat verwendet wird.[319]

---

[314] Vgl. auch BFH v. 16.12.1998 (I R 40/97), BStBl II, 1999, S. 207.
[315] Vgl. Vogel, in: Vogel/Lehner, DBA, 2003, Einl. Rn. 106; vgl. BFH v. 24.4.1975 (I R 204/73), BStBl II, 1975, S.604.
[316] Vgl. Klebau, Einzelprobleme bei der Auslegung von DBA, 1985, S. 2.
[317] Vgl. BFH v. 5.2.1965 (VI 338/63 U), BStBl III, 1965, S. 258; vgl. BFH v. 19.2.1975 (I R 26/73) BStBl II, 1975, S. 584; vgl. BFH v. 18.7.1990 (I R 115/88) BStBl II, 1990, S. 951.
[318] Bernhardt, Auslegung völkerrechtlicher Verträge, 1963, S. 81.
[319] Vgl. Vogel, in: Vogel/Lehner, DBA, 2003, Einl. Rn. 114.

Somit muss bei einer Orientierung an diesen völkerrechtlichen Auslegungsregeln immer im Mittelpunkt stehen, dass die Doppelbesteuerungsabkommen aus den Verhandlungen zweier Vertragsstaaten mit unterschiedlichen Steuerrechtsordnungen resultieren, welche die Formulierungen in den Doppelbesteuerungsabkommen gemeinsam und in Übereinstimmung getroffen haben. Es handelt sich bei dem Doppelbesteuerungsabkommen um eine „gemeinsame Aussage"[320]. Bei einer Betonung des völkerrechtlichen Ursprungs der Doppelbesteuerungsabkommen ist zu beachten, dass die Doppelbesteuerungsabkommen den gemeinsamen Konsens der beiden Vertragsstaaten widerspiegeln und nicht das Resultat in sich geschlossener Gesetzgebung sind.[321] Im Unterschied zur Auslegung nationaler Normen, bei denen der Wille des Gesetzgebers hinterfragt wird, ist bei der Auslegung von Doppelbesteuerungsabkommen ausgehend vom Vertragstext somit zu erforschen, was die Vertragsparteien mit diesen Begriffen tatsächlich meinten.

Es bleibt festzuhalten, dass im Rahmen der völkerrechtlichen Theorie Doppelbesteuerungsabkommen aufgrund ihres ursprünglichen Charakters als Verträge so weit wie möglich autonom ausgelegt werden. Hier werden die Möglichkeiten einer vertragsimmanenten Auslegung von nicht definierten Begriffen sehr umfassend eingeschätzt.

3.2.2 Binnenrechtsorientierte Abkommensauslegung

Die Gegenauffassung legt Art. 3 Abs. 2 OECD-MA dahingehend aus, dass grundsätzlich auf nationales Recht zurückzugreifen ist, es sei denn, der Zusammenhang erfordere etwas anderes.[322] Nach Ansicht von *Wassermeyer*[323] verdeutlicht Art. 3 Abs. 2 OECD-MA, dass die Vertragsstaaten ein Doppelbesteuerungsabkommen aus ihrer nationalen steuerrechtlichen Perspektive auslegen dürfen. Als lex specialis gibt Art. 3 Abs. 2 OECD-MA die Auslegungsreihenfolge zwischen Abkommensrecht und nationalem Recht vor.[324]

Danach stellt diese Klausel eine Auslegungsregel für die restlichen Artikel der Abkommen dar. Schon allein aufgrund der Parteiautonomie hat diese im Abkommen selbst verankerte Auslegungsregel Vorrang vor den Regeln zur Auslegung völkerrechtlicher Verträge.[325] Allerdings bedarf Art. 3 Abs. 2 OECD-MA selbst einer Auslegung. Wenn nun Art. 3 Abs. 2 OECD-MA als Auslegungsregel verstanden wird, so unterliegt diese wiederum den völkerrechtlichen Auslegungsregeln. Ausschließlich Art. 3 Abs. 2 OECD-MA ist an den völkerrechtlichen Auslegungsregeln

---

[320] Vgl. Debatin, DBA und innerstaatliches Recht, 1992, S. 5.
[321] Vgl. Debatin, DBA und innerstaatliches Recht, 1992, S. 5.
[322] Vgl. Wassermeyer, Einkünfte oder Vermögen aus einem anderen Vertragsstaat, 2000, S. 997.
[323] Vgl. Wassermeyer, 2001, in: Debatin/Wassermeyer, Doppelbesteuerung, Art. 3 MA Rn. 71. Ebenso Kluge, Das Internationale Steuerrecht, 2000, R 30f.
[324] Vgl. Wassermeyer, 2001, in: Debatin/Wassermeyer, Doppelbesteuerung, Art. 3 MA Rn. 77.
[325] Vgl. Klebau, Einzelprobleme bei der Auslegung von DBA, 1985, S. 127

zu messen.[326] So ist eine „Erfordernis aus dem Zusammenhang" nicht vorausgesetzte Bedingung zur Anwendung von innerstaatlichem Recht, es kann nur eine „Erfordernis aus dem Zusammenhang" geben, die verhindert, dass nationales Recht nicht angewendet wird.[327]

Nach Ansicht von *Wassermeyer*[328] kommt dem Ausdruck der Erforderlichkeit aus dem Zusammenhang keine allzu große Bedeutung zu. Für Begriffe, die im Abkommen nicht oder nicht vollständig definiert sind, ist die Bedeutung, die sie in den jeweiligen Vertragsstaaten haben, zu verwenden. Dabei versteht er unter Definition nicht nur eine wörtliche Definition im Abkommen, sondern es „genügt eine Teildefinition oder die Auslegung durch Umkehrschluss"[329]. Nach dieser landesrechtsbezogenen Ansicht hat der Rückgriff auf nationales Recht somit nicht nur die letzte Auslegungsmöglichkeit zu sein, sondern darf bereits bei fehlender Definition im Abkommen erfolgen. Jedoch „schließt der eigenständige Regelungsbereich des DBA es nicht aus, das dasselbe einen von ihm verwendeten Begriff bewusst nicht regeln will, sondern dass mit dem verwendeten Begriff nur an Besteuerungsfolgen anknüpfen will, die sich aus dem innerstaatlichen Steuerrecht ergeben"[330], d. h. es bestehen also bewusste „Lücken" in den Abkommen, die mit innerstaatlichen Begriffen geschlossen werden können.

Hier kann der Begriff des Zusammenhangs sogar das innerstaatliche Recht umfassen, da sich das nationale Recht so gravierend ändern kann, dass der Zusammenhang etwas anderes erfordert.[331] In diesem Fall ist zur Bestimmung der „Erforderlichkeit aus dem Zusammenhang" auch nationales Recht in die Betrachtung miteinzubeziehen. Die Beurteilung des Zusammenhangs umfasst auch die Betrachtung des innerstaatlichen Rechts.[332] Somit bildet der Wortlaut hier nicht die Grenze der Auslegungsmöglichkeiten. Vielmehr kann bei einer Rechtfertigung durch Zusammenhang und Zweck auch entgegen dem Wortlaut ausgelegt werden.[333]

Bei der landesrechtlichen Theorie wird zwar einer Verwendung nationaler Begriffsinhalte kein Vorrang vor einer Auslegung aus dem Zusammenhang des Doppelbesteuerungsabkommen eingeräumt[334], jedoch werden hier die Möglichkeiten zu einer Ermittlung der Bedeutung nicht definierter Begriffe geringer eingeschätzt, d. h. es wird wesentlich früher auf nationales Recht zurückgegriffen.

---

[326] Vgl. Vogel, in: Vogel/Lehner, DBA, 2003, Art. 3 Rn. 120; vgl. Klebau, Einzelprobleme bei der Auslegung von DBA, 1985, S. 127
[327] Vgl. auch Vogel, in: Vogel/Lehner, DBA, 2003, Art. 3 Rn. 120.
[328] Vgl. Wassermeyer, 2001, in: Debatin/Wassermeyer, Doppelbesteuerung, Art. 3 MA Rn. 82.
[329] Vgl. Wassermeyer, 2001, in: Debatin/Wassermeyer, Doppelbesteuerung, Art. 3 MA Rn. 74.
[330] Vgl. Wassermeyer, Auslegung von DBA, 1990, S. 405.
[331] Vgl. Avery Jones et. al., Interpretation of tax treaties, 1984, S. 14ff. und 90ff.
[332] Vgl. Vogel, in: Vogel/Lehner, DBA, 2003, Art. 3 Rn. 119.
[333] Wassermeyer, 2001, in: Debatin/Wassermeyer, Doppelbesteuerung, Art. 3 MA Rn. 78.
[334] Vgl. Vogel, in: Vogel/Lehner, DBA, 1996, Art. 3 Rn. 119.

3.2.3 Eigene Ansicht

Grundsätzlich wird bei beiden Denkrichtungen der Vorgehensreihenfolge des Bundesfinanzhofs[335] gefolgt, nach der bei fehlendem Wortlaut und Definitionen im Abkommen selbst zunächst auf den Sinn- und Vorschriftenzusammenhang des Abkommens und dann erst auf nationales Recht zurückgegriffen wird. Jedoch findet dieser Rückgriff bei einer national orientierten Sichtweise zu einem wesentlich früheren Zeitpunkt statt als bei einer völkerrechtlichen Auslegungsausrichtung.

M. E. besteht die Funktion von Art. 3 Abs. 2 OECD-MA jedoch vielmehr darin, Begriffsbedeutungen des nationalen Rechtes zum Gegenstand des Abkommens zu machen. Dies ist an die Bedingung geknüpft, dass ein Ausdruck im Abkommen nicht definiert ist, wobei hier auch eine Definition im weiteren Sinne nach *Wassermeyer*[336] ausreicht. Eine nationale Begriffsbedeutung kann nur dann verwendet werden, wenn tatsächlich eine Definition im Abkommen fehlt, d. h. das Abkommen ist nicht grundsätzlich mit nationalen Begriffsinhalten zu füllen. Die völkerrechtlichen Auslegungsregeln sind grundsätzlich auf das Doppelbesteuerungsabkommen anwendbar, da Art. 3 Abs. 2 OECD-MA nicht als spezielle Auslegungsregel gesehen werden kann. Art. 3 Abs. 2 OECD-MA ist vielmehr als „Definitionsregel" zu sehen, d. h. sie weist nicht definierten Begriffen des Abkommens Definitionen bzw. Bedeutungen zu. Dies ergibt sich schon aus seiner Stellung im Abkommen selbst. Art. 3 OECD-MA ist überschrieben mit „Allgemeine Begriffsbestimmungen." und nicht mit „Allgemeine Auslegungsbestimmungen". Während in Art. 3 Abs. 1 OECD-MA konkrete Begriffe näher bestimmt werden, soll Art. 3 Abs. 2 OECD-MA nicht explizit genannte Begriffe über das nationale Steuerrecht der Vertragsstaaten näher definieren. Die über Art. 3 Abs. 2 OECD-MA ins Abkommensrecht inkorporierten nationalen Begriffsbedeutungen sind dann, wie im Abkommen selbst enthaltene Definitionen, als Bestandteil des Abkommens zu sehen und bedürfen dann wiederum einer Auslegung, wie andere Normen des Abkommens auch. Die nationalen Bedeutungen, die über Art. 3 Abs. 2 OECD-MA den undefinierten Begriffen des Doppelbesteuerungsabkommens zugeordnet werden, sind als Normen des Doppelbesteuerungsabkommens zu betrachten, so dass auf diese ebenfalls die Auslegungsregeln des WÜRV anzuwenden sind.[337]

Es bleibt somit festzuhalten, dass gem. Art. 3 Abs. 2 OECD-MA bei fehlenden Begriffsdefinitionen auf nationales Recht zurückgegriffen werden muss, d. h. den Be-

---

[335] Vgl. BFH v. 21.8.1985 (I R 63/80), BStBl II, 1986, S. 4.
[336] Vgl. Wassermeyer, 2001, in: Debatin/Wassermeyer, Art. 3 MA Rn. 74.
[337] Diese Auslegungsmethode dürfte auch der Forderung des Bundesfinanzhofs entsprechen, demzufolge die Auslegung von Abkommensvorschriften „von der Teleologie der DBA im Allgemeinen und ggf. auch vom Gedanken der Entscheidungsharmonie geprägt" sein soll. BFH v. 17.11.1999 (I R 7/99), BStBl II, 2000, S. 605; vgl. auch BFH v. 24.3.1999 (I R 114/97), BStBl II, 2000, S. 399.

griffen des Abkommens sind nationale Begriffsinhalte zuzuordnen. Diese wiederum müssen jedoch in einem völkerrechtsfreundlichen Sinn ausgelegt werden.

3.3 „Wie" wird auf nationales Recht zurückgegriffen?

Bisher wurde der Frage nachgegangen, in welchem Moment auf innerstaatliches Recht zurückgegriffen wird. Unabhängig davon, ob nun der völkerrechtlichen oder der landesrechtlichen Theorie gefolgt wird, ist fraglich, wie ein Rückgriff auf das nationale Recht aussehen soll. Hierbei tauchen zwei Fragen auf: Einerseits muss geklärt werden, auf das Recht welches Staates zurückgegriffen wird. Wenn die Vertragsstaaten ihr jeweils eigenes Recht verwenden, kann es zu Qualifikationskonflikten kommen, da die Begriffe in verschiedenen Rechtsordnungen in der Regel auch mit unterschiedlichen Bedeutungen belegt sind.[338] Andererseits ist nicht unbedingt eindeutig, wo die Definition im nationalen Recht zu suchen ist, also in welchem Teil der gesamten Rechtsordnung sie sich befindet. Der Begriff kann in den nationalen Gesetzgebungen mehrfach, d. h. mit verschiedenen Bedeutungen oder sogar überhaupt nicht definiert sein.

3.3.1 Rückgriff auf Recht welchen Staates?

Gem. Art. 3 Abs. 2 OECD-MA soll auf das nationale Steuerrecht bzw. das Recht der Anwendestaaten zurückgegriffen werden.[339] Demzufolge hat jeder der Vertragsstaaten bei fehlenden Begriffsdefinitionen die Bedeutung, die dieser Begriff in seinem eigenen innerstaatlichen Recht hat, zu verwenden.

Denkbar wäre auch, dass der Ansässigkeitsstaat bei der steuerlichen Beurteilung dem Steuerrecht des Quellenstaates folgt. Diese Auffassung ist zunächst bei *Avery Jones*[340] und später auch im Report des OECD-Steuerausschusses „The Application of the OECD-Model Tax Convention to Partnerships"[341] zu finden.

Der OECD-Steuerausschuss hat Qualifikationskonflikte, die bei der Anwendung von Doppelbesteuerungsabkommen entstehen, kategorisiert und teilt die Art der Konflikte in drei Gruppen ein. Die Zuordnung zu einer Kategorie dieser Qualifikationskonflikte bestimmt die Behandlung des Qualifikationskonflikts. Der OECD zufolge kann ein Qualifikationskonflikt drei verschiedene Ursachen haben: Erstens kann ein Qualifikationskonflikt auf Unterschieden in den einzelnen Steuerrechtsordnungen der jeweiligen Vertragsstaaten beruhen, zweitens besteht die Möglichkeit differierender Sachverhaltsannahmen und drittens können, obwohl beide

---

[338] Vgl. Chebounov, Qualifikationsproblematik, 2002, S. 80.
[339] Vgl. Vogel, in: Vogel/Lehner, DBA, 2003, Art. 3 Rn. 112.
[340] Vgl. Avery Jones, The meaning of Application in Article 3 (2) of the OECD Model, 1993, 43ff.
[341] OECD, Partnerships, 1999.

Staaten das Abkommensrecht (und nicht nationales Recht) anwenden, Auslegungsdivergenzen bei der Auslegung des Abkommen bestehen.[342]

Im Fall des erstgenannten Qualifikationskonfliktes interpretieren die Verfasser des OECD-Reports den Wortlaut des Art. 23 OECD-MA[343] so, dass der Ansässigkeitsstaat dem Recht des Quellenstaates folgen muss.[344] Dies schließen sie aus folgender Formulierung: „und können dieses Einkünfte oder dieses Vermögen nach diesem Abkommen im anderen Vertragsstaat besteuert werden". Die Möglichkeit der Besteuerung im anderen Vertragsstaat wird somit als weitere Tatbestandsvoraussetzung von Art. 23 OECD-MA gesehen. Dies bedeutet, dass der Ansässigkeitsstaat den Steuerpflichtigen von der Steuer befreien bzw. die ausländische Steuer anrechnen muss, wenn nach dem Recht des Quellenstaates eine Steuerpflicht entstehen kann. Somit fällt der Blick zunächst auf Beurteilung eines Sachverhaltes nach dem nationalen Recht des Quellenstaates. Der Ansässigkeitsstaat soll sich dann bei der Einschätzung des Sachverhaltes seinerseits nach dieser Beurteilung vom Quellenstaat richten. *Lang*[345] weist darauf hin, dass Art. 23 OECD-MA hierdurch zu einer subject-to-tax-Klausel umfunktioniert werden würde. Eine Steuerbefreiung oder –milderung wäre abhängig von einer effektiven Besteuerung im anderen Vertragsstaat. Bei der zweiten und dritten Kategorie von Qualifikationskonflikten erfolgt keine Bindung des Ansässigkeitsstaates an das Recht des Quellenstaates.[346]

Fraglich ist, unter welche Kategorie der Qualifikationskonflikt in der Einteilung, die im OECD-Report versucht wird, einzuordnen ist, da diese Kategorisierung häufig keine eindeutige Zuordnung ermöglicht.[347] So kann die Ursache dieses Qualifikationskonfliktes einmal aufgrund der unterschiedlichen nationalen Begriffsbedeutungen für „Unternehmen" bzw. „Vermögensverwaltung" verstanden werden

---

[342] Vgl. OECD, Partnerships, 1999, Rn. 94ff. Problematisch ist jedoch, dass die Zuordnung zu den Arten von Qualifikationskonlikten wiederum nicht grundsätzlich eindeutig ist so dass auch diese Lösungsmöglichkeit wieder einer eigenen Auslegung bedarf. Vgl. Schuch/Bauer, Überlegungen des OECD-Steuerausschusses zur Lösung von Qualifikationskonflikten, 2000, S. 31.

[343] Art. 23 A Abs. 1 OECD-MA lautet: „Bezieht einer in einem Vertragsstaat ansässige Person Einkünfte oder hat sie Vermögen und können diese Einkünfte oder dieses Vermögen nach diesem Abkommen im anderen Vertragsstaat besteuert werden, so nimmt der erstgenannte Staat vorbehaltlich der Absätze 2 und 3 diese Einkünfte oder dieses Vermögen von der Besteuerung aus." Art. 23 B Abs. 1 OECD-MA lautet: „Bezieht eine in einem Vertragsstaat ansässige Person Einkünfte oder hat sie Vermögen und können diese Einkünfte oder dieses Vermögen nach diesem Abkommen im anderen Vertragsstaat besteuert werden, so rechnet der erstgenannte Staat [...] auf die zu erhebende Steuer den Betrag an, der im anderen Staat gezahlten Steuer [...] entspricht."

[344] Vgl. OECD, Partnerships, 1999, Rn. 105.

[345] Vgl. Lang, Qualifikationskonflikte im Recht der DBA, 2000, S. 917.

[346] Vgl. OECD, Partnerships, 1999, Rn. 109.

[347] Vgl. auch kritisch zu dieser Einteilung Schuch/Bauer, Überlegungen des OECD-Steuerausschusses zur Lösung von Qualifikationskonflikten, 2000, S. 30ff.

(1. Kategorie). Es kann argumentiert werden, es würden aufgrund der Annahme eines Unternehmens bzw. einer Vermögensverwaltung" verschieden Sachverhaltsannahmen vorliegen (2. Kategorie). Ferner kann diskutiert werden, es liege eine unterschiedliche Abkommeninterpretation vor (3. Kategorie), da die Begriffe des „Unternehmens" bzw. der „Vermögensverwaltung" ungleich aus dem Abkommen interpretiert werden. Dementsprechend wird der Einteilung und den Lösungsvorschlägen des OECD-Reports hier nicht weiter nachgegangen. Allerdings ist darauf hinzuweisen, dass beispielsweise die österreichische Finanzverwaltung sehr bemüht ist, die Ergebnisse des OECD-Reportes umzusetzen und dementsprechend dem Vorschlag der OECD folgt, der Ansässigkeitsstaat müsse dem Quellenstaat folgen, wenn dieser eine Gesellschaft als gewerblich qualifiziert.[348] Von *Wassermeyer*[349] wird dies jedoch ebenfalls und aus folgenden Gründen zu Recht abgelehnt: Erstens widerspricht dieser Ansicht die Formulierung von Art. 3 Abs. 2 OECD-MA („bei der Anwendung des Abkommens durch einen Vertragsstaat") und dessen Stellung im gesamten Abkommen. Zweitens wäre hierdurch die Stellung beider Staaten als gleichberechtigte Vertragspartner in Frage gestellt. Der Quellenstaat hätte die Möglichkeit das Potenzial zur Wahrnehmung seines Besteuerungsrechtes durch Anpassung seiner nationalen Normen auszudehnen. Ferner hätte ein Verfolgen dieser Ansicht eine erhebliche Komplizierung des Steuerrechts zur Folge.

3.3.2 Die Bedeutung des Begriffs in der nationalen Rechtsordnung

3.3.2.1 Rückgriff auf welches innerstaatliche Recht? ?

Grundsätzlich wird in Art. 3 Abs. 2 OECD-MA klargestellt, dass zunächst auf das Steuerrecht der Vertragsstaaten zurückgegriffen werden soll und nur subsidiär auf anderes Recht der Vertragsstaaten. Innerhalb des Steuerrechts wiederum ist das Recht „über die Steuern [..],für die das Abkommen gilt" heranzuziehen, d. h. es sind die nationalen ertragsteuerlichen Gesetze zu verwenden.[350]

Nach überwiegender Meinung der Literatur[351] ist das gerade geltende Recht und nicht das Recht zum Zeitpunkt des Abschlusses des Doppelbesteuerungsabkommens maßgeblich.

---

[348] Vgl. ausführlicher hierzu Aigner/Züger, Die Losung des OECD-Steuerausschuses für Qualifikationskonflikte bei Personengesellschaften, 2000, S. 50ff.

[349] Vgl. Wassermeyer, 2001, in: Debatin/Wassermeyer, Doppelbesteuerung, Art. 3 MA Rn. 73, 80a.

[350] Vgl. Klebau, Einzelprobleme bei der Auslegung von DBA, 1985, S. 128.

[351] Vgl. BFH v. 13.12.1989 (I R 39/87), BStBl II, 1990, S. 379; vgl. BFH v. 2.2.1994 (I R 66/92), BStBl II, 1994, S. 727; vgl. Wassermeyer, in: Debatin/Wassermeyer, Doppelbesteuerung, 2001, Art. 3 MA Rn. 92; vgl. Avery Jones, The interpretation of Tax Treaties, 1984, S. 41. Neben dieser dynamischen Interpretation wird vereinzelt auch eine statische Interpretation bevorzugt, bei der das nationale Recht zum Zeitpunkt des Vertragsabschlusses des Abkommen in Bezug genommen wird. Vgl. z. B. Langbein, DBA im Spannungsfeld, 1984, S. 538; vgl. Lang/Schuch, in: Debatin/Wassermeyer, Doppelbesteuerung, 1997, Österreich, Vor Art. 1 Rn. 49.

Vogel[352] schließt die Verwendung nationaler Bedeutungen aus, wenn keine wörtliche Definition im nationalen Steuerrecht erfolgt. Hiernach ist auch ein Rückgriff auf Definitionen des Zivilrechts nur dann erlaubt, wenn der Ausdruck im Steuerrecht mit der gleichen Bedeutung gebraucht wird.

Da Art. 3 Abs. OECD-MA nicht von „Definitionen" sondern nur von „Bedeutung" spricht, ist es nicht zwingend notwendig, dass ein Begriff explizit im Gesetz definiert ist.[353] Es ist somit ausreichend, wenn ihm dort im Allgemeinen steuerrechtlichen Sprachgebrauch eine bestimmte Bedeutung zukommt. Es ist ausreichend, wenn die Abkommen von einem Oberbegriff Gebrauch machen, der zwar im nationalen Steuerrecht geregelt wird, jedoch nicht explizit dort genannt wird.[354]

3.3.2.2 Völkerrechtliche Auslegung des nationalen Begriffs

M. E. wirken die Auslegungsregeln des WÜRV über den Art. 3 Abs. 2 OECD-MA auch für die nationalen Begriffsbestimmungen insoweit, als sie für Abkommenszwecke verwendet werden. Auf diese Weise sind Bedeutungen des innerstaatlichen Rechtes, soweit sie im Rahmen von Abkommen verwendet von einer anderen Warte aus zu betrachten, d. h. sie sind nicht wie gewöhnlich aus nationaler Sicht, sondern aus völkerrechtlicher Perspektive auszulegen.

3.3.2.2.1 Nationale Begriffsbedeutungen als Bestandteil des Abkommens

Wenn über Art. 3 Abs. 2 OECD-MA auf nationale Begriffsbedeutungen verwiesen werden, so werden die entsprechenden Bedeutungen des innerstaatlichen Rechtes zum Bestandteil des Vertrages. Über Art. 3 Abs. 2 OECD-MA werden bestimmte Definitionen des nationalen Rechtes in das Abkommen inkorporiert. Auch wenn kein direkter Verweis auf eine bestimmte Definition erfolgt, sondern nur allgemein bestimmt wird, dass „jeder im Abkommen nicht definierte Ausdruck" mit Begriffsinhalten des nationalen Rechtes zu belegen ist, wird eine nationale Begriffsbestimmung immer dann zum Vertragsbestandteil, wenn die Art. 3 Abs. 2 OECD-MA zu entnehmende Bedingung erfüllt ist, nämlich dass sie im Abkommen fehlt. Somit sind nicht grundsätzlich alle nationalen Definitionen Bestandteil des Abkommens, sondern immer nur diejenigen, welche im Abkommen explizit nicht definiert sind.

Wenn also die Definition eines Begriffes im Abkommen fehlt, ist für diesen Begriff auf nationales Recht zurück zu greifen. Über Art. 3 Abs. 2 OECD-MA wird dieser innerstaatliche Ausdruck zu einem Bestandteil des Abkommens. Die Konsequenz dieser Integration in das Doppelbesteuerungsabkommen ist, dass auf diesen Begriff ebenfalls völkerrechtliche Auslegungsregeln anzuwenden sind.

---

[352] Vgl. Vogel, in: Vogel/Lehner, DBA, 2003, Art. 3 Rn. 102.
[353] Vgl. Klebau, Einzelprobleme bei der Auslegung von DBA, 1985, S, 128.
[354] Vgl. Wassermeyer, Auslegung von DBA, 1990, S. 410.

3.3.2.2.2 Anwendung völkerrechtlicher Auslegungsregeln

Gem. Art. 33 Abs. 4 WÜRV hat eine Auslegung so zu erfolgen, dass ein Begriff, dessen Auslegung aufgrund der unterschiedlichen Sprachen der Vertragsstaaten divergiert, mit den verschiedenen Fassungen bestmöglich in Einklang gebracht wird. Vorliegend divergieren die Begriffe nicht nur aufgrund der unterschiedlichen Sprachen, sondern aufgrund der unterschiedlichen nationalen Rechtsordnungen. Jedoch ist hier im Sinne des Gebots der Entscheidungsharmonie nicht nur bei sprachlichen Unterschieden, sondern auch bei Unterschieden aufgrund verschiedenartiger Rechtskreise ein Begriff so auszulegen, dass er am ehesten auch dem im anderen Vertragsstaat verwendeten Begriff entspricht.

Fraglich ist nun, wie eine völkerrechtliche Auslegung nationaler Begriffe zu erfolgen hat. Hierfür muss versucht werden, aus der nationalen Begriffsdefinition die grundlegenden Bausteine dieser Definition herauszuarbeiten; d. h. es sind Kriterien zu suchen, die zu dieser Definition geführt haben. Ein Begriff aus dem innerstaatlichen Recht muss „gesäubert" werden von nationalen Spezifika. So ist nicht daran festzuhalten, wie das nationale Recht einen Sachverhalt letztendlich einordnet, sondern im Mittelpunkt muss die Untersuchung der zugrunde liegenden Idee stehen. Es ist also zwischen einer abstrakten nationalen und einer konkreten nationalen Begriffsdefinition zu unterscheiden. Und diese abstrakte nationale Definition manifestiert sich in vielen einzelnen konkreten Definitionen und ist aus diesen herauszukristallisieren. So ist es m. E. unerheblich, ob das nationale Recht im Einzelfall einen Sachverhalt unter eine bestimmte Norm subsumiert oder nicht, es kommt lediglich auf die Überlegungen an, die zu einer solchen Einordnung geführt haben. Durch diese Eliminierung nationaler Besonderheiten aus den Begriffen können diese am ehesten einer völkerrechtlichen Auslegung gerecht werden. Denn eine um nationale Eigentümlichkeiten bereinigter Begriff kann am ehesten die „gewöhnliche, seinen Bestimmungen in ihrem Zusammenhang zukommende Bedeutung" im Sinne des Art. 31 Abs. 1 WÜRV erlangen. Dieser so ermittelte Begriff kann auch nicht mehr so leicht durch Änderungen im nationalen Recht verändert werden[355], da dies nur mit einer Änderung grundlegender Annahmen einhergehen könnte und dies in der Regel zu weitreichende Folgen hätte. Diese abstrakte Ebene der Begriffsbedeutungen weist eine wesentlich höhere Konstanz auf als eine konkrete Begriffsdefinition für Einzelfälle. Diese Definition ist auch am besten in der Lage, dem Willen der Vertragsparteien zu entsprechen, da sie weitgehend unabhängig ist von Änderungen der rechtlichen Lage in den Vertragsstaaten und somit eher Bezugspunkt der Verhandlungen zwischen den Staaten sein können. Zudem würde er dem Gebot der Entscheidungsharmonie insoweit folgen, als durch Eliminierung der na-

---

[355] Bei dynamischer Interpretation des Rückgriffs auf nationales Recht; vgl. Fn. 351. Eine Auseinandersetzung zwischen statischer und dynamischer Interpretation wäre somit auch weitgehend hinfällig.

tionalen Spezifika auch die Wahrscheinlichkeit steigt, dass er dem nationalen Begriff des anderen Vertragsstaates gleichen kann. Sofern beide Vertragsstaaten aus ihren konkreten nationalen Begriffen eine abstrakte Begriffsdefinition heraus polieren, so können diese am ehesten eine gemeinsame Aussage treffen, da sich die grundsätzlichen Annahmen der Vertragsstaaten wohl weniger voneinander unterscheiden als die letztendliche Wertung anhand dieser Annahmen.

3.4 Zusammenfassung

Nach der hier vertretenen Ansicht sind bei dem Rückgriff auf nationales Recht zwei Stufen zu unterscheiden.

Zunächst ist in einem ersten Schritt auf das nationale Recht der Vertragsstaaten zurückzugreifen, wenn das Doppelbesteuerungsabkommen keine Begriffsdefinition im engeren oder weiteren Sinne enthält. Das Fehlen einer Definition im weiten Sinne wird als Tatbestandsvoraussetzung für den Rückgriff auf nationales Recht gesehen, deren Prüfung nicht überstrapaziert werden darf. Es ist nicht „auf Biegen und Brechen" eine Auslegung aus dem Abkommen erforderlich. Somit wird hier Art. 3 Abs. 2 OECD-MA eher im Sinne der landesrechtlichen Theorie ausgelegt.

Allerdings hat in einem zweiten Schritt eine völkerrechtliche Auslegung des nationalen Rechtes zu erfolgen, da einzelne nationale Begriffsbestimmungen über Art. 3 Abs. 2 OECD-MA Bestandteil des Doppelbesteuerungsabkommen werden. So muss zwar bei fehlenden Definitionen im Abkommen das innerstaatliche Recht der Vertragsstaaten verwendet werden. Allerdings müssen die Begriffe des nationalen Rechts in einem völkerrechtlichen Sinne angewendet werden. Mit anderen Worten: Es ist ein Extrakt zu finden aus den jeweiligen nationalen Begriffsbedeutungen, die am ehesten einen gemeinsamen Konsens erlauben. D. h. die nationalen Begriffsbedeutungen sind um nationale Spezifika zu bereinigen und in einem möglichst allgemeinen Sinn zu verwenden. Nur auf diese Weise können die Begriffe völkerfreundlich ausgelegt werden und man kann zu der „gewöhnlichen [...] Bedeutung" im Sinne von Art. 31 Abs. 1 WÜRV gelangen und dem Gebot der Entscheidungsharmonie Folge leisten. Eine solche Auslegung hat auch Aussicht auf Akzeptanz im anderen Vertragsstaat.

Zusammenfassend kann festgehalten werden, dass bei einem Rückgriff auf innerstaatliche Begriffsbedeutungen nicht die konkrete Verwendung des Begriffes maßgebend ist. Vielmehr muss eine allgemeine abstrakte nationale Bedeutung des Begriffes gefunden werden.

Kapitel 4 Abkommensrechtliche Qualifizierung der Besitzpersonengesellschaft

1 Problembeschreibung

Das Rechtsinstitut der Betriebsaufspaltung existiert nur im deutschen Steuerrecht und ist den Doppelbesteuerungsabkommen und den anderen Vertragsstaaten[356] nicht bekannt. Eine Umqualifizierung einer lediglich vermögensverwaltenden Personengesellschaft zu einem Gewerbebetrieb und eine damit einhergehende neue steuerliche Einordnung der Einkünfte der Gesellschafter aufgrund personeller und sachlicher Verflechtung kommen weder im Abkommensrecht noch im Steuerrecht anderer Staaten vor.

Für die Zuweisung des Besteuerungsrechts ist von maßgebender Bedeutung, wie die Besitzgesellschaft abkommensrechtlich zu qualifizieren ist. Während die Betriebsstätte einer gewerblichen Personengesellschaft einem ausländischen Anteilseigner als eigene Betriebsstätte i. S. d. Art. 5 OECD-MA zugerechnet werden kann, kann diesem mit der Beteiligung an einer vermögensverwaltenden Personengesellschaft keine Betriebsstätte vermittelt werden.

Gem. Art. 5 Abs. 1 OECD-MA ist unter einer Betriebsstätte eine feste Geschäftseinrichtung, durch die die Tätigkeit eines Unternehmens ganz oder teilweise ausgeübt wird, zu verstehen. Somit umfasst sie sowohl den „Ort [..] von dem aus ein gewerbliches Unternehmen tätig wird, als auch den Ort, an dem sich ein unselbstständiger Teil eines Gesamtunternehmens befindet"[357]. Somit ist das Vorliegen einer Betriebsstätte an die Existenz eines gewerblichen Unternehmens gebunden.[358]

Dementsprechend kann eine vermögensverwaltende Personengesellschaft auch keine Betriebsstätte im Sinne des Art. 5 OECD-MA unterhalten.[359] Im Unterschied zu einer gewerblichen Personengesellschaft betreibt eine vermögensverwaltende Personengesellschaft kein Unternehmen im Sinne des Art. 7 OECD-MA. Für den Gesellschafter kann keine Betriebsstätte angenommen werden.[360]

Sofern das Rechtsinstitut der Betriebsaufspaltung auch für die Anwendung des Abkommensrechtes gelten würde, d. h. sofern die Abkommen anerkennen, dass es sich bei der Besitzpersonengesellschaft um einen Gewerbebetrieb handelt, kann mit der Beteiligung an der Personengesellschaft für einen ausländischen Gesellschafter eine Betriebsstätte vermittelt werden. Hierdurch würde sich aufgrund des Betriebs-

---

[356] Abgesehen von Österreich.
[357] Wassermeyer, 2000, in: Wassermeyer/Debatin, Doppelbesteuerung, Art. 5 MA Rn. 1.
[358] Vgl. Wassermeyer, 2000, in: Debatin/Wassermeyer, Doppelbesteuerung, Art. 5 MA Rn. 26; vgl. zum Betriebsstättenbegriff auch S. 71f.
[359] Vgl. Loukota, OECD-Report zur Anwendung des OECD-MA, 2000, S. 25.
[360] Vgl. Wassermeyer, 2000, in: Debatin/Wassermeyer, Doppelbesteuerung, Art. 5 MA Rn. 34.

stättenvorbehaltes von Art. 21 Abs. 2 OECD-MA und von Art. 12 Abs. 3 OECD-MA die Zuweisung des Besteuerungsrechtes ändern. Es darf der Quellenstaat, nicht der Wohnsitzstaat des Gesellschafters besteuern. Wenn die Vertragsstaaten die Personengesellschaft unterschiedlich qualifizieren, d. h. ein Vertragsstaat geht von einer vermögensverwaltenden Personengesellschaft aus, während der anderen einen Gewerbebetrieb annimmt, kann ein Qualifikationskonflikt entstehen.[361] Ein Vertragsstaat nimmt Einkünfte i. S. d. Art. 12 OECD-MA oder Art. 21 OECD-MA an, der andere geht von Unternehmensgewinnen i. S. d. Art. 7 OECD-MA aus.

Somit stellen sich für den ausländischen Gesellschafter folgende Fragen: Gibt es einen abkommensrechtlichen Unternehmensbegriff? Schlägt die Behandlung einer Gesellschaft als Unternehmen nach nationalem Steuerrecht bei der Abkommensanwendung durch? Wird die Besitzpersonengesellschaft auch im abkommensrechtlichen Sinn als Gewerbebetrieb angesehen? Kann die inländische Personengesellschaft dem ausländischen Gesellschafter eine Betriebsstätte i. S. d. Art. 5 OECD-MA vermitteln?[362]

Werden die Einkünfte als Lizenzgebühren i. S. d. Art. 12 OECD-MA bzw. als Sonstige Einkünfte i. S. d. Art. 21 OECD-MA im Ansässigkeitsstaat des Gesellschafters der Besteuerung unterworfen oder werden die Einkünfte im Inland als Unternehmensgewinne i. S. d. Art. 7 OECD-MA besteuert?

---

[361] Der Begriff des Qualifikationskonfliktes wird in der Literatur sehr unterschiedlich verwendet. Gemeinsam ist den Begriffsverwendungen, dass er daraus resultiert, dass „zwei Staaten ein und denselben Sachverhalt steuerlich unterschiedlich behandeln"; Piltz, Qualifikationskonflikte im internationalen Steuerrecht, 1993, S. 22. Vogel gebraucht den Begriff des Qualifikationskonfliktes in einem engeren Sinn. Demnach bezieht sich ein Qualifikationskonflikt lediglich auf Probleme, die dann entstehen, wenn in den Doppelbesteuerungsabkommen Ausdrücke verwendet werden, die in den jeweiligen Staaten unterschiedliche Bedeutungen haben. Vgl. Vogel, in: Vogel/Lehner, Doppelbesteuerungsabkommen, 2003, Einl. Rn. 152. Ein Qualifikationskonflikt, der im Rahmen der internationalen Betriebsaufspaltung entsteht, würde somit auch dieser engeren Definition genügen.

[362] Die Frage, ob die Besitzpersonengesellschaft als Betriebsstätte der Betriebskapitalgesellschaft betrachtet werden könnte, ist hier nicht zielführend. Hierfür müsste ein Teil des Unternehmensbetriebs der Kapitalgesellschaft in ihr ausgeführt werden, d. h. ihre Tätigkeit müsste der Geschäftstätigkeit der Kapitalgesellschaft zuzurechnen sein. Vgl. Mössner, Steuerrecht international tätiger Unternehmen, 1998, B 87. Vgl. Wassermeyer, 2000, in: Debatin/Wassermeyer, Doppelbesteuerung, Art. 5 MA Rn. 41. Eine entsprechende Einrichtung der Besitzpersonengesellschaft könnte u. U. als Betriebsstätte der Kapitalgesellschaft verstanden werden, die für diese deren Vermögen bzw. Anlagevermögen verwaltet. Allerdings könnte dann die Betriebsstätte nicht auch gleichzeitig als Betriebsstätte des ausländischen Gesellschafters gelten. Eine Betriebsstätte wird unabhängig davon, wem die Betriebsstätte gehört, demjenigen zugerechnet, für den sie tätig wird, d. h. Inhaberin der Betriebsstätte wäre in diesem Fall die Besitzkapitalgesellschaft.

2 Der Unternehmensbegriff im Abkommensrecht

Im Abkommen selbst erfolgt weder eine explizite Definition des Unternehmensbegriffes, noch wird klargestellt, was im abkommensrechtlichen Sinn unter Vermögensverwaltung zu subsumieren ist.

In Kapitel 3 wurde der Frage nachgegangen, wie Begriffe, die ein Doppelbesteuerungsabkommen zwar verwendet, jedoch nicht definiert, auszulegen sind. Gem. Art. 3 Abs. 2 OECD-MA ist dann auf Bedeutungen des nationalen Rechts zurückzugreifen, wenn im Abkommen keine Definition (im engen oder weiten Sinn) erfolgt. Bei der Suche nach der Bedeutung des Unternehmensbegriffes muss also geklärt werden, ob dem Abkommen vielleicht eine Definition im weiten Sinne zu entnehmen ist. Ist dies nicht möglich, ist auf nationale Begriffsbedeutungen zurückzugreifen.

2.1 Abkommensautonome Definition des Unternehmensbegriffes?

Im Doppelbesteuerungsabkommen wird der Begriff des Unternehmens verwendet, jedoch nicht definiert. Fraglich ist, ob ausreichend Anhaltspunkte im Abkommen gefunden werden können, anhand derer eine Definition im weiteren Sinne erschlossen werden kann. Die Suche nach der abkommensrechtlichen Bedeutung des Unternehmensbegriffes wird noch dadurch erschwert, dass der Begriff im Doppelbesteuerungsabkommen an mehreren Stellen auftaucht und nicht sicher ist, ob ihm eine einheitliche Bedeutung zugrunde liegt.[363]

Der Begriff des Unternehmens dient im Abkommen nicht als steuerlicher Anknüpfungspunkt, sondern erscheint nur bei der Charakterisierung der Einkunftsart „Unternehmensgewinne" bei Art. 7 OECD-MA.[364] Aufgrund des unterschiedlichen Charakters von nationalem Recht und Abkommensrecht[365] kommt auch der Kategorisierung der Einkünfte im Abkommensrecht eine andere Funktion zu wie im innerstaatlichen Recht. Während im nationalen Recht die Einordnung der Einkünfte in bestimmte Einkunftsarten der Begründung einer Steuerpflicht dient, soll die Qualifizierung der Einkünfte im Abkommensrecht lediglich die Besteuerungsrechte zwischen den Vertragsstaaten abgrenzen.[366] In älteren DBA wurde Art. 7 teilweise auch mit „gewerbliche Unternehmensgewinne" überschrieben.[367] Daher ist nach überwiegender Ansicht unter Unternehmen ein gewerbliches Unternehmen zu ver-

---

[363] Vgl. hierzu die Untersuchung von van Raad, The term „enterprise" in the model double taxation convention, 1994, S. 493.

[364] Vgl. Raupach, Unternehmen und Unternehmer im Recht der DBA, 2000, S. 1069.

[365] Vgl. hierzu S. 95.

[366] Vgl. Riemenschneider, Abkommensberechtigung von Personengesellschaften, 1995, S. 28.

[367] Vgl. Raupach, Unternehmen und Unternehmer im Recht der DBA, 2000, S. 1069.

stehen.[368] Das Ausführen einer vermögensverwaltenden Tätigkeit fällt nicht unter den Unternehmensbegriff.

2.1.1 Abgrenzung zur Vermögensverwaltung

Da weder im OECD-MA noch im OECD-Kommentar Aussagen über die vermögensverwaltende Personengesellschaft gemacht werden und nur der Begriff des Unternehmens im Abkommen verwendet wird, wird teilweise die Ansicht vertreten, der Begriff der Vermögensverwaltung könne grundsätzlich nur negativ von dem abkommensrechtlichen Unternehmensbegriff abgegrenzt werden. Ausgangspunkt einer Differenzierung zwischen Unternehmen und Vermögensverwaltung sei somit der „Unternehmensbegriff". Als vermögensverwaltende Personengesellschaft im Abkommensrecht könne jede Personengesellschaft angesehen werden, die kein Unternehmen im Sinne des DBA darstellt.[369]

Dies mag für die Begrifflichkeiten sicher stimmen. Allerdings sind die Unternehmensgewinne im Abkommensrecht subsidiär zu den anderen Einkunftsarten.[370] Grundsätzlich werden die Einkünfte abkommensrechtlich ihrer Art nach beurteilt, unabhängig von der Existenz eines Gewerbebetriebs. Eine Zuordnung zu den Unternehmensgewinnen erfolgt nicht bereits durch die Tatsache, dass sie innerhalb eines Gewerbebetriebs anfallen, sondern es wird in den Betriebsstättenvorbehalten weiterhin eine Betriebsstätte i. S. d. Art. 5 OECD-MA gefordert. Im Gegensatz zu den Unternehmensgewinnen sind die vermögensverwaltenden Einkünfte, selbst wenn sie nicht explizit als solche bezeichnet werden, ausführlicher im Abkommen definiert. So kann vielmehr nur noch das einen Unternehmensgewinn darstellen, was nicht vermögensverwaltende Einkunftsart ist.

Hemmelrath[371] gibt dem Unternehmensbegriff eine sehr umfassende inhaltliche Bedeutung. „Unternehmens"-Tätigkeit i. S. d. Art. 7 OECD-MA sei „eine selbstständige Erwerbstätigkeit, die nicht Nutzung unbeweglichen Vermögens i. S. d. Art. 6 Abs. 3" sei. Dem ist entgegenzuhalten, dass im Doppelbesteuerungsabkommen die Einkunftsarten grundsätzlich isoliert von ihrem Umfeld festgestellt werden. So fällt beispielsweise eine selbstständige Erwerbstätigkeit, die Nutzung von Rechten ist, zunächst auf jeden Fall unter Art. 21 OECD-MA. Selbst wenn diese Einkünfte innerhalb eines Unternehmens anfallen, sind sie ihrer originären Art nach zu besteuern. Ausnahmsweise fallen sie nur dann unter die Unternehmensgewinne i. S. d. Art. 7 OECD-MA, wenn eine Betriebsstätte i. S. d. Art. 5

[368] Vgl. z. B. Erhard, 1986, in: Flick/Wassermeyer/Wingert, DBA Deutschland-Schweiz, Art. 3 Rn. 112; vgl. Raupach, Unternehmen und Unternehmer im Recht der DBA, 2000, S. 1069.
[369] Vgl. Wassermeyer, 2001, in: Debatin/Wassermeyer, Doppelbesteuerung, Art. 3 MA Rn. 23; vgl. Benecke, Die vermögensverwaltende Personengesellschaft aus abkommensrechtlicher Sicht, 2001, S. 216.
[370] Vgl. 69ff.
[371] Vgl. Hemmelrath, in: Vogel/Lehner, DBA, 2003, Art. 7 Rn. 33.

OECD-MA im anderen Vertragsstaat unterhalten wird. Nicht nur Art. 6 OECD-MA geht den Unternehmensgewinnen vor, sondern mit Ausnahme von Einkünften i. S. d. Art. 21 OECD-MA auch jede andere Einkunftsart.

In Art. 7 Abs. 1 OECD-MA taucht keine Konkretisierung des Gewinn- oder Unternehmenseinkünftebegriffes auf. Eine Negativabgrenzung ist jedoch insofern möglich, als das Abkommen andere Einkünfte genauer definiert und insoweit bestimmte Einkünfte einer spezielleren Einkunftsart zugeordnet werden können.[372] Im Unterschied zum deutschen Steuerrecht, in denen Einkünfte aus anderen Einkunftsarten anhand von Subsidiaritätsklauseln (vgl. §§ 20 Abs. 3, 21 Abs. 3, 22 Nr. 3, 23 Abs. 2 EStG) den gewerblichen Einkünften zugerechnet werden, fallen die Einkünfte nach dem Recht des DBA grundsätzlich unter die Norm, die ihrer Wesensart entspricht. Gem. Art. 7 Abs. 7 OECD-MA haben die Rechtsfolgen aller anderen Normen Vorrang vor Art. 7 Abs. 1 OECD-MA.[373] Es können nur die verbleibenden Einkünfte, die nicht unter speziellere Einkunftsarten zu subsumieren sind, den Unternehmensgewinn darstellen. Hieraus können jedoch keine Rückschlüsse auf den Unternehmensbegriff gewonnen werden, da auch Einkünfte, die nicht per se Unternehmensgewinne sind, im Rahmen eines Unternehmens anfallen können.[374]

2.1.2 Ausüben einer Aktivität

Gem. Art. 3 Abs. 1 Buchst. c OECD-MA bezieht sich der Begriff „Unternehmen" auf die „Ausübung einer Geschäftstätigkeit"[375]. Eine nähere Konkretisierung der Bedeutung des Begriffs der „Geschäftstätigkeit" erfolgt allerdings nicht.[376] Gem. Art. 3 Abs. 1 Buchst. h OECD-MA umfasst der Ausdruck der Geschäftstätigkeit auch die Ausübung einer freiberuflichen oder einer sonstigen selbstständigen Tätigkeit. Somit kann eine Tätigkeit als Geschäftstätigkeit bezeichnet werden, wenn sie die gemeinsamen Merkmale gewerblicher Einkünfte und von Einkünften aus selbstständiger Arbeit aufweist.[377] Ausgeschlossen werden somit auch land- und forstwirtschaftliche Einkünfte.[378]

---

[372]   Vgl. Raupach, Unternehmen und Unternehmer im Recht der DBA, 2000, S. 1069.
[373]   Lediglich in Art. 10 Abs. 4 OECD-MA, Art. 11 Abs. 4 OECD-MA und Art. 12 Abs. 3 OECD-MA wird für Lizenzgebühren, Zinsen und Dividenden ein Betriebsstättenvorbehalt statuiert, d. h. sofern im Quellenstaat eine Betriebsstätte existiert und ein Zusammenhang der Einkünfte zu dieser Betriebsstätte vorliegt, ist Art. 7 OECD-MA anzuwenden und die Einkünfte dürfen im Quellenstaat versteuert werden.
[374]   Vgl. Wassermeyer, 2001, in: Debatin/Wassermeyer, Doppelbesteuerung, Vor Art. 6-22 MA, Rn. 11, Art. 7 Rn. 15.
[375]   Seit OECD-MA 2000.
[376]   In Art. 3 Abs. 1 Buchst. h OECD-MA wird lediglich festgelegt, dass dieser Begriff auch freiberufliche und selbständige Tätigkeiten umfasst.
[377]   Vgl. Wassermeyer, 2001, in: Debatin/Wassermeyer, Doppelbesteuerung, Art. 7 MA Rn. 15.
[378]   Vgl. Vogel, in: Vogel/Lehner, DBA, 2003, Art. 3 Rn. 41.

Im OECD-Musterkommentar wird darauf hingewiesen, dass dem Ausdruck „Geschäftstätigkeit" die Bedeutung zu Grunde zu legen ist, „die ihm nach dem innerstaatlichen Recht des Staates zukommt, der das Abkommen anwendet"[379] Dementsprechend wäre der Rückgriff auf das nationale Recht, wenn nicht über den Begriff des „Unternehmens", zumindest aber über den der „Geschäftstätigkeit" erforderlich.

Bei dem Ausüben einer Geschäftstätigkeit muss es sich grundsätzlich um eine aktive Tätigkeit handeln, d. h. eine passive Tätigkeit, die ausschließlich auf der Verwaltung von Vermögen beruht, fällt nicht unter die Geschäftstätigkeit.[380]

Vereinzelter Ansicht[381] nach erfordert der Begriff der „Geschäftstätigkeit" keine aktive Tätigkeit. Begründet wird dies mit dem Hinweis auf den OECD-Musterkommentar[382], nach dem auch die in einer Betriebsstätte i. S. d. Art. 5 OECD-MA ausgeführte Tätigkeit keinen produktiven Charakter haben muss. Demzufolge könne eine Geschäftstätigkeit auch in einer passiven Tätigkeit bestehen.

Dem kann jedoch entgegengehalten werden, dass eine Betriebsstätte zwar keine aktive Tätigkeit ausüben muss, jedoch auch eine passive Tätigkeit der Betriebsstätte einer aktiven Tätigkeit eines Unternehmens zugerechnet werden können muss. Die passive Tätigkeit einer Betriebsstätte muss in den gewerblichen Rahmen eines Unternehmens eingebunden sein. Für die Betriebsstätte selbst ist das Aktivitätsmerkmal nicht unmittelbar von Bedeutung. Nur für das weitere Betriebsstättenmerkmal „Zurechnung der Betriebsstättentätigkeit zu einem Unternehmen", ist auf Ebene des Unternehmens die Ausübung einer Aktivität zwingend erforderlich. Die Art der Tätigkeit der Betriebsstätte ist ohne Bedeutung, vielmehr kommt es darauf an, dass ein Bezug zu einer aktiven Tätigkeit eines Unternehmens besteht.[383]

Dem Abkommen kann mit dem Ausdruck der „Geschäftstätigkeit" das Unternehmensmerkmal „Aktivitätsausübung" entnommen werden. Eine passive Nutzung von Vermögenswerten fällt nicht unter den Begriff der Geschäftstätigkeit.[384] Auch wenn in Betriebsstätten keine aktive Tätigkeit erforderlich ist, kann daraus nicht abgeleitet werden, dass eine Unternehmenstätigkeit ebenfalls nur passiv sein kann.

2.1.3 Nachhaltigkeit

Art. 3 Abs. 1 d OECD-MA bestimmt den Ausdruck „Unternehmen eines Vertragsstaates" nur insoweit näher, als es sich dabei um ein Unternehmen handelt, welches

---

[379] Vgl. OECD-MK, Art. 3 Tz. 10.2; vgl. auch Tz. 4.
[380] Vgl. Wassermeyer, 2001, in: Debatin/Wassermeyer, Doppelbesteuerung, Art. 3 MA Rn. 23.
[381] Vgl. Benecke, Die vermögensverwaltende Personengesellschaft aus abkommensrechtlicher Sicht, 2001, S. 230.
[382] Vgl. OECD-MK, Art. 5 Tz. 3 und Tz. 7.
[383] Vgl. Görl, in: Vogel/Lehner, DBA, 2003, Art. 5 Rn. 24.
[384] Vgl. Vogel, in: Vogel/Lehner, DBA, 2003, Art. 3 Rn. 41.

von einer Person betrieben wird, die in diesem Vertragsstaat ansässig ist. Diese Bestimmung betrifft grundsätzlich nur die Ansässigkeit bzw. die Abkommensberechtigung. *Lang* leitet aus dem hier verwendeten Ausdruck „betreiben" allerdings ab, dass es sich um eine Tätigkeit handeln muss, die „wohl entweder größeren Umfang haben oder oftmals ausgeübt werden [wird]"[385]. Einzelne, gelegentliche Handlungen wären somit nicht zu den Unternehmensgewinnen zu rechnen. Dies lässt die Folgerung zu, dass dem Abkommen das Unternehmensmerkmal „Nachhaltigkeit" entnommen werden kann.

Aus der Verwendung des Ausdrucks „betreiben" kann geschlossen werden, dass es sich hier um eine auf Dauer angelegte Tätigkeit handelt mit der Absicht zur Wiederholung oder zumindest um mehrere Handlungen, die in einem gewissen Zusammenhang stehen. Eine einzelne Handlung wird nicht „betrieben". Insofern ist der Begriff des Betreibens ein Indiz für die Nachhaltigkeit der Unternehmenstätigkeit.

2.1.4 Gemeineuropäisches Begriffsverständnis?

Vogel[386] versucht den Unternehmensbegriff insofern abkommensautonom zu verstehen, als er ihn anhand eines gemeineuropäischen Begriffsverständnisses verwenden möchte. Er sieht diesen allgemeinen Unternehmensbegriff als Ursprung der jeweiligen nationalen Begriffsausgestaltungen.

M. E. liegt jedoch auch in dieser Vorgehensweise ein Rückgriff auf nationales Recht vor. Letztendlich greift er auf die Begriffsbedeutungen mehrerer Staaten zurück und konsolidiert hieraus einen einzigen Begriff, der als Schnittmenge der verschiedenen nationalen Begriffsbedeutungen verstanden werden kann. Jedoch hat ein Rückgriff auf nationales Recht über Art. 3 Abs. 2 OECD-MA zu erfolgen und darf sich daher nur auf das Recht der jeweiligen Vertragsstaaten beziehen. Indem von einem gemeinsamen Begriffsverständnis in Europa ausgegangen wird, erfolgt ebenfalls ein Rückgriff auf nationales Begriffsverständnis, der nicht im Einklang mit der Formulierung des Art. 3 Abs. 2 OECD-MA steht, demzufolge auf das Recht dieser Staaten zurückgegriffen werden darf, „für die das Abkommen gilt".[387] Es darf nur auf das Recht der jeweiligen Vertragsstaaten zurückgegriffen werden, nicht auf das Recht sämtlicher Staaten.

---

[385] Vgl. Lang, Hybride Finanzierungen, 1991, S. 75f.
[386] Vgl. Vogel, DBA, 1996 (3. Auflage!), Art. 7 Rn. 23.
[387] Weitere Kritikpunkte zur Verwendung eines gemeineuropäischen Unternehmensbegriffs finden sich z. B. bei Wassermeyer, 2001, in: Debatin/Wassermeyer, Doppelbesteuerung, Art. 7 MA Rn. 17.

2.1.5 Zusammenfassung

Zusammenfassend kann festgehalten werden, dass aus dem Abkommen selbst, neben der negativen Abgrenzung zu anderen explizit im Abkommen definierten Einkunftsarten sowie der Land- und Forstwirtschaft, in erster Linie nur die Unternehmens- bzw. Gewerblichkeitsmerkmale „Aktivität" und „Nachhaltigkeit" gewonnen werden können. Die Annahme eines gemeineuropäischen Begriffsverständnisses scheitert an Art. 3 Abs. 2 OECD-MA, der einen Rückgriff auf das Recht der jeweils beteiligten Vertragsstaaten vorgibt.

Die Anhaltspunkte für den Unternehmensbegriff, die dem Abkommen selbst entnommen werden können, reichen m. E. nicht für eine Definition des Unternehmensbegriffes aus, so dass über Art. 3 Abs. 2 OECD-MA ein Rückgriff auf den nationalen Unternehmensbegriff erforderlich ist. Die Tatbestandsvoraussetzung von Art. 3 Abs. 2 OECD-MA ist erfüllt. Der Zusammenhang erfordert nichts anderes, da dem Abkommen auch keine Definition im weiteren Sinne für den Unternehmensbegriff entnommen werden kann.

2.2 Verwendung des nationalen Unternehmensbegriffes

2.2.1 Der für Abkommenszwecke relevante nationale Unternehmensbegriff

Der nationale Unternehmensbegriff ist nicht ganz eindeutig. Der Begriff des Unternehmens taucht im deutschen Recht in mehreren Gesetzen auf und kann jeweils nach Zweckbestimmung des jeweiligen Gesetzes unterschiedliche Begriffsbedeutungen haben.[388]

Raiser versucht eine allgemeine rechtliche Bedeutung des Unternehmensbegriffes zu formulieren. Demnach „ist das Unternehmen eine auf der organisatorischen Verbindung von personellen und sachlichen Mitteln beruhende autonome rechtliche Einheit, die nach ökonomischen Methoden arbeitet und wirtschaftliche Werte hervorbringt, um mit dem Erlös die Einkommenswünsche und sonstigen Bedürfnisse der an ihm beteiligten Anteilseigner, Arbeitnehmer und Unternehmensleiter zu befriedigen."[389] Diese Definition kann jedoch allenfalls dem Verständnis der Gewerbebetriebsdefinition im entsprechenden Steuergesetz dienen.

Art. 3 Abs. 2 OECD-MA gibt vor, dass die „Bedeutung nach dem in diesem Staat anzuwendenden Steuerrecht den Vorrang vor einer Bedeutung hat, die der Ausdruck nach anderem Recht dieses Staates hat". Daraus ergibt sich, dass beispielsweise nicht der Unternehmensbegriff des Handelsrechts (§§ 1, 2 HGB), des Um-

---

[388] Vgl. z. B. Zilias, Unternehmensbegriff im neuen Bilanzrecht, 1986, S. 1111; vgl. Raiser, Unternehmensziele und Unternehmensbegriff, 1980, S. 219ff; vgl. Weber-Grellet, in: Schmidt, EStG, 2003, § 15 Rn. 9.
[389] Raiser, Unternehmensziele und Unternehmensbegriff 1980, S. 231.

satzsteuerrechts (§ 2 Abs. 1 S. 1 UStG) oder anderer Rechte verwendet werden darf.

Im Einkommensteuergesetz, dem „anzuwendende[n] Steuerrecht"[390], findet sich seit 1984[391] mit § 15 Abs. 2 EStG eine Begriffsbestimmung des Gewerbebetriebs. Dieser gilt i. S. d. § 2 Abs. 1 S. 2 GewStG auch für die Gewerbesteuer[392] und gem. § 8 Abs. 1 KStG auch in körperschaftsteuerlicher Hinsicht.

2.2.1.1 Die Merkmale des Gewerbebetriebs i. S. d. § 15 Abs. 2 EStG

Gem. § 15 Abs. 2 EStG „[ist] eine selbstständige nachhaltige Betätigung, die mit der Absicht, Gewinn zu erzielen, unternommen wird und sich als Beteiligung am allgemeinen wirtschaftlichen Verkehr darstellt, [...] Gewerbebetrieb, wenn die Betätigung weder als Ausübung von Land- und Forstwirtschaft noch als Ausübung eines freien Berufs noch als selbstständige Arbeit anzusehen ist". Zudem muss der Rahmen privater Vermögensverwaltung überschritten werden.[393]

Die Abgrenzung zu anderen Einkunftsarten, die im zweiten Satzteil stattfindet, ist für die Abkommensanwendung nicht von Bedeutung, da diese vom Abkommen selbst vorgenommen wird. Während Einkünfte aus Land- und Forstwirtschaft unter Art. 6 Abs. 1 OECD-MA subsumiert werden können, fallen die Einkünfte aus selbstständiger Arbeit unter Art. 14 OECD-MA. Speziellere Regelungen der DBA gehen grundsätzlich einer Auslegung nach innerstaatlichem Recht vor.[394]

Die Charakteristika eines Unternehmens sind somit Selbstständigkeit, Nachhaltigkeit, Gewinnerzielungsabsicht und Beteiligung am allgemeinen wirtschaftlichen Verkehr.

2.2.1.1.1 Selbstständigkeit

Selbstständigkeit wird durch das Tragen von Unternehmensrisiko und Entfalten von Unternehmensinitiative erfüllt, d. h. es muss ein Unternehmer vorhanden sein, der für eigene Rechnung und auf eigene Gefahr die Unternehmenstätigkeit aus-

---

[390] Art. 3 Abs. 2 OECD-MA, Vgl. z. B. Wassermeyer, 2001, in: Debatin/Wassermeyer, Doppelbesteuerung, Art. 3 MA Rn. 24 und Art. 7 MA Rn. 15; vgl. Kroppen, 2002, in: Becker/Höppner/ Grotherr/Kroppen, DBA-Kommentar, Art. 7 OECD-MA, Rn. 46.

[391] Vgl. Steuerentlastungsgesetz 1984 v. 22.12.1983, BStBl I, 1984, S. 14. Vorher befand sich die Definition des Gewerbebetriebs seit 1955 in der GewStDV (§ 1 Abs. 1 S. 1 GewStDV 1983). Zur Entwicklung des Gewerbebegriffs, der auf die Rechtsprechung des PrOVG und des RFH zurückgeht; vgl. ausführlicher Schmidt-Liebig, Gewerbe im Steuerrecht, 1977, S. 4ff.

[392] Vgl. Güroff, in: Glanegger/Güroff, 2002, GewStG, § 2 Rn. 35.

[393] Hierbei handelt es sich um ein im Gesetz nicht ausdrücklich erwähntes, ungeschriebenes Tatbestandsmerkmal. Vgl. z. B. BFH v. 25.6.1984 (GrS 4/82), BStBl II, 1984, S. 751. Allerdings findet es sich auch in § 14 S. 1 AO wieder.

[394] Vgl. Wassermeyer, Einkommen und Vermögen, 1997, S. 537.

übt.[395] Anhand des Selbstständigkeitsmerkmals ist zwischen einem Unternehmer und einem Arbeitnehmer zu unterscheiden.[396]

2.2.1.1.2 Nachhaltigkeit

Nachhaltig ist eine Tätigkeit dann, wenn sie mit der Absicht zur Wiederholung ausgeführt wird.[397] Die Tätigkeit muss nicht tatsächlich wiederholt werden, aber es muss dem Willen des Unternehmers entsprechen, die Tätigkeit mehrmals auszuüben.[398] Die Tätigkeit soll von der Absicht getragen werden, dass sie zu einer ständigen Erwerbsquelle führt.[399]

2.2.1.1.3 Gewinnerzielungsabsicht

Die im Rahmen eines Gewerbebetriebs ausgeübte Tätigkeit muss darauf angelegt sein, ein positives Ergebnis zu erlangen. Die Tätigkeit darf nicht bloß Liebhaberei im steuerrechtlichen Sinne darstellen, die insgesamt der nicht steuerbaren privaten Sphäre (§ 12 EStG) zuzuordnen sind. Dabei kommt es nicht darauf an, ob tatsächlich ein Gewinn erwirtschaftet wird, sondern ob der Unternehmer mit der Absicht, einen Gewinn zu erzielen, tätig wird.[400] Die Gewinnerzielungsabsicht ist also ein subjektives Merkmal. Dieses subjektive Merkmal wird seinerseits wiederum durch objektive Merkmale bestimmt. Daher geben die äußeren Umstände Indizien für das Vorliegen oder Nichtvorliegen der Gewinnerzielungsabsicht, d. h. auch hier sind die tatsächlichen Umstände von maßgebender Bedeutung.[401]

2.2.1.1.4 Teilnahme am allgemeinen wirtschaftlichen Verkehr

Eine Teilnahme am allgemeinen wirtschaftlichen Verkehr setzt ein auch Dritten erkennbares Anbieten von Gütern und Leistungen am Markt gegen Entgelt voraus. Der Steuerpflichtige muss sich am allgemeinen wirtschaftlichen Güter- und Leistungsaustausch beteiligen.[402] Anhand dieses Merkmals kann der Gewerbebetrieb von bloßer Vermögensverwaltung abgegrenzt werden, da Selbstständigkeit, Nachhaltigkeit und Gewinnerzielungsabsicht bei einer vermögensverwaltenden Tätigkeit ebenfalls in Erscheinung treten.

---

[395] Vgl. BFH v. 24.10.1995 (VIII R 2/92), BFH/NV, 1996, S. 325.
[396] Vgl. Weber-Grellet, in: Schmidt, EStG, 2003, § 15 Rn. 11.
[397] Vgl. BFH v. 10.12.1998 (III R 61/97), BStBl II, 1999, S. 390.
[398] Vgl. Weber-Grellet, in: Schmidt, EStG, 2003, § 15 Rn. 17.
[399] Vgl. BFH v. 7.3.1996 (IV R 2/92), BStBl II, 1996, S. 369.
[400] Vgl. Weber-Grellet, in: Schmidt, EStG, 2003, § 15 Rn. 25ff.
[401] Vgl. BFH v. 7.3.1996 (IV R 2/92), BStBl II, 1996, S. 369.
[402] Vgl. z. B. BFH v. 9.7.1986 (I R 85/83) BStBl II, 1986, S. 851; vgl. BFH v. 13.12.1995 (XI R 43-45/89), BStBl II, 1996, S. 232; vgl. BFH v. 10.12.1998 (III R 61/97), BStBl II, 1999, S. 390.

2.2.1.2 Nationale Bedeutung des Gewerbebetriebsbegriffs

Art. 3 Abs. 2 OECD-MA spricht nicht von einem Rückgriff auf das anzuwendende Steuergesetz, sondern bezieht sich auf einen Rückgriff auf das Steuerrecht. Dies schließt die Rechtsprechung zu den Merkmalen des Gewerbebetriebs insoweit, als sie zur Definition des Gewerbebetriebsbegriffs hilfreich ist, ein. Allerdings darf die Rechtsprechung nur in dem Maße berücksichtigt werden, als es um Klarstellung des Gewerbebetriebsbegriffes geht.

In der Rechtsprechung[403] wird der Gewerbebetriebsbegriff regelmäßig nicht als Klassenbegriff, sondern als Typusbegriff verwendet. Der Inhalt des § 15 Abs. 2 EStG wird als typologische Beschreibung des Gewerbebetriebsbegriffes gesehen.[404]

2.2.1.2.1 Gewerbebetriebsbegriff als Typusbegriff

Im Unterschied zu einem klassifikatorischen Begriff, der anhand einer bestimmten Anzahl von Merkmalen definitiv beschrieben wird, weist ein Typusbegriff einen höheren Grad an Offenheit auf. Während die Definition eines klassifikatorischen Begriffes aus einer erschöpfenden Auflistung von Tatbestandsmerkmalen besteht, erfolgt bei dem Typusbegriff eine Betrachtung des Gesamtbildes, wobei die einzelnen Charakteristika des Typusbegriffs ein unterschiedliches Gewicht haben können.[405] Unter bestimmen Voraussetzunge müssen die ihn beschreibenden Tatbestandsmerkmale nicht zwingend kumulativ vorliegen. Ein schwach ausgebildetes oder sogar fehlendes Tatbestandsmerkmal kann durch ein intensiv ausgeprägtes Merkmal ausgeglichen werden.[406] Es kommt auf die Anzahl und Intensität der Tatbestandsmerkmale insgesamt an.

Wird der Gewerbebetriebsbegriff als Typusbegriff verstanden, hat keine strenge Subsumtion unter die Merkmale Selbstständigkeit, Nachhaltigkeit, Gewinnerzielungsabsicht und Teilnahme am allgemeinen wirtschaftlichen Verkehr zu erfolgen, sondern es ist anhand des Gesamtbildes eines Sachverhaltes zu entscheiden, ob ein Gewerbebetrieb vorliegt. Hierbei kommt den in § 15 Abs. 2 EStG aufgezählten Charakteristika des Gewerbebetriebs nur die Funktion zu, den typischen Gewerbebetrieb zu beschreiben.

---

[403] Vgl. z. B. BFH v. 7.2.1990 (I R 173/85), BFH/NV, 1991, S. 685; vgl. v. a. die Rechtsprechung zum gewerblichen Grundstückshandel: vgl. BFH v. 3.7.1995 (GrS 1/93), BStBl II, 1995, S. 617; vgl. BFH v. 29.10.1998 (XI R 80/97), BStBl II, 1999, S. 448; vgl. BFH 15.12.1999 (I R 16/99), BStBl II, 2000, S. 404; vgl. BFH 10.12.2001 (GrS 1/98), BStBl II, 2002, S. 291; vgl. BFH v. 9.12.2002, (VIII R 40/01), BStBl II, 2003, S. 294. Vgl. ausführlicher hierzu Altfelder, Gewerblicher Grundstückshandel im Wandel, 2000, S. 349ff.

[404] Vgl. Zugmaier, Einkünftequalifikation im Einkommensteuerrecht, 1998, S. 110; vgl. kritisch zu dieser Rechtsprechung Schmidt-Liebig, Indiz und Rechtsanwendung im Steuerrecht, 2003, S. 273ff.

[405] Vgl. hierzu z. B. Tipke/Lang, Steuerrecht, 2002, § 5 Rn. 45; vgl. ausführlich Strahl, Die typisierende Betrachtungsweise im Steuerrecht, 1996.

[406] Vgl. Weber-Grellet, Der Typus des Typus, 1997, S. 551.

In der Literatur ist sowohl der grundsätzliche Gebrauch von Typusbegriffen umstritten[407], als auch, ob es sich bei dem Begriff des Gewerbebetriebs um einen solchen handelt. Insbesondere werden gegen die Verwendung von Typusbegriffen rechtsstaatliche Einwände erhoben.[408] Dieser Literaturstreit ist bei der Verwendung des Begriffs für die Abkommen jedoch nicht von Bedeutung, vielmehr ist maßgebend, wie die Rechtsprechung den Gewerbebetriebsbegriff versteht.

2.2.1.2.2 Der Gewerbebetriebsbegriff in der Rechtsprechung

Der Bundesfinanzhof legt seinen Entscheidungen eine typologische Betrachtungsweise des Gewerbebetriebs zugrunde.[409] Er beschäftigt sich mit dem Begriff des Gewerbebetriebs i. S. d. § 15 Abs. 2 EStG vor allem bei der Abgrenzung der privaten Vermögensverwaltung vom gewerblichen Grundstückshandel. Die maßgebende Linie geben dabei zwei Entscheidungen[410] des Großen Senats aus den Jahren 1995 und 2001 vor.

So führt der Große Senat des Bundesfinanzhof in seiner Entscheidung vom 3.7.1995 aus: „Bei der Abgrenzung zwischen Gewerbebetrieb einerseits und der nichtsteuerbaren Sphäre sowie anderen Einkunftsarten (§ 2 Abs. 1 Nrn. 1, 3 bis 7 EStG) andererseits ist auf das Gesamtbild der Verhältnisse und auf die Verkehrsanschauung abzustellen. In Zweifelsfällen ist die gerichtsbekannte und nicht beweisbedürftige Auffassung darüber maßgebend, ob die Tätigkeit, soll sie in den gewerblichen Bereich fallen, dem Bild entspricht, das nach der Verkehrsanschauung einen Gewerbebetrieb ausmacht und einer privaten Vermögensverwaltung fremd ist."[411] In der Entscheidung des Großen Senat vom 10.12.2001[412] wird abermals betont: „Bei der Auslegung der in § 15 Abs. 2 EStG genannten Merkmale, die einen Gewerbebetrieb ausmachen, ist das ́Bild des Gewerbetreibenden ́ heranzuziehen."[413]

Der Bundesfinanzhof sieht die Merkmale des Gewerbebetriebs in § 15 Abs. 2 EStG zwar als gesetzliche Mindesterfordernisse, zieht im Zweifelsfall jedoch das „typische Bild des Gewerbetreibenden heran".[414] Er verwendet den Gewerbe-

---

[407] Stark kritisiert wird die Verwendung von Typusbegriffen von Weber-Grellet, der den Typusbegriff für überflüssig und nutzlos hält. Vgl. ders., Der Typus des Typus, 1997, S. 568. Vgl. auch Schmidt-Liebig, Indiz und Rechtsanwendung im Steuerrecht, 2003, S. 279ff.

[408] Vgl. Weber-Grellet, Der Typus des Typus, 1997, S. 568.

[409] Vgl. auch Fischer, Steuerrechtlicher Typus, 2000, S. 893.

[410] Vgl. BFH v. 3.7.1995 (GrS 1/93), BStBl II 1995, S. 617; vgl. BFH v. 10.12.2001 (GrS 1/98), BStBl II, 2002, S. 291.

[411] BFH v. 3.7.1995 (GrS 1/93), BStBl II 1995, S. 617. Mit Verweis auf BFH v. 17.3.1981 (VIII R 149/78), BStBl II 1981, S. 522.

[412] BFH v. 10.12.2001 (GrS 1/98), BStBl II, 2002, S. 291.

[413] Vgl. zur Anwendung durch die Finanzverwaltung BMF v. 19.2.2003 (IV A 6 – S 2240 – 15/03), DB 2003, S. 692.

[414] Vgl. Vogelgesang, Besteuerung des gewerblichen Grundstückshandels, 2003, S. 844f.

betriebsbegriff laut *Bloehs* als „Klassenbegriff mit typologischen Merkmalen"[415]. Somit stellt der Bundesfinanzhof bei der Abgrenzung der Vermögensverwaltung vom Gewerbebetrieb bislang immer auf die Verkehrsauffassung, das Gesamtbild der Verhältnisse und das typische Bild des Gewerbebetriebs ab.[416]

Zusammenfassend kann festgehalten werden, dass für Abkommenszwecke auf den nationalen Unternehmensbegriff i. S. d. § 15 Abs. 2 EStG zurückgegriffen werden muss, wobei jedoch eine typologische Sichtweise erforderlich ist. Somit ist Gewerbebetrieb, was nach dem Gesamtbild der Betätigung als Gewerbebetrieb aufgefasst werden kann, wobei die typischen Charakteristika eines Gewerbebetriebs dem § 15 Abs. 2 EStG zu entnehmen sind.

2.2.2 Abkommensrechtliche Auslegung des nationalen Unternehmensbegriffes

Die Einordnung als Unternehmen aus abkommensrechtlicher Sicht richtet sich aus schließlich nach diesen im nationalen Recht verankerten Merkmalen des Unternehmensbegriffes. Es darf nur dieser abstrakte nationale Unternehmensbegriff ins Abkommensrecht übernommen werden. Dagegen ist nicht jede im nationalen Recht erfolgte Zuordnung zu § 15 EStG auch im Recht der Doppelbesteuerungsabkommen als Unternehmen zu werten. So kann beispielsweise bei einer gewerblich geprägten Personengesellschaft i. S. d. § 15 Abs. 3 Nr. 2 EStG kein Unternehmen angenommen werden, wenn diese lediglich vermögensverwaltend tätig ist.[417] Bei der gewerblichen Prägung handelt es sich um eine innerstaatliche Auslegung des Unternehmensbegriffes. Dieser konkrete nationale Unternehmensbegriff, nämlich die im nationalen Recht erfolgte Auslegung des Gewebebetriebsbegriffs, wird nicht Gegenstand des Abkommens.

Über Art. 3 Abs. 2 OECD-MA wird der Gewerbebetriebsbegriff von § 15 Abs. 2 EStG und dessen Verständnis als Typusbegriff in der nationalen Rechtsprechung ins Abkommensrecht übernommen.

Zwei Ebenen des nationalen Unternehmensbegriffes können also anhand des Abstraktionsgrades unterschieden werden: Es ist zu trennen zwischen der nationalen Einordnung eines Sachverhalts anhand einer Begriffsdefinition, d. h. der inner-

---

[415] Vgl. Bloehs, Abgrenzung privater Vermögensverwaltung von gewerblichen Grundstücksgeschäften, 2002, S. 1069.

[416] Zur Konkretisierung hat er jedoch immer weitere Untermerkmale (z. B. 3-Objekt-Grenze), anhand derer die Gewerblichkeit festgemacht werden soll, entwickelt. Vgl. Schmidt-Liebig, Indiz und Rechtsanwendung im Steuerrecht, 2003, S. 279.

[417] Vgl. z. B. Wassermeyer, 2001, in: Debatin/Wassermeyer, Doppelbesteuerung, MA Art. 7 Rn. 16a; vgl. Schaumburg, Internationales Steuerrecht, 1998, Rn. 16230; vgl. Vgl. hierzu auch Watermeyer, GmbH & Co. KG mit ausländischem Gesellschafter, 2000, S. 278. Anderer Ansicht hierzu ist jedoch die Finanzverwaltung, vgl. hierzu BMF v. 24.12.1999 (IV B 4-S 130-111/99), BStBl I, 1999, S. 1076, Tz. 1.1.5.1 und Tz. 1.1.5.5.

staatlichen Zuordnung zu der Begriffsbedeutung Gewerbebetrieb und dem Begriffsverständnis des § 15 Abs. 2 EStG als solchem. So wird beispielsweise die gewerblich geprägte Personengesellschaft i. S. d. § 15 Abs. 3 Nr. 2 EStG nur nach nationalem Recht als Gewerbebetrieb gewertet, während für Abkommenszwecke erneut zu prüfen ist, ob sie den Anforderungen des § 15 Abs. 2 EStG entspricht. Ist sie lediglich vermögensverwaltend tätig, weichen nationale Einordnung und abkommensrechtliche Bewertung voneinander ab: Nach innerstaatlichem Recht stellt sie aufgrund der gewerblichen Prägung einen Gewerbebetrieb dar, während sie nach dem Recht der Doppelbesteuerungsabkommen nicht dem § 15 Abs. 2 EStG entspricht und folglich dem Bereich der Vermögensverwaltung zugeordnet werden muss.

Es kommt nicht auf die letztendliche Einordnung durch das nationale Steuerrecht an, sondern lediglich auf die im innerstaatlichen Recht verankerten Kriterien, die zu so einer Einordnung führen können. Auch wenn die Einstufung einer Personengesellschaft nach nationalem Recht als gewerblich sich an dem Unternehmensbegriff orientiert, so handelt es sich hier um eine nationale Auslegung des Unternehmensbegriffes. Nach Abkommensrecht soll jedoch nicht auf die nationale Auslegung des Unternehmensbegriffes zurückgegriffen werden. Das Abkommen behält es sich vor, diese Auslegung des nationalen Unternehmensbegriffes selbst vorzunehmen. Auch wenn das Ergebnis sich weitgehend deckt, muss die Einordnung einer Gesellschaft als gewerblich oder vermögensverwaltend anhand der in § 15 Abs. 2 EStG kodifizierten Merkmale des Gewerbebetriebs bei Anwendung des Abkommens jedes Mal neu erfolgen. Es darf nicht auf das Ergebnis, das sich im nationalen Recht - sei es im Gesetz oder in der Rechtsprechung - tradiert hat, zurückgegriffen werden. Bei Anwendung des Doppelbesteuerungsabkommens erfolgt eine neue Beurteilung des Sachverhaltes, auch wenn das Begriffsverständnis dem nationalen Recht entnommen wird.

Der Begriff der „gewerblichen Tätigkeit" im abkommensrechtlichen Sinn weist somit keine vollständige Identität zum Gewerblichkeitsbegriff des § 15 Abs. 2 EStG auf. Auch wenn sich die beiden Gewerblichkeitsbegriffe weitgehend überschneiden, ist „in Grenzfällen [...] eine Abgrenzung nach der im Musterabkommen angelegten Systematik notwendig."[418]

Da die Gewerbebetriebsdefinition des § 15 Abs. 2 EStG und die Rechtsprechung zum Verständnis dieser Norm über Art. 3 Abs. 2 OECD-MA zum Gegenstand des Abkommens wird, unterliegt sie den völkerrechtlichen Auslegungsregeln. Bei der Auslegung des ursprünglich nationalen Unternehmensbegriffes sind somit die Besonderheiten der Abkommensauslegung, nämlich dass es sich um einen Vertrag handelt, zu berücksichtigen. Als Teil des Abkommens ist die Begriffsbedeutung

---

[418] Vgl. Kroppen, 2002, in: Becker/Höppner/Grotherr/Kroppen, DBA-Kommentar, Art. 7 OECD-MA, Rn. 46.

von „Unternehmen" vor dem Abkommenszusammenhang und –zweck zu interpretieren.

Während der Unternehmensbegriff im nationalen Recht vor dem Hintergrund des Willens des Gesetzgebers zu interpretieren ist, muss bei Verwendung des Unternehmensbegriffs im Abkommensrecht der Willen der Vertragsparteien bei Abschluss des Abkommen beachtet werden. Auch wenn der Unternehmensbegriff aus dem nationalen Recht stammt, ist er dennoch aus völkerrechtlicher Perspektive zu interpretieren, d. h. er muss im Abkommenszusammenhang und nicht mehr im Zusammenhang mit dem nationalen Einkommensteuergesetz bzw. der nationalen Rechtsprechung betrachtet werden.

3 Liegt bei der Betriebsaufspaltung abkommensrechtlich ein Unternehmen vor?

M. E. darf die nach nationalem Richterrecht erfolgte Einstufung der Personengesellschaft als Gewerbebetrieb nicht automatisch auf die Beurteilung nach Abkommensrecht durchschlagen. Es handelt sich bei dem Rechtsinstitut der Betriebsaufspaltung um eine konkrete nationale Auslegung des Unternehmensbegriffes. Die Besitzpersonengesellschaft muss für Zwecke der Abkommensanwendung anhand des abstrakten nationalen Unternehmensbegriffes erneut als Gewerbebetrieb oder als vermögensverwaltende Gesellschaft qualifiziert werden, da nur der Unternehmensbegriff i. S. d. § 15 Abs. 2 EStG und dessen Verständnis als Typusbegriff zum Gegenstand des Doppelbesteuerungsabkommens wird. Ob ein Gewerbebetrieb vorliegt, ist unabhängig von der nationalen Rechtsprechung zur Betriebsaufspaltung zu prüfen.

Bei dem Gewerbebetrieb kraft Rechtsinstitut der Betriebsaufspaltung handelt es sich um eine konkrete nationale Begriffsdefinition, die nicht über Art. 3 Abs. 2 OECD-MA übernommen werden darf. Es wäre nämlich nicht konsequent, die gewerbliche Prägung einer vermögensverwaltend tätigen Personengesellschaft i. S. d. § 15 Abs. 3 Nr. 2 EStG für Abkommenszwecke außer Acht zu lassen[419] und andererseits die Gewerblichkeit der grundsätzlich auch nur eine vermögensverwaltende Tätigkeit ausführenden Besitzpersonengesellschaft ohne weitere Prüfung für die Abkommensanwendung zu übernehmen. Es wird auch bei einer gewerblich geprägten Personengesellschaft i. S. d. § 15 Abs. 3 Nr. 2 EStG geprüft, ob sie aufgrund ihrer Tätigkeit ein Unternehmen i. S. d. Art. 7 OECD-MA darstellt oder dem Bereich der Vermögensverwaltung zuzuordnen ist.

---

[419] So zumindest Wassermeyer, 2001, in: Debatin/Wassermeyer, Doppelbesteuerung, Art. 7 MA Rn. 16a. Anderer Ansicht z. B. BMF v. 24.9.1999 (IV D 3 – S 1301 Ung – 5/99), IStR, 2000, S. 627.

Nachfolgend wird daher zunächst untersucht, woher die Besitzpersonengesellschaft ihre Gewerblichkeit nach nationalem Recht erhält bzw. auf welcher Konstruktion das Rechtsinstitut der Betriebsaufspaltung beruht. Anschließend wird der Frage nachgegangen, ob sie nach Abkommensrecht ebenfalls als gewerblich anzusehen ist.

3.1 Herkunft der Gewerblichkeit der Besitzgesellschaft nach nationalem Recht

Während die Personengesellschaft zwar selbstständig und nachhaltig, mit der Absicht Gewinn zu erzielen handelt, nimmt sie nicht am allgemeinen wirtschaftlichen Verkehr teil. Sie selbst erfüllt somit unmittelbar die Anforderungen eines Gewerbebetriebs grundsätzlich nicht. Die Besitzpersonengesellschaft nimmt für sich betrachtet nicht am Wirtschaftsleben teil, da sie den Verpachtungsgegenstand ausschließlich der Betriebskapitalgesellschaft anbietet.

Bei der Begründung der Gewerblichkeit der Besitzpersonengesellschaft im nationalen Recht gibt es grundsätzlich zwei verschiedene Ansätze. Während der Reichsfinanzhof[420] die Gewerblichkeit 1938 erstmals anhand einer Einheitsbetrachtung von Betriebs- und Besitzgesellschaft begründete, hat der Große Senat des Bundesfinanzhofs in seiner Entscheidung vom 8.11.1971[421] die Selbstständigkeit beider Unternehmen betont. Somit hat der Bundesfinanzhof hier die Betriebs- und die Besitzgesellschaft wirtschaftlich nicht mehr als ein Unternehmen betrachtet. Die beiden Gesellschaften erfüllten vielmehr eigenständig die Kriterien eines Gewerbebetriebs. Die Besitzgesellschaft würde das Kriterium der Teilnahme am allgemeinen wirtschaftlichen Verkehr verwirklichen, da sie wenn auch nicht unmittelbar, so doch zumindest mittelbar über die Betriebskapitalgesellschaft am Wirtschaftsleben teilnimmt. Somit wird hier die Gewerblichkeit anhand einer weiten Auslegung des Begriffes der „Teilnahme am allgemeinen wirtschaftlichen Verkehr" begründet.

Diesem Beschluss des Großen Senats zur Betriebsaufspaltung wurde in der darauf folgenden Rechtsprechung der zuständigen Senate des Bundesfinanzhofs allerdings nicht uneingeschränkt gefolgt.

Während in der Rechtsprechung zur Investitionszulage bei der Betriebsaufspaltung seit 1998 wieder eine Tendenz zur Einheitsbetrachtung zu beobachten ist,[422] hat der Bundesfinanzhof bei der Frage nach einem Durchschlagen einer Gewerbesteuer-

---

[420] Vgl. RFH v. 26.10.1938 (VI 501/38), RStBl, 1939, S. 282. Vgl. anschließend RFH v. 30.11.1939 (III 37/38), RStBl, 1940, S. 361; RFH v. 4.12.1940 (VI 660/38), RStBl, 1941, S. 26; RFH v. 6.8.1942 (III 25/42), RStBl, 1942, S. 971. Und später die Rechtsprechung des BFH, der zunächst diese Betrachtungsweise fortführte: vgl. BFH v. 22.1.1954 (III 232/52 U), BStBl III, 1954, S. 91; BFH v. 3.11.1959 (I 217/58 U), BStBl III, 1960, S. 50.
[421] Vgl. BFH v. 8.11.1971 (GrS 2/71), BStBl II, 1972, S. 63.
[422] Vgl. erstmals BFH v. 10.12.1998, (III R 50/95), BStBl II, 1999, S. 607. Vgl. hierzu auch Märkle, Betriebsaufspaltung an der Schwelle, 2000, S. 4.

befreiung der Betriebsgesellschaft auf die Besitzgesellschaft[423] sowie bei der Übertragung von Einzelwirtschaftsgütern zwischen Besitz- und Betriebsgesellschaft i. S. d. § 6 Abs. 6 S. 2 EStG wieder die Theorie von zwei selbstständigen Gewerbebetrieben verfolgt.

So kann ein Besitzunternehmen auch dann Anspruch auf die Investitionszulage haben, wenn nicht es selbst, jedoch das Betriebsunternehmen die Voraussetzungen für die Gewährung erfüllt und zwischen den Gesellschaften die betriebsvermögensmäßige Verbundenheit entsprechend lange anhält.[424] Somit werden die beiden Gesellschaften der Betriebsaufspaltung für Anwendung des Investitionszulagenrechts als einheitliches Unternehmen aufgefasst.

Andererseits lässt der Bundesfinanzhof eine Merkmalsübertragung von der Betriebs- auf die Besitzgesellschaft bei der Frage der Gewerbesteuerbefreiung nicht zu. Ist das Betriebsunternehmen von der Gewerbesteuer befreit, so wirkt sich diese Befreiung nicht auch auf das Besitzunternehmen aus.[425] Erklärt wird dies damit, dass „das Betriebsunternehmen nach der Art seiner Tätigkeit ein Gewerbe betreibt" und somit gewerbliche Einkünfte erzielt. Durch diese Gewerblichkeit werden die Einkünfte der Besitzgesellschaft ebenfalls als gewerblich qualifiziert.[426] Während die Gewerblichkeit übertragen wird, ist es jedoch nicht möglich, dass „auch die jedem der beiden Unternehmen anhaftenden Merkmale und die von ihnen verwirklichten steuerrechtlichen Tatbestandsmerkmale [..] ohne weiteres dem anderen Unternehmen zugerechnet werden"[427]. Somit wird zwar die Gewerblichkeit der Betriebsgesellschaft von der Besitzgesellschaft übernommen, nicht jedoch das Merkmal, das bei der Betriebsgesellschaft zu einer Gewerbesteuerbefreiung führt.

Diese rechtliche und wirtschaftliche Selbstständigkeit von Betriebs- und Besitzgesellschaft kommt seit dem 1.1.1999[428] auch bei der Übertragung von Einzelwirtschaftsgütern zum Ausdruck. Gem. § 6 Abs. 6 S. 2 EStG können einzelne Wirtschaftsgüter der Besitzpersonengesellschaft nicht zu Buchwerten auf die Betriebskapitalgesellschaft übertragen werden und es erfolgt eine Auflösung der stillen Reserven.[429]

---

[423] Vgl. zuletzt BFH v. 19.3.2002 (VIII R 57/99), BStBl II, 2002, S. 662.
[424] Vgl. Vgl. BFH v. 10.12.1998 (III R 50/95), BStBl II, 1999, S. 607. Vgl. BFH v. 28.1.1999 (III R 77/96), BStBl II, 1999, S. 610; außerdem BFH v. 16.3.2000 (III R 21/99), BStBl II, 2000, S. 700; vgl. BMF v. 13.9.1999, BStBl I, 1999, S. 839; vgl. Schmidt, in: Schmidt, EStG, 2003, § 15 Rn. 879.
[425] Vgl. z. B. BFH v. 13.10.1983 (I R 187/79), BStBl II, 1984, S. 115; BFH v. 30.9.1991 (IV B 21/91), BFH/NV, 1992, S. 333; BFH v. 18.12.1997 (X R 133/97), BFH/NV, 1998, S. 743; BFH v. 19.3.2002 (VIII R 57/99), BStBl II, 2002, S. 662.
[426] Vgl. Kempermann, Kommentar zu BFH v. 19.3.2002, 2002, S. 674.
[427] Vgl. BFH v. 19.3.2002 (VIII R 57/99), BStBl II, 2002, S. 662.
[428] Vgl. StEntlG 1999ff, BT-Drs. 14/23, S. 171.
[429] Vgl. Schmidt, in: Schmidt, EStG, 2003, § 15 Rn. 877.

So stellt *Gschwendtner* zu Recht die Frage, auf welcher Konstruktion die Betriebsaufspaltung beruhe.[430] Er selbst kommt zu dem Ergebnis, dass die Gewerblichkeit
überhaupt nicht aus den Merkmalen des § 15 Abs. 2 EStG abzuleiten ist und führt
mit Bezug auf das Bundesverfassungsgericht[431] aus: „Das Besitzunternehmen er-
fährt seine Qualifikation als Gewerbebetrieb aus den besonderen Chancen und Risiken, die die Verflechtung der beiden Unternehmen mit sich bringt. Wenn man
deshalb von einer ´gewerblichen Prägung´ des Besitzunternehmens durch das Betriebsunternehmen sprechen will, dann ist es diese besondere unternehmerische
Situation der beide Unternehmen beherrschenden und deren Geschäftsführung
beeinflussenden Gesellschafter, die diese Prägung herbeiführt."[432] Nach dieser Ansicht resultiert die Gewerblichkeit der Einkünfte aus der vermögensverwaltenden
Tätigkeit der Besitzpersonengesellschaft nicht aus der Gewerblichkeit der Betriebsgesellschaft, sondern unmittelbar aus der personellen und sachlichen Verflechtung
selbst bzw. aus dem dadurch entstehenden Risiko für die Gesellschafter.

Dieser Ansicht wird hier nicht gefolgt. M. E. kann aus einem Wagnis allein noch
keine Gewerblichkeit abgeleitet werden, da grundsätzlich auch eine vermögensverwaltende Tätigkeit ein hohes Risiko bergen kann. Zudem besteht die besondere
Gefahr der Gesellschafter nicht zuletzt darin, dass das Betriebsunternehmen am
Markt aktiv teilnimmt und die Risiken eines Gewerbebetriebs eingeht.

Zusammenfassend kann festgehalten werden, dass der Rechtsprechung zwei unterschiedliche Theorien zur Idee der Betriebsaufspaltung entnommen werden können.
Teilweise werden Besitz- und Betriebsgesellschaft als ein wirtschaftlich einheitliches
Unternehmen aufgefasst, teilweise wird davon ausgegangen, dass die Besitzgesellschaft autonom die Kriterien eines Gewerbebetriebs erfüllt, da sie sich über
die Betriebsgesellschaft am allgemeinen wirtschaftlichen Verkehr beteiligt.

3.2 Gewerblichkeit der Besitzgesellschaft nach Abkommensrecht?

Die Ausgangsfrage lautet: Stellt die Besitzpersonengesellschaft nach Abkommensrecht ebenso wie nach nationalem Recht einen Gewerbebetrieb dar?[433] Dies ist nur
dann der Fall, wenn die Besitzpersonengesellschaft die Anforderungen des abkommensrechtlichen Unternehmensbegriffes erfüllt.

3.2.1 Wirtschaftliche Betrachtungsweise bei Unternehmensgewinnen

Dem aus dem nationalen Recht gewonnenen Unternehmensbegriff sind ebenso
völkerrechtliche Auslegungsmaßstäbe anzulegen, wie im Abkommen selbst definierten Begriffen, da der nationale Unternehmensbegriff über Art. 3 Abs. 2

---

[430] Vgl. Gschwendtner, Merkmalsübertragung bei der Betriebsaufspaltung, 2002, S. 896.
[431] Vgl. BVerfG v. 14.1.1969 (1 BvR 136/62), BStBl II, 1969, S. 389.
[432] Vgl. Gschwendtner, Merkmalsübertragung bei der Betriebsaufspaltung, 2002, S. 897.
[433] Vgl. S. 118.

OECD-MA Teil des Abkommens ist. Somit ist dieser Begriff auch vor dem Hintergrund des Zusammenhangs bzw. des Ziels und Zwecks des Vertrages zu interpretieren.[434] Der aus dem nationalen Recht gewonnen Unternehmensbegriff darf nur im Kontext der restlichen Abkommensvorschriften verwendet werden. Gem. Art. 31 Abs. 1 WÜRV ist in die Auslegung der Abkommenszusammenhang sowie der Zweck der Vertragspartner miteinzubeziehen.

Das Ziel der Vertragspartner bezüglich der Zuweisung der Besteuerungsrechte für Unternehmensgewinne kommt durch das Betriebsstättenprinzip zum Ausdruck. Das Betriebsstättenprinzip besagt, dass bei Vorliegen einer Betriebsstätte i. S. d. Art. 5 OECD-MA nicht der Ansässigkeitsstaat sondern der Quellenstaat das Besteuerungsrecht ausüben darf. Dem liegt eine wirtschaftliche Betrachtungsweise zugrunde. Die Besteuerung soll in dem Vertragsstaat vorgenommen werden, dem der Unternehmensgewinn wirtschaftlich zuzuordnen ist.[435] Dem Betriebsstättenbegriff kommt im Abkommensrecht die Funktion zu, das Besteuerungsrecht von Unternehmensgewinnen zwischen den Vertragsstaaten aufzuteilen[436] bzw. für eine angemessene Verteilung der Steuereinnahmen zwischen den Vertragsstaaten zu sorgen.[437] Aus den Bestimmungen des Abkommens zur Unternehmensbesteuerung bzw. anhand des Betriebsstättenprinzips kann dem Abkommenszusammenhang entnommen werden, dass Gewinne, die in Zusammenhang mit einem Unternehmen entstehen, in dem Vertragsstaat besteuert werden, dem diese Gewinn wirtschaftlich zuzuordnen sind. Da der Unternehmensbegriff des nationalen Rechts wie ein eigener Begriff des Doppelbesteuerungsabkommens auszulegen ist, ist diese wirtschaftliche Betrachtungsweise auch bei der Auslegung des originär nationalen Begriffs anzuwenden.

3.2.2 Wirtschaftliche Betrachtung der Besitzpersonengesellschaft

Aufgrund der engen sachlichen und personellen Verflechtung können die beiden Gesellschaften einer Betriebsaufspaltung als wirtschaftliche Einheit gesehen werden. Wenn der Hintergrund der Zuweisung des Besteuerungsrechts bei Unternehmensgewinnen gerade der ist, dass die Gewinne entsprechend ihrer wirtschaftlichen Entstehung besteuert werden, muss m. E. die Gewerblichkeit der Besitzkapitalgesellschaft auch im Abkommensrecht berücksichtigt werden. Die Einnahmen, die der ausländische Gesellschafter erzielt, sind nur dadurch entstanden, dass die Besitzkapitalgesellschaft ein Unternehmen ist, welches eine selbstständige, nachhaltige Betätigung mit Gewinnerzielungsabsicht und mit Beteiligung am allgemeinen wirt-

---

[434] Vgl. 103ff.
[435] Vgl. Wassermeyer, 2001, in: Debatin/Wassermeyer, Doppelbesteuerung, Art. 7 MA, Rn. 2.
[436] Vgl. Tz. 1.2.1 der Betriebsstätten-Verwaltungsgrundsätze, BMF v. 24.12.1999 (IV B 4-S 130-111/99), BStBl I, 1999, S. 1076.
[437] Vgl. Wassermeyer, 2000, in: Debatin/Wassermeyer, Doppelbesteuerung, Art. 5 MA Rn. 2.

schaftlichen Verkehr ausübt. Und diese Besitzgesellschaft übt ihren Gewerbebetrieb ausschließlich im Inland aus.

Bei einer anderen Sichtweise würde diese Gewerblichkeit bei dieser Fallgestaltung im Abkommensrecht gänzlich verloren gehen. Bei Zugrundelegen einer wirtschaftlichen Betrachtungsweise, die auch dem Betriebsstättenprinzip zugrunde liegt, kann dies nicht dem Sinn des Abkommens entsprechen. Da bei wirtschaftlicher Betrachtungsweise die Besitzpersonengesellschaft und die Betriebskapitalgesellschaft als einheitliches Unternehmen betrachtet werden können und dem Betriebsstättenbegriff ebenfalls eine wirtschaftliche Betrachtungsweise zugrunde liegt, ist der Unternehmensbegriff im Falle einer Betriebsaufspaltung nach Abkommensrecht m. E. erfüllt. Somit muss für die Abkommensanwendung geprüft werden, ob nach dem Gesamtbild der Verhältnisse ein Unternehmen vorliegt. Dies schließt die Betrachtung der Tätigkeit der Betriebsgesellschaft mit ein.

Wenn aufgrund enger personeller und sachlicher Verflechtung die Besitz- und die Betriebsgesellschaft wirtschaftlich als Einheit betrachtet werden können, die ihrerseits die Gewerbebetriebseigenschaften des § 15 Abs. 2 EStG erfüllen, liegt im Inland ein Unternehmen im abkommensrechtlichen Sinn vor.

Während der Bundesfinanzhof in einem Einzelfall in seinem Urteil vom 12.11.1985[438] auch eine Betriebsaufspaltung annahm, obwohl das Betriebsunternehmen keinen Gewerbebetrieb darstellte und die Betriebsaufspaltung lediglich anhand der personellen und sachlichen Verflechtung begründete, darf dieses Ergebnis nicht mit in das Abkommensrecht übernommen werden. Vielmehr muss nach Abkommensrecht ein Gewerbebetrieb unter Betrachtung des Gesamtbildes vorliegen, um dem Abkommenszweck zu entsprechen. Betreibt die Betriebskapitalgesellschaft keinen Gewerbebetrieb, so kann für die Anwendung des Abkommens in keinem Fall ein Gewerbebetrieb vorliegen.

Somit stellt die Besitzpersonengesellschaft nach Abkommensrecht ein Unternehmen dar und kann für den ausländischen Gesellschafter eine Betriebsstätte i. S. d.

---

[438] Vgl. BFH v. 12.11.1985 (VIII R 240/81), BStBl II, 1986, S. 296.

Art. 5 OECD-MA im Inland begründen. Das Besteuerungsrecht bleibt dem Inland.[439]

4 Zusammenfassung

Der Unternehmensbegriff des § 15 Abs. 2 EStG und seine Anwendung als Typusbegriff werden über Art. 3 Abs. 2 EStG ins Abkommensrecht übernommen. Somit ist nach dem Gesamtbild der Verhältnisse zu prüfen, ob im Inland ein Gewerbebetrieb vorliegt. Das Gesamtbild der Verhältnisse schließt die Betriebskapitalgesellschaft mit ein. Eine Besitzpersonengesellschaft gilt nach Abkommensrecht dann als Gewerbebetrieb, wenn sie bei einheitlicher Betrachtung mit der Betriebskapitalgesellschaft ein Unternehmen darstellt. Vor dem Hintergrund des Abkommenszwecks der Vertragspartner, nämlich dass Unternehmensgewinne dort besteuert werden, wo sie entstanden sind, ist eine einheitliche Betrachtung der beiden Gesellschaften geboten. Entsprechend dem Betriebsstättenprinzip muss der Unternehmensteil in dem Vertragsstaat steuerlich erfasst werden, dem er zuzurechnen ist, hier also im Inland.

Kapitel 5   Steuerliche Behandlung der Beteiligung an der Betriebskapitalgesellschaft

1 Steuerliche Behandlung nach nationalem Recht

Ohne das Rechtsinstitut der Betriebsaufspaltung würde der ausländische Gesellschafter mit Dividenden aus der Kapitalgesellschaft beschränkt steuerpflichtige Einkünfte aus Kapitalvermögen i. S. d. § 49 Abs. 1 Nr. 5a EStG i. V. m. § 20 Abs. 1 Nr. 1 EStG beziehen. Die Anteile wären Privatvermögen des Gesellschafters und könnten allenfalls als private Veräußerungsgewinne i. S. d. § 49

---

[439] In Frage steht allerdings, inwieweit das Ausland die Einkünfte tatsächlich von der Besteuerung freistellt oder ob es zumindest aufgrund eines Aktivitätsvorbehalts, sofern im Abkommen vereinbart, nicht zu einer Freistellung, sondern lediglich zu einer Anrechnung der Steuern im Ausland kommt. Grundsätzlich könnte es sich bei den Einkünften der Besitzpersonengesellschaft um passive Einkünfte handeln. Diese Einkünfte sind jedoch lediglich in passive Einkünfte umqualifizierte Einkünfte einer originär aktiven gewerblichen Unternehmenstätigkeit. Die Einkünfte sind aufgrund der aktiven Tätigkeit der Betriebsgesellschaft entstanden. Wenn die Doppelbesteuerungsabkommen eine wirtschaftliche Betrachtungsweise anlegen und die Besitzpersonengesellschaft als Gewerbebetrieb anerkennen, dann kann ihren Einkünften gleichzeitig mit der Gewerblichkeit auch das Aktivitätsmerkmal zugesprochen werden. Somit wirkt m. E. die Aktivität der Betriebskapitalgesellschaft auf die Einkünfte der Besitzpersonengesellschaft auch insoweit, dass ein möglicher Aktivitätsvorbehalt nicht eingreifen kann. Die Einkünfte sind m. E. im Ansässigkeitsstaat des Gesellschafters unabhängig von der Existenz eines Aktivitätsvorbehalts freizustellen gem. Art. 23 A OECD-MA.

Abs. 1 Nr. 8 EStG oder im Falle wesentlicher Beteiligungen i. S. d. § 49 Abs. 1 Nr. 2e EStG der Besteuerung unterliegen.

Allerdings stellen die Anteile an der Betriebskapitalgesellschaft nach deutschem Steuerrecht notwendiges Sonderbetriebsvermögen II dar, wenn sie der Durchsetzung des einheitlichen geschäftlichen Betätigungswillens in der Betriebskapitalgesellschaft dienen.[440] Grundsätzlich ist ein Wirtschaftsgut dann zum Sonderbetriebsvermögen II zu rechnen, wenn es unmittelbar der Begründung oder Stärkung der Beteiligung eines Gesellschafters an einer Personengesellschaft dient.[441] Dementsprechend wird ein Gewinn aus der Veräußerung dieser Anteile nicht mehr der Privatsphäre zugeordnet, sondern fällt unter die gewerblichen Einkünfte. Ebenso sind Dividenden, die ihm aus diesen Anteilen zufließen, Sonderbetriebseinnahmen und werden als Einkünfte aus Gewerbebetrieb gem. § 15 Abs. 1 S. 1 Nr. 2 EStG der Besteuerung unterworfen.

Obwohl die Einordnung der Anteile an der Betriebskapitalgesellschaft als Sonderbetriebsvermögen in der Literatur immer wieder kritisiert wird, da fraglich ist, wie die wirtschaftliche Verflechtung der Gesellschaften der Stärkung der Rechtsstellung des Gesellschafters in der Personengesellschaft dienen kann[442], liegt nach ständiger Rechtsprechung des Bundesfinanzhofs[443] hier Sonderbetriebsvermögen II vor. Der Bundesfinanzhof schließt aus der wirtschaftlichen Verflechtung, dass die Beteiligung des Gesellschafters an der Kapitalgesellschaft der Beteiligung an der Personengesellschaft insofern dient, als er eine entsprechende Machtstellung in der Kapitalgesellschaft in den Dienst der Personengesellschaft stellen kann.[444]

Der Gewinn aus der Veräußerung des Anteils an der Besitzkapitalgesellschaft sowie Dividenden führen im Inland somit zu gewerblichen Einkünften i. S. d. § 49 Abs. 1 Nr. 2a EStG, da dieser sich ohne Einschränkung auf § 15 EStG bezieht.[445]

2 Behandlung nach Abkommensrecht

Nachfolgend wird der Frage nachgegangen, welcher Einkunftskategorie die Erträge, die dem ausländischen Gesellschafter aus seinem Anteil an der Betriebskapital-

---

[440] Vgl. BFH v. 8.11.1960 (I 131/59 S), BStBl III, 1960, S. 513.
[441] Vgl. BFH v. 3.3.1998 (VIII R 66/96), BStBl II, 1998, S. 383. Vgl. Bock, SBV II und Betriebsaufspaltung, 2000, S. 43.
[442] Vgl. z. B. Söffing, Überlegungen zum SBV II, 2003, S. 617.
[443] Vgl. BFH v. 16.4.1991 (VIII R 63/87), BStBl II, 1991, S. 832; vgl. BFH v. 23.7.1981 (IV R 103/78), BStBl II, 1982, S. 60; BFH v. 12.2.1992 (XI R 18/90), BStBl II, 1992, S. 723; vgl. BFH v. 21.5.1974 (VIII R 57/70), BStBl II, 1974, S. 613; vgl. BFH v. 8.3.1989 (X R 9/86), BStBl II, 1989, S. 714.
[444] Vgl. BFH v. 7.7.1992 (VIII R 2/87), BStBl II, 1993, S. 328. Vgl. hierzu auch Kempermann, Grenzen des SBV, 1997, S. 450ff.
[445] Vgl. BFH v. 18.5.1983 (I R 5/82), BStBl II, 1983, S. 771.

gesellschaft zufließen, angehören und ob diese Einkünfte seinem inländischen Mitunternehmeranteil an der Besitzpersonengesellschaft zuzurechnen sind.

2.1 Qualifizierung der Einkünfte

2.1.1 Dividenden

Bei der Qualifizierung der Dividenden der inländischen Betriebskapitalgesellschaft an den ausländischen Gesellschafter ist fraglich, inwieweit zu berücksichtigen ist, dass diese nach nationalem Recht als Sonderbetriebseinnahmen Einkünfte aus Gewerbebetrieb darstellen. Es geht speziell um die Entscheidung zwischen Unternehmensgewinnen i. S. d. Art. 7 OECD-MA und Dividenden i. S. d. Art. 10 OECD-MA.

Nach früherer Auffassung des Bundesfinanzhofs wurden Sonderbetriebseinnahmen als Unternehmensgewinne i. S. d. Art. 7 OECD MA behandelt.[446] Aufgrund des Vorrangs der spezielleren Einkunftsart[447] fallen Dividenden der Betriebskapitalgesellschaft jedoch grundsätzlich unter Art. 10 OECD-MA und unterliegen im Ansässigkeitsstaat des Gesellschafters der Besteuerung.[448] Wegen des Betriebsstättenvorbehaltes des Art. 10 Abs. 4 OECD-MA können sie jedoch als Unternehmensgewinne i. S. d. Art. 7 OECD-MA behandelt und somit im Quellenstaat besteuert werden, wenn die Beteiligung an der Betriebskapitalgesellschaft dem Betriebsvermögen einer inländischen Betriebsstätte bzw. der inländischen Besitzpersonengesellschaft tatsächlich zugerechnet werden können.[449] Bei tatsächlicher Zugehörigkeit der Dividenden zu einer inländischen Betriebsstätte i. S. d. Art. 5 OECD-MA (vgl. unten 2.2) werden die Einkünfte im Inland besteuert.

In einigen Doppelbesteuerungsabkommen sind allerdings Aktivitätsklauseln verankert, die für eine Steuerfreistellung i. S. d. Art. 23 A OECD-MA im Ansässigkeits-

---

[446] Vgl. zur Rechtsentwicklung Piltz, 2000, in: Debatin/Wassermeyer, Doppelbesteuerung, Art. 7 MA Rn. 108 m. w. N.

[447] Vgl. BFH v. 27.2.1991 (I R 96/89), BFH/NV, 1992, S. 385; vgl. BFH v. 26.2.1992 (I R 85/91), BStBl II, 1992, S. 937; BFH v. 14.7.1993 (I R 71/92), BStBl II, 1994, S. 91; BFH v. 31.5.1995 (I R 74/93), BStBl II, 1995, S. 683; vgl. BFH v. 30.8.1995 (I R 112/94), BStBl II, 1996, S. 563.

[448] Vgl. z. B. Lüdicke, Besteuerung von Personengesellschaften, 1997, S. 467. Vgl. Günkel/Lieber, Abkommensrechtliche Qualifikation von Sondervergütungen, 2000, S. 854ff. Anderer Ansicht allerdings ist die Finanzverwaltung, welche diese Einkünfte unmittelbar unter die Unternehmensgewinne i. S. d. Art. 7 OECD-MA subsumiert. Vgl. BMF v. 24.12.1999 (IV B 4-S 1300-111/99), BStBl I, 1999, S. 1076, Tz. 1.2.3; ebenso OECD, Partnerships, 1999, Rn. 94ff. Ausführlich zur Behandlung von Sondervergütungen in der Rechtsprechung des BFH und aus Sicht der OECD vgl. Weggenmann, Sondervergütungen, 2002, S. 1ff.

[449] Vgl. u. a. BFH v. 30.8.1995 (I R 112/94), BStBl II, 1996, S. 563.

staat des Gesellschafters eine sog. aktive Tätigkeit[450] der Betriebsstätte voraussetzen. Nach Ansicht des Bundesfinanzhofs[451] fällt der Bezug von Dividenden jedoch unter die sog. passiven Einkünfte.[452] Sofern diese Ansicht in der ausländischen Steuerrechtsordnung ebenso vorherrscht, könnte in einzelnen Doppelbesteuerungsabkommen für diese Dividenden statt der Freistellungsmethode die Anrechnungsmethode i. S. d. Art. 23 B OECD-MA zur Anwendung kommen.

2.1.2 Veräußerungsgewinne

Der Gewinn aus der Veräußerung von Anteilen an einer Kapitalgesellschaft fällt in den Anwendungsbereich von Art. 13 OECD-MA, da Gewinne aus der Veräußerung von Sonderbetriebsvermögen eindeutig nicht zur operativen Geschäftstätigkeit zählen ist und Art. 7 OECD-MA somit keine Anwendung findet.[453]

Die Kapitalgesellschaftsanteile können „bewegliches Vermögen"[454] i. S. d. Art. 13 Abs. 2 OECD-MA sein.[455] Sind die Kapitalgesellschaftsanteile dem Betriebsvermögen der Betriebsstätte zuzuordnen, findet Art. 13 Abs. 2 OECD-MA Anwendung und der Veräußerungsgewinn unterliegt im Quellenstaat der Besteuerung.[456] Gewinne aus der Veräußerung von Anteilen an Kapitalgesellschaften aus Betriebsvermögen, welches nicht der Betriebsstätte im Inland zugerechnet werden kann, werden gem. Art. 13 Abs. 5 OECD-MA im Ansässigkeitsstaat des Gesellschafters besteuert.

Somit ist es für die Zuteilung des Besteuerungsrechts von entscheidender Bedeutung, ob die Kapitalgesellschaftsanteile im Abkommensrecht als Betriebsvermögen der Betriebsstätte gesehen werden können. Der Gewinn aus der Veräußerung der Beteiligungen gem. Art. 13 Abs. 2 OECD-MA ist dem Quellenstaat zuzuordnen,

---

[450] Hierzu zählt regelmäßig mindestens die Herstellung und der Verkauf von Gütern und Waren, sowie Bank- und Versicherungsgeschäfte; vgl. z. B. Krawitz/Büttgen-Pöhland/Hick, Aktivitätsvorbehalte bei Einkünften aus ausländischen Kapitalgesellschaften, 2003, S. 111.

[451] Vgl. BFH v. 7.8.2002 (I R 10/01), BStBl II, 2002, S. 848.

[452] Vgl. hierzu ausführlich Strunk/Kaminski, Besteuerung von ausländischen Betriebsstätten und Personengesellschaften, 2003, S. 184; vgl. Mössner, BFH-Rechtsprechung zu DBA im Jahr 2002, 2003, S. 299.

[453] Vgl. Piltz, Veräußerung von SBV unter den DBA, 1996, S. 458. Wassermeyer macht die Zuordnung anhand der Unterscheidung zwischen Anlagevermögen und Umlaufvermögen fest. Vgl. ders., 2002, in: Debatin/Wassermeyer, Doppelbesteuerung, Art. 13 MA Rn. 2. Dies führt im vorliegenden Fall jedoch zum gleichen Ergebnis. Zur Abgrenzung zwischen Art. 7 und Art 13 OECD-MA vgl. auch Schmalz, Veräußerung von Beteiligungen, 2003, S. 292f.

[454] Zum Begriff des beweglichen Vermögens vgl. auch die Ausführungen auf S. 82f.

[455] Vgl. Schaumburg, Internationales Steuerrecht, 1998, Rn. 16.389.

[456] Vgl. Henkel, in: Mössner, Steuerrecht international tätiger Unternehmen, 1998, F 323; vgl. Wassermeyer, 2002, in: Debatin/Wassermeyer, Doppelbesteuerung, Art. 13 MA Rn. 135.

„wenn und soweit die Beteiligung tatsächlich zu der Betriebsstätte der Personengesellschaft gehört"[457].

2.2 Zugehörigkeit der Beteiligung zum Betriebsvermögen der Betriebsstätte

Nach der hier vertretenen Ansicht kann dem Gesellschafter mit der Beteiligung an der inländischen Besitzpersonengesellschaft grundsätzlich eine Betriebsstätte vermittelt werden.[458] Fraglich ist jedoch, ob seine Beteiligung an der Betriebskapitalgesellschaft und somit Dividenden bzw. Gewinne aus der Veräußerung der Anteile ebenfalls dieser Betriebsstätte zugerechnet werden können.

Unterschieden wird zwischen der „tatsächlichen"[459] und der „rechtlichen" Zugehörigkeit. Die Beteiligung lässt sich tatsächlich der Betriebsstätte zuordnen, wenn sie in einem funktionalen Zusammenhang zu der in der Betriebsstätte ausgeübten Unternehmenstätigkeit steht.[460] Dieser orientiert sich an den Grundsätzen der funktionalen Betrachtungsweise i. S. d. § 8 AStG.[461]

Piltz[462] fasst die Voraussetzungen, unter denen eine Beteiligung neben der rechtlichen Zugehörigkeit auch tatsächlich zur Betriebsstätte gehört folgendermaßen zusammen:

- Der Vermögenswert steht in einem funktionalen Zusammenhang zu einer in der Betriebsstätte ausgeübten aktiven Tätigkeit.

- Die Erträge des Vermögenswertes stellen sich bei funktionaler Betrachtungsweise als Nebenerträge dar, die nach der Verkehrsauffassung das Schwergewicht der in der Betriebsstätte ausgeübten Unternehmenstätigkeit ausmacht.

- Wirtschaftsgüter, die Sonderbetriebsvermögen darstellen, dürfen nicht ohne weitere Prüfung auch nach Abkommensrecht zum Betriebsvermögen der Personengesellschaft gerechnet werden, da es sich bei Sonderbetriebsvermögen lediglich um eine rechtliche Zuordnung anhand von § 15 EStG

---

[457] Piltz, 2000, in: Debatin/Wassermeyer, Doppelbesteuerung, Art. 7 MA Rn. 121, vgl. ders., Veräußerung von SBV unter den DBA, 1996, S. 457ff. Vgl. auch Schmalz, Veräußerung von Beteiligungen, 2003, S. 297; vgl. Lüdicke, Besteuerung von Personengesellschaften, 1997, S. 476.

[458] Vgl. Ausführungen in Kapitel 4.

[459] Vgl. erstmals ausführlich zu diesem Begriff Nr. 3 des Memorandums v. 18.10.65 zum Protokoll des DBA Deutschland/USA 1954/65.

[460] Vgl. hierzu die in Fn. 447 aufgeführte Rechtsprechung. Vgl. ausführlich zur Entwicklung der Rechtsprechung Wassermeyer, 2001, in: Debatin/Wassermeyer, Doppelbesteuerung, Art. 10 MA Rn. 133ff. Vgl. Lüdicke, Besteuerung von Personengesellschaften, 1997, S. 469.

[461] Vgl. Lüdicke, Besteuerung von Personengesellschaften, 1997, S. 469. Vgl. zum Begriff der funktionalen Betrachtungsweise im AStG Wassermeyer, 2002, in: Flick/Wassermeyer/Baumhoff, § 8 Rn. 31-47. Kritisch zur Anwendung der Grundsätze des § 8 AStG vgl. Ronge, SBV im Abkommensrecht, 2000, S. 147.

[462] Vgl. Piltz, Veräußerung von SBV unter den DBA, 1996, S. 460.

handelt.[463] Im Regelfall ist eine Qualifizierung als Betriebsvermögen zu verneinen.[464]

Anteile eines Gesellschafters einer i. S. d. § 15 Abs. 3 Nr. 2 EStG gewerblich geprägten Personengesellschaft an der Komplementär-GmbH werden ebenso lediglich kraft rechtlicher Fiktion zu Sonderbetriebsvermögen.[465] In einem Urteil vom 26.2.1992 hat der Bundesfinanzhof[466] die Anteile eines Gesellschafters einer GmbH & Co. KG an der Komplementär-GmbH funktional der Personengesellschaft zugeordnet, da sich die Tätigkeit der GmbH ausschließlich auf die Geschäftsleitung der GmbH & Co. KG beschränkt hat und die Beteiligungserträge nur Nebenerträge der Betriebsstättentätigkeit darstellten. Demnach ist eine tatsächliche Zugehörigkeit anzunehmen, „wenn die Beteiligung in einem funktionalen Zusammenhang zu einer in der Betriebsstätte ausgeübten aktiven Tätigkeit steht und sich deshalb die Beteiligungserträge bei funktionaler Betrachtungsweise als Nebenerträge der aktiven Betriebstätigkeit darstellen"[467].

Die Anteile an der Betriebskapitalgesellschaft stellen ebenfalls lediglich Sonderbetriebsvermögen aufgrund der rechtlichen Zuordnung von § 15 EStG dar. Ob diese nun auch tatsächlich als Betriebsvermögen der Betriebsstätte angesehen werden können, ist fraglich. *Vogel*[468] legt den Begriff der tatsächlichen Zugehörigkeit dahingehend aus, dass ein starker wirtschaftlicher Zusammenhang zur Betriebsstätte bestehen muss. Bei konsequenter Anwendung dieser Ansicht müssten die Anteile der Betriebskapitalgesellschaft somit dem Betriebsvermögen der Besitzpersonengesellschaft zugeordnet werden, mit der Folge, dass die aus der Beteiligung fließenden Erträge im Inland besteuert werden.[469]

Ortenburg[470] stellt in seiner Definition der tatsächlichen Zugehörigkeit gerade auf den Gedanken, der der Qualifikation als Sonderbetriebsvermögens II bei der Betriebsaufspaltung zugrunde liegt, ab. Demnach ist tatsächliche Zugehörigkeit dann geben, wenn hierdurch die wirtschaftliche Kraft der Betriebsstätte gestärkt wird. Genau das ist im vorliegenden Fall gegeben.

M. E. steht die Beteiligung an der Betriebskapitalgesellschaft in einem funktionalen Zusammenhang zu der in der Betriebsstätte ausgeübten Tätigkeit. Wenn die Beteiligung des Gesellschafters an der Besitzpersonengesellschaft ihm eine Betriebsstätte

---

[463] Vgl. BFH v. 27.2.1991 (I R 15/89), BStBl II, 1991, S. 444; vgl. Schaumburg, Internationales Steuerrecht, 1998, Rn. 16.395.

[464] Vgl. BFH v. 27.2.1991 (I R 15/89), BStBl II, 1991, S. 444; vgl. Piltz, Veräußerung von SBV unter den DBA, 1996, S. 460.

[465] Vgl. Lüdicke, Besteuerung von Personengesellschaften, 1997, S. 471.

[466] Vgl. BFH v. 26.2.1992 (I R 85/91), BStBl II, 1992, S. 937.

[467] Vgl. in den Entscheidungsgründen unter II 3.c) cc).

[468] Vgl. Vogel, in: Vogel/Lehner, DBA, 2003, Vor Art. 10-12 Rn. 24ff.

[469] Vgl. Ronge, SBV im Abkommensrecht, 2000, S. 145.

[470] Vgl. Ortenburg, 1981, in: F/W/W/K, DBA Deutschland-Schweiz, Art. 11 Rn. 60.

aufgrund wirtschaftlicher Betrachtungsweise vermitteln kann, wäre es inkonsequent, den funktionalen Zusammenhang nicht auch hier zu berücksichtigen. Die Qualifizierung der Anteile als Sonderbetriebsvermögen nach nationalem Recht resultiert gerade aus dem Gedanken, dass die beiden Gesellschaften wirtschaftlich so eng miteinander verflochten sind. Die Besitzpersonengesellschaft und die Betriebskapitalgesellschaft ergänzen sich wirtschaftlich. Die Betriebsgesellschaft kann ohne die von der Besitzgesellschaft überlassene wesentliche Betriebsgrundlage ihren Betrieb nicht fortführen.

Obwohl die Betriebsstätte originär keine aktive Tätigkeit ausübt, stellt sie bei wirtschaftlicher Betrachtungsweise mit der Betriebskapitalgesellschaft eine wirtschaftliche Einheit dar, welche die Aktivitätsmerkmale erfüllt.

Ebenso handelt es sich bei den Dividenden, die dem Gesellschafter aus der Betriebskapitalgesellschaft zufließen lediglich um Nebenerträge der in der Besitzpersonengesellschaft ausgeübten Tätigkeit. Haupterträge der Personengesellschaft sind die Pachteinnahmen aus der Verpachtung der einzelnen Wirtschaftsgüter. Hintergrund der Beteiligung an der Kapitalgesellschaft ist nicht eine Vermögensanlage, sondern die Teilnahme am wirtschaftlichen Verkehr. Diese ist vorrangiges Ziel des Gesellschafters. Der Mittelzufluss aus der Betriebskapitalgesellschaft zu den Gesellschaftern erfolgt in erster Linie über die Pachtzahlungen. Diese sind auf Ebene der Kapitalgesellschaft abzugsfähig, wohingegen die Dividenden bereits versteuerten Gewinn darstellen.

Die Beteiligung an der Betriebskapitalgesellschaft stellt m. E. somit nicht nur nach nationalem Recht, sondern auch für Zwecke des Abkommensrechts Betriebsvermögen der Besitzpersonengesellschaft bzw. einer inländischen Betriebsstätte dar.

Dies wird dadurch untermauert, dass das Vermögen der Betriebsgesellschaft bei einer Betriebsaufspaltung regelmäßig ohnehin sehr gering ist. Das Vermögen der Betriebsgesellschaft beschränkt sich in der Regel auf das Umlaufvermögen, wohingegen das Anlagevermögen der Besitzgesellschaft gehört. Insofern besitzt der Gesellschafter mit der Beteiligung an der Betriebskapitalgesellschaft mittelbar Wirtschaftsgüter, die für das operative Geschäft erforderlich sind. Es besteht ein enger wirtschaftlicher Zusammenhang zwischen dem Vermögen der Betriebsgesellschaft und dem der Besitzgesellschaft. Der Gesellschafter würde ohne das rechtliche Konstrukt der Betriebsaufspaltung, d. h. ohne das Zwischenschalten der Betriebsgesellschaft, das Vermögen, welches die Betriebsgesellschaft besitzt, in seinem Betriebsvermögen oder seinem Sonderbetriebsvermögen bei der Personengesellschaft halten. Mithin kann die Beteiligung an der Betriebsgesellschaft m. E. der Betriebsstätte zugerechnet werden.

Da die Veräußerungsgewinne entsprechend der Zuordnung der laufenden Einkünfte dort besteuert werden sollen, wo auch die Dividenden besteuert werden dürfen, hat m. E. sowohl die Besteuerung der Dividenden (Art. 10 Abs. 4 OECD-MA

i. V. m. Art. 7 OECD-MA), als auch die der Veräußerungsgewinne (Art. 13 Abs. 2 OECD-MA) im Inland zu erfolgen.

Kapitel 6   Zusammenfassung

Die Ausgangsfrage lautete: Wie wird eine inländische Betriebsaufspaltung mit ausländischem Gesellschafter nach Abkommensrecht behandelt? Hiervon ausgehend wurde folgendes festgestellt:

Die originäre Qualifizierung der Pachteinnahmen des ausländischen Gesellschafters findet unabhängig davon statt, ob diese Einkünfte nach nationalem Recht Einkünfte aus Vermietung und Verpachtung oder gewerbliche Einkünfte darstellen. Insofern können die mit der Betriebsaufspaltung verbundenen nationalen Rechtsfolgen bei der Einkunftsqualifizierung dahinstehen. Bedeutung erlangt die Betriebsaufspaltung jedoch im Rahmen der Betriebsstättenvorbehalte von Art. 12 Abs. 3 OECD-MA und Art. 21 Abs. 2 OECD-MA, nach denen die Einkünfte im Inland besteuert werden dürfen, wenn eine inländische Betriebsstätte vorliegt, der die Einkünfte zugerechnet werden können, da eine Betriebsstätte i. S. d. Art. 5 OECD-MA das Vorhandensein eines Unternehmens voraussetzt.

Gleiches gilt nach Art. 13 Abs. 2 OECD-MA für die Veräußerung von den Pachtobjekten, deren Überlassung vorher gem. Art. 12 Abs. 3 OECD-MA und Art. 21 Abs. 2 OECD-MA zu Unternehmensgewinnen i. S. d. Art. 7 OECD-MA geführt hat.

Mithin ist für die Zuweisung des Besteuerungsrechts ausschlaggebend, ob die Besitzpersonengesellschaft nicht nur innerstaatlich, sondern auch abkommensrechtlich als Unternehmen zu werten ist.

Da im Abkommen keine Definition des Unternehmensbegriffes erfolgt, muss über Art. 3 Abs. 2 OECD-MA auf nationales Recht zurückgegriffen werden. Ein Rückgriff auf nationales Recht auf die Weise zu erfolgen, dass nur der Unternehmensbegriff als solcher, nicht jedoch die Wertung der Besitzgesellschaft als Unternehmen ins Abkommensrecht übernommen werden darf. Somit wird § 15 Abs. 2 EStG, sowie dessen Behandlung als Typusbegriff im innerdeutschen Richterrecht über Art. 3 Abs. 2 OECD-MA zu einem Bestandteil des Abkommens, der entsprechend völkerrechtlicher Grundsätze vor dem Hintergrund des Ziels und Zwecks der Abkommenspartner ausgelegt werden muss.

Der gemeinsame Wille der Vertragsstaaten bezüglich der Besteuerung von Unternehmensgewinnen manifestiert sich im Betriebsstättenprinzip. Demzufolge soll eine Besteuerung gewerblicher Einkünfte in dem Vertragsstaat vorgenommen werden, dem sie wirtschaftlich zuzuordnen sind. Da entsprechend der nationalen Rechtsprechung zu § 15 Abs. 2 EStG auf das Gesamtbild der Verhältnisse abzustellen ist und somit die Betriebsgesellschaft mit in die Betrachtung miteinbezogen werden muss und es zugleich dem Zweck des Abkommens entspricht, dort zu besteuern, wo die Gewinne erwirtschaftet werden, liegt ein Gewerbebetrieb vor und die Voraussetzungen des Art. 5 OECD-MA sind erfüllt. Somit kann dem ausländischen Gesellschafter mit der Beteiligung an der Besitzpersonengesellschaft eine Betriebsstätte im Inland vermittelt werden. Die Pachtzahlungen der Betriebskapitalgesellschaft können also im Inland besteuert werden.

Gewinne aus der Veräußerung von Anteilen an der Betriebskapitalgesellschaft, die nach nationalem Recht Sonderbetriebsvermögen darstellen, sowie die aus diesen Anteilen fließende Dividenden können ebenfalls dieser Betriebsstätte zugeordnet werden. Neben der rechtlichen Zugehörigkeit zu der Besitzpersonengesellschaft ist auch die tatsächliche Zugehörigkeit erfüllt, da die Anteile an der Betriebskapitalgesellschaft in einem funktionalen Zusammenhang zu der Besitzgesellschaft stehen. Die Beteiligung an der Kapitalgesellschaft erfolgt in erster Linie nicht, um Dividenden zu erhalten, sondern um über diese am wirtschaftlichen Verkehr teilnehmen zu können, indem die am Markt erwirtschafteten Erträge in Form von Pachtzahlungen an die Besitzpersonengesellschaft weitergeleitet werden.

Zusammenfassend kann festgehalten werden, dass sich das Rechtsinstitut der Betriebsaufspaltung zwar nicht unmittelbar, zumindest jedoch mittelbar auf die Anwendung des Abkommensrechtes auswirkt. Obwohl die Rechtsfolgen der Betriebsaufspaltung nicht ohne weiteres ins Abkommensrecht übernommen werden können, so ergeben sich bei weitgehend autonomer Auslegung des Abkommens dennoch abkommensrechtliche Folgen, die denen der inländischen Betriebsaufspaltung entsprechen.

Abschnitt 4   Betriebsaufspaltung über die Grenze

Wird im Rahmen einer Betriebsaufspaltung[471] die sachliche Verflechtung grenzüberschreitend verwirklicht, d. h. befindet sich entweder das Besitzunternehmen oder das Betriebsunternehmen im Ausland, wird von einer Betriebsaufspaltung über die Grenze gesprochen.[472] In Kapitel 1 werden die steuerlichen Folgen einer Nutzungsüberlassung vom Ausland ins Inland untersucht, anschließend wird in Kapitel 2 auf den umgekehrten Fall, Besitzgesellschaft im Inland, Betriebsgesellschaft im Ausland, eingegangen.

Kapitel 1   Betriebsaufspaltung mit ausländischer Besitzgesellschaft

Dieses Kapitel widmet sich der steuerlichen Behandlung einer Betriebsaufspaltung mit ausländischer Besitzpersonengesellschaft und inländischer Betriebskapitalgesellschaft. Denkbar ist, dass Gesellschafter der Besitzpersonengesellschaft im Inland oder Ausland unbeschränkt steuerpflichtig sind. Nur wenn die Gesellschafter ebenfalls im Ausland ansässig sind, entsteht ein typisches Problem der Betriebsaufspaltung über die Grenze. Auf die ausländische Besitzpersonengesellschaft mit inländischen Gesellschaftern wird daher nur kurz eingegangen.

1   Besteuerung inländischer Gesellschafter

Beteiligen sich inländische Gesellschafter mit Wohnsitz i. S. d. § 8 AO oder gewöhnlichem Aufenthalt im Inland i. S. d. § 9 AO[473] an der ausländischen Besitzpersonengesellschaft, erfolgt im Rahmen der unbeschränkten Steuerpflicht der Gesellschafter nach Maßgabe des Welteinkommensprinzips eine Besteuerung ihrer Einkünfte im Inland.

1.1   Steuerliche Folgen des Pachtverhältnisses

Da die inländischen Gesellschafter der ausländischen Besitzpersonengesellschaft der unbeschränkten Steuerpflicht im Inland unterliegen, sind die Grundsätze der Betriebsaufspaltung zu beachten.[474] Die Rechtsfolgen der Betriebsaufspaltung treten ein und die Gesellschafter erzielen mit den Pachteinnahmen und mit Gewinnen aus der Veräußerung des Pachtgegenstandes gewerbliche Einkünfte i. S. d. § 15

---

[471]   Entsprechend der Eingrenzung in Abschnitt 2 wird weiterhin nur der Fall der sog. eigentlichen Betriebsaufspaltung betrachtet, d. h. dass es sich bei der Besitzgesellschaft um eine Personengesellschaft handelt, die Betriebsgesellschaft hingegen in der Rechtsform einer Kapitalgesellschaft geführt wird.

[472]   Vgl. die Begriffsabgrenzung auf S. 24.

[473]   Zur Unterscheidung vgl. S. 69.

[474]   Vgl. Schmidt, in: Schmidt, EStG, 2003, § 15 Rn. 862. Vgl. ausführlicher hierzu auch ab S. 152.

EStG. Je nach Umfang und Ausgestaltung der beschränkten Steuerpflicht im Domizilstaat der Besitzpersonengesellschaft kann es aufgrund der gleichzeitigen Erhebung von ausländischen Quellensteuern zu einer steuerlichen Doppelbelastung kommen.[475]

Bei Bestehen eines Doppelbesteuerungsabkommens wird das Besteuerungsrecht bei Überlassung von unbeweglichem Vermögen gem. Art. 6 Abs. 1 OECD-MA dem Belegenheitsstaat zugewiesen. Handelt es sich bei dem Pachtgegenstand um bewegliches Vermögen oder Rechte, weisen Art. 21 Abs. 1 OECD-MA und Art. 12 Abs. 1 OECD-MA das Besteuerungsrecht dem Ansässigkeitsstaat des Gesellschafters, also dem Inland zu. Der in Art. 12 Abs. 3 OECD-MA und Art. 21 Abs. 2 OECD-MA verankerte Betriebsstättenvorbehalt, der eine Besteuerung der Einkünfte gem. Art. 7 OECD-MA im Ausland vorschreibt, erlangt nur Geltung, wenn die Einkünfte einer ausländischen Betriebsstätte i. S. d. Art. 5 OECD-MA zuzurechnen sind.

Die Beteiligung an der Besitzpersonengesellschaft kann dem Gesellschafter jedoch nur dann eine Betriebsstätte im Ausland vermitteln, wenn die ausländische Besitzpersonengesellschaft abkommensrechtlich als Gewerbebetrieb qualifiziert werden kann.

Was jedoch unter einem Gewerbebetrieb bzw. einem Unternehmen zu verstehen ist, wird im Abkommen nicht näher definiert, so dass über Art. 3 Abs. 2 OECD-MA ein Rückgriff auf die Begriffsbedeutung des nationalen Rechts erforderlich ist. Es muss auf den in § 15 Abs. 2 EStG beschriebenen Typus des Gewerbebetriebs zurückgegriffen werden.[476] Aufgrund ihrer ausschließlich vermögensverwaltenden Tätigkeit kann die Besitzpersonengesellschaft jedoch nicht als Gewerbebetrieb qualifiziert werden. Sie kann daher ihren Gesellschaftern keine Betriebsstätte vermitteln. Dies hat zur Folge, dass Art. 7 OECD-MA nicht einschlägig ist. Im Gegensatz zu der in Abschnitt 2 betrachteten Fallkonstellation[477], bei der beide Gesellschaften im Inland und lediglich der/die Gesellschafter im Ausland ansässig ist/sind, stellt die Besitzpersonengesellschaft keinen Gewerbebetrieb dar. Da sich die Betriebsgesellschaft im Inland befindet, kann keine einheitliche wirtschaftliche Betrachtung der beiden Gesellschaft im Ausland erfolgen. Da die die Gewinne auch wirtschaftlich dem Inland zuzuordnen sind, wird das Besteuerungsrecht dem Inland zugewiesen. Dieses Schicksal teilen gem. Art. 13 Abs. 5 OECD-MA auch etwaige Gewinne aus der Veräußerung des Pachtobjekts.

---

[475] Ausführlicher zur Besteuerung inländischer Gesellschafter einer ausländischen Personengesellschafter vgl. z. B. Jacobs, Internationale Unternehmensbesteuerung, 2002, S. 586ff.
[476] Vgl. ausführlich auch S. 124ff.
[477] Vgl. S. 23ff.

1.2 Steuerliche Folgen der Beteiligung an der Betriebskapitalgesellschaft

Die steuerlichen Folgen der Beteiligung an der Betriebskapitalgesellschaft entsprechen denen einer rein inländischen Betriebsaufspaltung. Die Anteile der Gesellschafter der Besitzgesellschaft zählen zum notwendigen Betriebsvermögen der Besitzpersonengesellschaft bzw. zum notwendigen Sonderbetriebsvermögen II der Gesellschafter. Aufgrund der Qualifizierung der Anteile an der Kapitalgesellschaft als Sonderbetriebsvermögen II stellen Dividendenbezüge Sonderbetriebseinnahmen dar und werden dementsprechend als Einkünfte aus Gewerbebetrieb i. S. d. § 15 EStG versteuert. Eine steuerfreie Veräußerung der Anteile ist nicht möglich, da sie nicht mehr der Privatsphäre zuzurechnen sind.

2 Besteuerung bei ausländischem Gesellschafter

Problematisch ist der Fall einer Betriebsaufspaltung mit ausländischer Besitzgesellschaft, wenn nicht nur die Gesellschaft, sondern auch ihre Gesellschafter im Ausland ansässig sind. Diese Gesellschafter sind grundsätzlich im Ausland mit ihrem Welteinkommen unbeschränkt steuerpflichtig. Gleichzeitig können sie jedoch mit ihren inländischen Einkünften im Inland der beschränkten Steuerpflicht i. S. d. § 1 Abs. 4 EStG i. V. m. § 49 EStG unterliegen.

Die nachfolgenden Ausführungen erfolgen ausschließlich aus einkommensteuerlicher Perspektive. Außer Betracht gelassen werden dabei Fragen der Gewerbesteuer. Gem. § 2 Abs. 1 S. 1 GewStG unterliegt der Gewerbesteuer jeder stehende Gewerbebetrieb, soweit er im Inland betrieben wird. Ein Gewerbebetrieb wird gem. § 2 Abs. 1 S. 3 GewStG im Inland betrieben, soweit für ihn eine Betriebsstätte unterhalten wird.[478] Da die ausländische Besitzpersonengesellschaft keine Betriebsstätte i. S. d. § 12 AO für ein Gewerbe im Inland unterhält[479] entfällt die Gewerbesteuerpflicht.[480] Bei der inländischen Betriebsgesellschaft sind daher die Pachtzinsen, sofern es sich bei dem Pachtobjekt nicht um Grundbesitz handelt, gem. § 8 Nr. 7 GewStG hälftig hinzuzurechnen.[481]

---

[478] Selbst die Annahme eines ständigen Vertreters i. S. d. § 13 AO reicht nicht für die Entstehung der Gewerbesteuerpflicht nicht aus.

[479] Vgl. BFH v. 10.6.1966 (VI B 31/63), BStBl III, 1966, S. 598; vgl. BFH v. 28.7.1982 (IR 196/79), BStBl II, 1983, S. 77.

[480] Vgl. Piltz, Betriebsaufspaltung über die Grenze?, 1981, S. 2045; vgl. Becker/Günkel. Betriebsaufspaltung über die Grenze, 1993, S. 493.

[481] Vgl. Becker/Günkel, Betriebsaufspaltung über die Grenze, 1993, S. 493. Günkel weist auf die steuerlichen Gestaltungsmöglichkeiten, die sich hierdurch ergeben hin. Da die Miet- und Pachtzahlungen bei der inländischen Betriebsgesellschaft als Betriebsausgaben abgezogen werden und nicht oder nur hälftig wieder hinzugerechnet werden, mindern sie den gewerbesteuerlichen Gewinn. Da sie bei der Besitzgesellschaft ebenso nicht der Gewerbesteuer unterliegen, lassen sich steuerliche Vorteile erzielen. Vgl. Günkel, Einschaltung ausländischer Besitzgesellschaften, 1998, S. 154.

2.1 Steuerliche Folgen des Pachtverhältnisses

Nach innerstaatlichem Recht wird eine Besitzpersonengesellschaft im Rahmen einer Betriebsaufspaltung als Gewerbebetrieb behandelt, die Einkünfte ihrer Gesellschafter stellen gewerbliche Einkünfte i. S. d. § 15 EStG dar. Handelt es sich bei der Besitzgesellschaft um eine ausländische Personengesellschaft, ist unklar, ob die Einkünfte der ausländischen Gesellschafter, welche aus einer lediglich vermögensverwaltenden Tätigkeit stammen, ebenfalls in gewerbliche Einkünfte umqualifiziert werden. Anders formuliert: Treten die Rechtsfolgen der Betriebsaufspaltung auch dann ein, wenn in einer ausländischen Besitzgesellschaft und einer inländischen Betriebsgesellschaft ein einheitlicher geschäftlicher Betätigungswille herrscht und die Besitzgesellschaft der Betriebsgesellschaft eine wesentliche Betriebsgrundlage zur Nutzung überlässt?

2.1.1 Grundsätzliche Qualifizierung der Pachteinnahmen

In § 49 Abs. 1 EStG werden Einkünfte aufgezählt, die ihrer Art nach unter die beschränkte Steuerpflicht i. S. d. § 1 Abs. 4 EStG fallen. Der Einkünftekatalog des § 49 Abs. 1 EStG knüpft an die Einkunftsarten des § 2 Abs. 1 EStG an. Allerdings werden daneben die Tatbestandsvoraussetzungen der § 13 ff. EStG als weitere Tatbestandsmerkmale gestellt, da zusätzlich für jede der Einkunftsarten territoriale Anknüpfungspunkte vorausgesetzt werden, welche einen hinreichenden Inlandsbezug der Einkünfte herstellen sollen. Da die verschiedenen Einkunftsarten des § 49 Abs. 1 EStG unterschiedlich hohe Anforderungen an den Inlandsbezug stellen, ist die Qualifikation der Pachteinnahmen von zentraler Bedeutung für das Entstehen der beschränkten Steuerpflicht.

2.1.1.1 Zuordnung zu den Einkunftskategorien des § 49 EStG

Im Rahmen einer grenzüberschreitenden Betriebsaufspaltung, bei der sich das Betriebsunternehmen im Inland, das Besitzunternehmen mit seinen Gesellschaftern hingegen im Ausland befindet, könnten die Gesellschafter der Besitzpersonengesellschaft gem. § 1 Abs. 4 EStG und § 49 EStG mit den Pachteinnahmen beschränkt steuerpflichtig werden. Je nach Zuordnung zu einer der Einkunftskategorien unterliegen die Gesellschafter des ausländischen Besitzunternehmens der inländischen Besteuerung, oder nicht.

Handelt es sich bei dem Pachtobjekt um einzelne bewegliche Wirtschaftsgüter oder um zeitlich unbegrenzt überlassene Rechte, so liegen grundsätzlich (ohne Beachtung einer Betriebsaufspaltung) sonstige Einkünfte i. S. d. § 49 Abs. 1 Nr. 9 EStG vor. Werden unbewegliches Vermögen, Sachinbegriffe oder zeitlich begrenzt überlassene Rechte vermietet bzw. verpachtet, ist grundsätzlich von Einkünften i. S. d.

§ 49 Abs. 1 Nr. 6 EStG auszugehen.[482] Wird das Rechtsinstitut der Betriebsaufspaltung auch über die Grenze anerkannt, müssen die hingegen Pachtzahlungen in gewerbliche Einkünfte i. S. d. § 49 Abs. 1 Nr. 2a EStG umqualifiziert werden, da die die Besitzgesellschaft dann einen Gewerbebetrieb darstellt und die Nutzungsüberlassung als gewerbliche Tätigkeit zu qualifizieren ist.

Die Anforderungen an den Inlandsbezug sind im Rahmen von § 49 Abs. 1 Nr. 6 EStG und § 49 Abs. 1 Nr. 9 EStG wesentlich geringer, als bei gewerblichen Einkünften i. S. d. § 49 Abs. 1 Nr. 2a EStG. Bei einer Zuordnung zu den Einkünften i. S. d. § 49 Abs. 1 Nr. 6 EStG oder des § 49 Abs. 1 Nr. 9 EStG würden die Pachteinnahmen im Regelfall der beschränkte Steuerpflicht im Inland unterliegen. Werden die Einkünfte des ausländischen Besitzunternehmens hingegen aufgrund des Rechtsinstituts der Betriebsaufspaltung als Einkünfte aus Gewerbebetrieb gem. § 49 Abs. 1 Nr. 2a EStG qualifiziert, erfolgt nur dann eine Besteuerung im Inland, wenn das ausländische Besitzunternehmen im Inland eine Betriebsstätte im Sinne des § 12 AO unterhält bzw. einen ständigen Vertreter im Sinne des § 13 AO bestellt hat und die Einkünfte diesen wirtschaftlich zugerechnet werden können.

Aufgrund der mangelnden Verfügungsmacht kann der an die Betriebsgesellschaft überlassene Pachtgegenstand keine Betriebsstätte der Besitzgesellschaft im Inland begründen.[483] Ebenso wenig kann eine Betriebsstätte der Betriebsgesellschaft als solche der Besitzgesellschaft angesehen werden.[484] Desgleichen liegt auch nur aufgrund der personelle Verflechtung keine Stätte der Geschäftsleitung i. S. d. § 12 S. 1 Nr. 1 AO im Inland vor.[485] Die Annahme einer Betriebsstätte i. S. d. § 12 AO kommt daher nicht in Betracht.[486] Die Betriebsgesellschaft ist grundsätzlich auch nicht ständiger Vertreter der Besitzgesellschaft.[487] Allerdings kann der inländische Pächter im Ausnahmefall als ständiger Vertreter i. S. d. § 13 AO angesehen werden, wenn er nachhaltig Handlungen vornimmt, die grundsätzlich dem betrieblichen Bereich des Verpächters zuzuordnen sind. Nach dem sog. Hotelpächter - Urteil des Bundesfinanzhofs ist der Pächter ausnahmsweise dann als ständiger Vertreter des Verpächters zu behandeln, wenn er Aufgaben übernommen hat, die gesetzlich nicht in seinen Zuständigkeitsbereich fallen.[488] Von einem stän-

---

482 Vgl. ausführlicher zur Abgrenzung dieser Einkunftsarten auch S. 80ff.
483 Vgl. BFH v. 10.6.1966 (VI B 31/63), BStBl III, 1966, S. 598.
484 Vgl. BFH v. 28.7.1982 (I R 196/79), BStBl II, 1983, S. 77.
485 Vgl. Günkel/Kussel, Betriebsaufspaltung mit ausländischer Besitzgesellschaft, 1980, S. 555; vgl. Gebbers, Besteuerung der internationalen Betriebsaufspaltung, 1984, S. 713.
486 Vgl. hierzu auch Gebbers, Betriebsstätte bei Grundstücksvermietung oder –verpachtung, 1985, S. 876ff.
487 Vgl. BFH v. 28.7.1982 (I R 196/79), BStBl II, 1983, S. 77.
488 Vgl. BFH v. 12.4.1978 (I R 136/77), BStBl II, 1978, S. 494.

digen Vertreter ist jedoch nur in Einzelfällen auszugehen.[489] Die bei gewerblichen Einkünften geforderten territorialen Tatbestandsmerkmale liegen damit regelmäßig nicht vor. Eine Besteuerung als gewerbliche Einkünfte i. S. d. § 49 Abs. 1 Nr. 2a EStG im Inland scheidet aus. Die Pachteinnahmen bleiben bei einer Qualifizierung als Einkünfte aus Gewerbebetrieb im Inland unbesteuert.[490]

Während ein ausländischer Gesellschafter bei einer Zuordnung der Pachteinnahmen zu § 49 Abs. 1 Nr. 6 EStG oder § 49 Abs. 1 Nr. 9 EStG also beschränkt steuerpflichtige Einkünfte bezieht, wird bei einer Qualifizierung der Einkünfte i. S. d. § 49 Abs. 1 Nr. 2a EStG keine beschränkte Steuerpflicht im Inland begründet.

2.1.1.2 Anerkennung der Betriebsaufspaltung über die Grenze?

Ob die Pachteinnahmen der ausländischen Gesellschafter, welche grundsätzlich Einkünfte i. S. d. § 49 Abs. 1 Nr. 6 EStG bzw. § 49 Abs. 1 Nr. 9 EStG darstellen, in gewerbliche Einkünfte umqualifiziert werden, hängt davon ab, ob die Betriebsaufspaltung auch dann anerkannt wird, wenn die Besitzgesellschaft eine ausländische Gesellschaft ist.

Schmidt[491] macht die Anerkennung der Betriebsaufspaltung über die Grenze davon abhängig, ob die Geschäftsleitung der Besitzgesellschaft vom Inland aus erfolgt. Damit eine Betriebsaufspaltung über die Grenze vorliegen könne, müsse die ausländische Besitzgesellschaft entweder von einem Gesellschafter geführt werden, der im Inland seinen Wohnsitz gem. § 8 AO habe oder es müsse ein ständiger inländischer Vertreter i. S. d. § 49 Abs. 1 Nr. 2a EStG bestellt sein. Andernfalls soll die Betriebsaufspaltung tatbestandlich nicht vorliegen, da ihre Rechtsfolgen nicht eintreten können. Können die Einkünfte also nicht als Einkünfte aus Gewerbebetrieb versteuert werden, so sind sie nicht als Einkünfte aus Gewerbebetrieb zu qualifizieren. Diese „umgekehrte Argumentation"[492], nämlich dass dann eine Betriebsaufspaltung vorliege wenn die Einkünfte gewerblich sind und nicht, dass die Einkünfte dann gewerblich sind, wenn eine Betriebsaufspaltung vorliegt, folgt der eigentlichen Idee der Betriebsaufspaltung.[493] Einkünfte, die grundsätzlich gewerblich sind, sollen auch als gewerbliche besteuert werden, d. h. die Pachteinnahmen müssen von der Gewerbesteuer erfasst und etwaige Gewinne aus der Veräußerung von

---

[489] Darüber hinaus ist es ohne größere Schwierigkeiten möglich, das Pachtverhältnis gerade in der Form zu gestalten, dass ein inländischer Vertreter im Inland nicht anzunehmen ist. In den folgenden Betrachtungen wird unterstellt, dass dieser Ausnahmefall nicht gegeben ist.

[490] Es sei denn, § 49 Abs. 2 EStG kommt zur Anwendung.

[491] Vgl. Schmidt, In den Grenzbereichen von Betriebsaufgabe, Betriebsverpachtung, Betriebsaufspaltung und Mitunternehmerschaft, 1979, S. 703; vgl. ders., in: Schmidt, EStG, 2003, § 15 Rn. 862.

[492] Piltz, Betriebsaufspaltung über die Grenze?, 1981, S. 2046.

[493] Vgl. Piltz, Betriebsaufspaltung über die Grenze?, 1981, S. 2046:

Wirtschaftsgütern der Besteuerung unterworfen werden.[494] Führt die Umqualifizierung in gewerbliche Einkünfte im Ergebnis jedoch nicht zu einer Besteuerung als Einkünfte aus Gewerbebetrieb, so sieht *Schmidt* diese Umqualifizierung wohl als hinfällig an. Im Ergebnis würden die Pachteinnahmen der ausländischen Besitzgesellschaft nach dieser Ansicht in jedem Fall der Besteuerung unterliegen, da eine Anerkennung der Betriebsaufspaltung und damit auch eine Qualifizierung der Pachteinnahmen als gewerbliche Einkünfte nur in Betracht kommt, wenn gleichzeitig auch ein ständiger inländischer Vertreter i. S. d. § 13 AO vorliegt. Andernfalls ist nicht von einer Betriebsaufspaltung auszugehen und die Einkünfte sind ohnehin als Einkünfte aus Vermietung und Verpachtung i. S. d. § 49 Abs. 1 Nr. 6 EStG[495] zu qualifizieren.[496]

Zutreffend ist, dass es sich bei den Pachteinnahmen um originär gewerbliche Einkünfte handelt. Die Einkünfte aus der Nutzungsüberlassung stellen ihrem Ursprung nach auf jeden Fall gewerbliche Einkünfte dar. Schließlich handelt es sich bei den Pachtzahlungen nur um weitergeleitete gewerbliche Einkünfte.[497] Die Betriebsgesellschaft erzielt im Rahmen ihres Gewerbebetriebs Einkünfte, die dann in Form von Pachtzahlungen an die Besitzgesellschaft weitergegeben werden. Die Pachtzahlungen werden aus dem Gewinn geleistet, der im Rahmen einer gewerblichen Tätigkeit entstanden ist. Dem kann auch nicht entgegengehalten werden, dass die „Besorgnis der Rechtsprechung, dass durch die Betriebsaufspaltung Einkünfte ihrer Qualifizierung als gewerbliche Einkünfte nicht entzogen werden", im Fall der Überlassung wesentlicher Betriebsgrundlagen durch eine ausländische Gesellschaft nicht gerechtfertigt sei, da diese Pachteinnahmen „ohnehin keine Einkünfte aus Gewerbebetrieb sind."[498] Die Pachteinnahmen sind ihrem objektiven Charakter nach gewerbliche Einkünfte. Dies ist unabhängig davon, ob diese Zahlungen an eine inländische Gesellschaft oder eine ausländische Gesellschaft weitergeleitet werden. Ihre Quelle ist ein Gewerbebetrieb. Daran ändert sich auch nichts, wenn sie ins Ausland fließen. Es ist daher gerechtfertigt, weiterhin gewerbliche Einkünfte anzunehmen.

---

[494] Vgl. Schmidt, In den Grenzbereichen von Betriebsaufgabe, Betriebsverpachtung, Betriebsaufspaltung und Mitunternehmerschaft, 1979, S. 703.

[495] Bzw. Einkünfte i. S. d. § 49 Abs. 1 Nr. 9 EStG. Schmidt bezieht sich in seinen Ausführungen jedoch ausschließlich auf Nutzungsüberlassungen, die in den Bereich des § 49 Abs. 1 Nr. 6 EStG fallen.

[496] Eine ähnliche Ansicht vertritt auch Gebbers, Besteuerung der internationalen Betriebsaufspaltung, 1984, S. 715. Auch wenn er die Grundsätze der Betriebsaufspaltung grundsätzlich anerkennt, sieht er eine Kollision mit § 49 Abs. 2 EStG. Da sowohl dem Rechtsinstitut der Betriebsaufspaltung, als auch der isolierenden Betrachtungsweise ein fiskalischer Zweck zu Grunde liegt, müsse auf jeden Fall eine Besteuerung im Inland erfolgen. Vgl. ausführlicher zur isolierenden Betrachtungsweise ab S. 155.

[497] Vgl. auch Gassner, Betriebsaufspaltung über die Grenze, 1973, S. 1353.

[498] Vgl. Piltz, Betriebsaufspaltung über die Grenze?, 1981, S. 2046.

Fraglich ist jedoch, ob das faktische Eintreten der gewünschten Rechtsfolgen, nämlich eine tatsächliche Besteuerung als Einkünfte aus Gewerbebetrieb im Inland, eine Voraussetzung für die Anerkennung der Betriebsaufspaltung sein kann. Die Würdigung eines Sachverhaltes kann m. E. nicht davon abhängig sein kann, ob sich die Rechtsfolgen auch verwirklichen können. Die Aussage von *Schmidt* ist daher ein Zirkelschluss. Man kann nicht von den Rechtsfolgen auf das Vorliegen der Voraussetzungen schließen, die diese Rechtsfolgen erst eintreten lassen. Es kann keine Fallunterscheidung gemacht werden, ob das von der Rechtsprechung gewünschte Ergebnis eintritt oder nicht. Wenn die Voraussetzungen einer Betriebsaufspaltung vorliegen, so ist auch von einer Betriebsaufspaltung auszugehen, selbst wenn dies im Fall einer Betriebsaufspaltung über die Grenze nicht zu einer Besteuerung im Inland führen würde. Die in der Rechtsprechung[499] genannten Rechtfertigungsgründe für die Umqualifizierung der Einkünfte im Rahmen einer Betriebsaufspaltung erlangen unabhängig vom Sitz der Gesellschaften Geltung.[500] Entsprechend der herrschenden Meinung in der Literatur[501] und der Rechtsprechung[502] wird daher davon ausgegangen, dass eine Betriebsaufspaltung auch grenzüberschreitend verwirklicht werden kann, d. h. die Rechtsfolgen einer Betriebsaufspaltung treten auch dann ein, wenn sich das Besitzunternehmen im Ausland befindet. Der von der Rechtsprechung kreierte Grundsatz, dass die Besitzgesellschaft im Falle einer Betriebsaufspaltung mit den Pachteinnahmen gewerbliche Einkünfte bezieht, gilt auch für eine ausländische Besitzgesellschaft. Die Pachterträge stellen grundsätzlich Einkünfte aus Gewebebetrieb i. S. d. § 49 Abs. 1 Nr. 2a EStG dar.

---

[499] Vgl. zuerst RFH v. 26.10.1938 (VI 501/38), RStBl, 1939, S. 282 und später BFH v. 8.11.1971 (GrS 2/71), BStBl II, 1972, S. 63.

[500] Vgl. Günkel/Kussel, Betriebsaufspaltung mit ausländischer Besitzgesellschaft, 1980, S. 554.

[501] Vgl. v. a. Becker/Günkel, Betriebsaufspaltung über die Grenze, 1993, S. 485; vgl. Piltz, Betriebsaufspaltung über die Grenze?, 1981, S. 2044; vgl. Günkel/Kussel, Betriebsaufspaltung mit ausländischer Besitzgesellschaft, 1980, S. 553; vgl. Gassner, Betriebsaufspaltung über die Grenze, 1973, S. 1352; vgl. Bopp, Besteuerung der Betriebsstätten, 1974, S. 94.

[502] Vgl. BFH v. 28.7.1982 (I R 196/79), BStBl II, 1983, S. 77. Hier wurde implizit von einer grenzüberschreitenden Betriebsaufspaltung ausgegangen. Vgl. außerdem FG Düsseldorf v. 22.5.1979 (IX 694/77 G), EFG, 1980, S. 34. Das Finanzgericht hatte hier über den Fall einer Betriebsaufspaltung mit ausländischer Besitzgesellschaft zu entscheiden. Eine ausländische Kapitalgesellschaft hatte wesentliche Betriebsgrundlagen an eine inländische Tochterkapitalgesellschaft überlassen. Dass es in diesem Fall nicht zur Annahme einer Betriebsaufspaltung kam lag daran, dass die inländische Gesellschaft ihren Gewerbebetrieb aufgegeben hatte und lediglich vermögensverwaltend tätig war. Somit wäre auch bei einem reinen Inlandssachverhalt keine Betriebsaufspaltung vorgelegen. Das Finanzgericht Düsseldorf führte in diesem Zusammenhang jedoch aus, dass grundsätzlich eine Betriebsaufspaltung über die Grenze möglich sei.

2.1.2 Isolierende Betrachtungsweise bei Einkünften i. S. v. § 49 Abs. 1 Nr. 6 EStG?

Bei Anwendung der Grundsätze der Betriebsaufspaltung auch im grenzüberschreitenden Fall bezieht die ausländische Besitzpersonengesellschaft für die Überlassung von unbeweglichem Vermögen oder Sachinbegriffen keine Einkünfte aus Vermietung und Verpachtung i. S. d. § 49 Abs. 1 Nr. 6 EStG, sondern Einkünfte aus Gewerbebetrieb i. S. d. § 49 Abs. 1 Nr. 2a EStG. Das Entstehen einer beschränkten Steuerpflicht scheitert allerdings regelmäßig daran, dass weder eine Betriebsstätte i. S. d. § 12 AO noch ein ständiger Vertreter i. S. d. § 13 AO im Inland anzunehmen sind. Daher unterbleibt bei einer Zuordnung zu den Einkünften aus Gewerbebetrieb eine Besteuerung im Inland.

Bei diesem Ergebnis könnte jedoch die isolierende Betrachtungsweise gem. § 49 Abs. 2 EStG eingreifen. Demnach bleiben im Ausland gegebene Besteuerungsmerkmale außer Betracht, soweit bei ihrer Berücksichtigung inländische Einkünfte gem. § 49 Abs. 1 EStG nicht angenommen werden können. Im Fall der Betriebsaufspaltung über die Grenze könnte dies dazu führen, dass die Eigenschaft der Besitzpersonengesellschaft als Gewerbebetrieb nicht berücksichtigt werden darf. Die Folge einer Anwendung der isolierenden Betrachtungsweise wäre also, dass die Pachteinnahmen doch als Einkünfte aus Vermietung und Verpachtung i. S. d. § 49 Abs. 1 Nr. 6 EStG zu qualifizieren wären.

Bei Einkünften i. S. d. § 49 Abs. 1 Nr. 6 EStG sind die Anforderungen an den sachlichen Inlandsbezug[503] wesentlich geringer als bei Einkünften aus Gewerbebetrieb. Das Betreiben einer inländischen Betriebsstätte oder das Bestellen eines ständigen Vertreters im Inland muss nicht erfüllt sein, um eine beschränkte Steuerpflicht zu begründen. Die Voraussetzungen für die Annahme inländischer Einkünfte wären bei Einkünften aus Vermietung und Verpachtung gegeben. Es würde eine Besteuerung der Pachteinnahmen im Inland erfolgen.

Somit hat die Auslegung des § 49 Abs. 2 EStG für die grenzüberschreitende Betriebsaufspaltung weitreichende Konsequenzen: Greift die isolierende Betrachtungsweise ein, liegen Einkünfte aus Vermietung und Verpachtung i. S. d. § 49 Abs. 1 Nr. 6 EStG vor und es erfolgt eine Besteuerung im Inland. Werden die Einkünfte hingegen weiterhin als Einkünfte aus Gewerbebetrieb i. S. d. § 49 Abs. 1 Nr. 2a EStG qualifiziert, unterbleibt regelmäßig eine Besteuerung im Inland.[504]

Es wird daher der Frage nachgegangen, ob die isolierende Betrachtungsweise im Rahmen der grenzüberschreitenden Betriebsaufspaltung Anwendung findet. Hier-

---

[503] Der Inlandsbezug ist hier je nach Überlassungsgegenstand bereits bei Belegenheit im Inland, Eintragung in ein inländisches Buch oder Register oder Verwertung in einer inländischen Betriebsstätte bzw. einer anderen Einrichtung, gegeben.

[504] Es sei denn, eine inländische Betriebsstätte bzw. ein inländischer Vertreters liegt ausnahmsweise vor.

für werden zunächst Inhalt und Bedeutung der isolierenden Betrachtungsweise dargestellt.

2.1.2.1 Inhalt und Bedeutung der isolierenden Betrachtungsweise

Die isolierende Betrachtungsweise wurde fünfundvierzig Jahre lang in der Rechtsprechung des Reichsfinanzhofs und des Bundesfinanzhofs entwickelt und angewandt, ehe sie mit § 49 Abs. 2 EStG auf eine gesetzliche Grundlage gestellt wurde[505].

2.1.2.1.1 Entwicklung der isolierenden Betrachtungsweise in der Rechtsprechung

2.1.2.1.1.1 Rechtsprechung des Reichsfinanzhofs

Die isolierende Betrachtungsweise geht auf eine Entscheidung des Reichsfinanzhofs vom 7.2.1929[506] zurück. Hier wurden Zinseinkünfte einer ausländischen Kapitalgesellschaft, welche diese aus einem inländischen Hypothekendarlehen bezog, als Einkünfte aus Kapitalvermögen der beschränkten Steuerpflicht unterworfen, obwohl es sich bei der Kapitalgesellschaft um eine Bank handelte, welche diese Einkünfte im Rahmen ihres Gewerbebetriebs erzielte. Wenn die Einkünfte gewerblich qualifiziert worden wären, wären sie mangels Betriebsstätte bzw. ständigem Vertreter im Inland keiner Besteuerung unterworfen worden. Es fand eine doppelte Umqualifizierung von Einkünften statt: Einkünfte, die ihrer Art nach eigentlich Einkünfte aus Kapitalvermögen darstellten, wurden im Rahmen der (heutigen) Subsidiaritätsvorschrift § 20 Abs. 3 EStG den gewerblichen Einkünften zugerechnet, um anschließend durch die isolierende Betrachtungsweise wieder als Einkünfte aus Kapitalvermögen behandelt zu werden.

Begründet wurde diese Entscheidung mit der Gleichheit der Besteuerung. Im Inland erzielte Einnahmen von ausländischen Gewerbetreibenden sollten nicht besser gestellt werden als identische Einnahmen ausländischer Privatpersonen. Infolgedessen sollte bei Nichtvorliegen der Tatbestandsmerkmale einer beschränkten Steuerpflicht nach § 49 Abs. 1 Nr. 2a EStG „für die deutsche steuerliche Beurteilung lediglich das Vorhandensein des ausländischen Gewerbebetriebs unbeachtet bleiben [..], dass aber die Einkünfte [...] so zu versteuern sind, wie es der Fall wäre, wenn sie außerhalb eines gewerblichen Betriebs angefallen wären."[507] So wird zwar der Umstand, dass der Steuerpflichtige Ausländer ist, berücksichtigt, jedoch werden seine für die steuerliche Beurteilung grundsätzlich relevanten Besteuerungseigenschaften außer Acht gelassen. Der Reichsfinanzhof stellt also das Postulat der Gleichbehandlung für sachlich unterschiedliche Sachverhalte auf, d. h. insofern

---

[505] Eingefügt durch das 2. Steueränderungsgesetz vom 18.7.1974, BGBl I, S. 1489.
[506] Vgl. RFH v.7.2.1929 (I A 377/28), RStBl, 1929, S. 193.
[507] RFH v. 7.2.1929 (I A 377/28), RStBl, 1929, S. 193.

wurde für Ausländer die Unterscheidung in Gewerbliche und Privatpersonen aufgeben.

Auf diese Weise verleugnete er das Vorliegen einer sachlichen Rechtfertigung der unterschiedlichen Besteuerungsfolgen.[508] Jedoch besteht der Charakter der beschränkten Steuerpflicht gerade darin, dass sie nur bestimmte Einkünfte mit einer unterschiedlich definierten Inlandsbezogenheit der Besteuerung unterwirft. Insofern wird durch diese Entscheidung das Wesen der beschränkten Steuerpflicht an sich in Frage gestellt.

In den späteren Urteilen des Reichsfinanzhofs erfolgten zunächst keine weiteren Erklärungen mehr zur isolierenden Betrachtungsweise.[509]

Die Konsequenz der isolierenden Betrachtungsweise wird ersichtlich aus einem Urteil des Reichsfinanzhofs vom 5.8.1936[510]. Diesem Urteil lag folgender Sachverhalt zu Grunde: Ein im Ausland wohnender Chemiker erhielt von einer deutschen Firma eine laufende Vergütung für die Überlassung eines chemisch-technischen Rezeptes. Obwohl der Chemiker diese Einkünfte im Rahmen einer gewerblichen Tätigkeit erzielte, unterwarf der Reichsfinanzhof die Einkünfte als Einkünfte aus selbstständiger Tätigkeit der beschränkten Steuerpflicht. In einer weiteren Entscheidung des Reichsfinanzhofs vom 22.5.1944[511] wurden die Einkünfte der Forschungsabteilung eines ausländischen Ministeriums, das diese durch die Überlassung von Know How erzielte, als Einkünfte aus freiberuflicher Tätigkeit der Körperschaftsteuer im Rahmen der beschränkten Steuerpflicht unterworfen.

Der Reichsfinanzhof begründete seine Entscheidung mit einer wirtschaftlichen Betrachtungsweise, denn dem „Willen des Gesetzgebers [entspreche es], möglichst alles, was aus dem Inland herausgewirtschaftet oder im Inland verdient wird, steuerlich zu erfassen."[512]

Die Rechtsprechung zur isolierenden Betrachtungsweise nahm damit neue Dimensionen an: Hier wurden die im Ausland gegebene Besteuerungsmerkmale nicht nur nicht betrachtet, sondern darüber hinaus noch Tatbestandsmerkmale hinzufingiert. So wird das Besteuerungsmerkmal Gewerblichkeit fiktiv durch das Besteuerungsmerkmal „Selbstständigkeit" ersetzt.[513] Im Unterschied zur bisherigen Rechtsprechung, wurde somit nicht nur ein dem ausländischen Steuersubjekt zuzurechnendes

---

[508] Vgl. Mössner, Isolierende Betrachtungsweise, 1997, S. 941.
[509] Vgl. z. B. RFH v. 12.6.1934 (I A 78/34), RStBl, 1934, S. 946; vgl. RFH v. 29.1.1935 (I A 244/32), RStBl, 1935, S. 759; vgl. RFH v. 29.4.1935 (I A 31/35), RStBl, 1935, S. 942; vgl. RFH v. 12.5.1936 (I A 55/36), RStBl, 1936, S. 968; vgl. RFH v. 17.6.1930 (I A 213/30), RStBl, 1930, S. 687; vgl. RFH v. 27.6.1933 (I A 114/32), RStBl, 1933, S. 1070.
[510] Vgl. RFH v. 5.8.1936 (VI A 208/36), RStBl, 1936, S. 1132.
[511] Vgl. RFH v. 22.5.1944 (I 72/43), RStBl, 1945, S. 43.
[512] Vgl. RFH v. 5.8.1936 (VI A 208/36), RStBl, 1936, S. 1132.
[513] Vgl. Niedner, Lizenz- und Know-how-Vergütungen an ausländische Unternehmen, 1968, S. 430.

Besteuerungsmerkmal nicht in die steuerliche Würdigung miteinbezogen, sondern darüber hinaus ihm noch ein zusätzliches fiktives Besteuerungsmerkmal zugerechnet.

Im Grunde läuft die Rechtsprechung des Reichsfinanzhofs darauf hinaus, dass bei der Qualifizierung der Einkünfte nach dem Einkunftsartenkatalog des § 49 Abs. 1 EStG auf deren originären Charakter abgestellt wird, sofern die Zuordnung in eine andere Einkunftskategorie, wie sie im Rahmen einer unbeschränkten Steuerpflicht stattfinden würde, nicht zu einer Besteuerung im Inland führen würde. Obwohl in der anfänglichen Begründung zur isolierenden Betrachtungsweise gerade mit einem Blick über die Grenze argumentiert wurde, nämlich der Gleichbehandlung ausländischer Steuersubjekte, wurden die ausländischen Gegebenheiten anschließend in einem solchem Umfang vernachlässigt, dass selbst eine ausländische Kapitalgesellschaft Einkünfte aus selbstständiger Arbeit i. S. d. § 49 Abs. 1 Nr. 3 EStG i. V. m. § 18 EStG erzielen konnte.

2.1.2.1.1.2 Rechtsprechung des Bundesfinanzhofs

In der Rechtsprechung des Bundesfinanzhofs taucht die isolierende Betrachtungsweise erstmalig in einer Entscheidung vom 20.1.1959[514] auf. Hier wurden die Einkünfte einer ausländischen Kapitalgesellschaft, welche diese aus der Vermietung eines im Inland belegenen Grundbesitzes bezog, als Einkünfte aus Vermietung und Verpachtung der beschränkten Steuerpflicht unterworfen, obwohl diese Einkünfte im Rahmen des Gewerbebetriebs der Kapitalgesellschaft entstanden. Eine Besteuerung im Inland als Einkünfte aus Gewerbebetrieb wäre nur möglich gewesen, wenn die Einkünfte einer inländischen Betriebsstätte oder einem ständigen Vertreter hätten zugerechnet werden können. In diesem Fall hatte die Kapitalgesellschaft zwar einen ständigen Vertreter bestellt. Allerdings stand dieser in keinem wirtschaftlichen Zusammenhang zu den Einkünften. Der in § 49 Abs. 1 Nr. 2a EStG konkretisierte inländische Bezug war daher nicht erfüllt und eine Qualifizierung der Einkünfte als gewerblich hätte nicht zu einer beschränkten Steuerpflicht geführt.

Wie sich aus der Entscheidung ergibt, wurde sie mit einer Stellungnahme des damaligen Bundesministers der Finanzen begründet, nach der sich die Beurteilung der Einkünfte aufgrund des ´objektsteuerähnlichen Charakters´ der beschränkten Steuerpflicht ausschließlich danach richtet, ´wie sich diese Einkünfte vom Inland aus gesehen darstellen´. Dies wurde unterstrichen mit einem Hinweis auf die Doppelbesteuerungsabkommen, nach denen die Einkünfte ebenfalls unabhängig von den ausländischen Verhältnissen beurteilt werden. Mithin dürfe die im Ausland gegebe-

---

[514] Vgl. BFH v. 20.1.1959 (I 112/57 S), BStBl III, 1959, S. 133.

ne Gewerblichkeit der ausländischen Kapitalgesellschaft[515] nicht in die Betrachtung mit einfließen. Entscheidend sei lediglich, ob sie im Inland gewerblich tätig ist. Demnach sei hier „nur zu prüfen, ob die inländischen Einkünfte [...] Einkünfte im Sinne der §§ 15 und 16 EStG sind." Im Ergebnis handle es sich daher um Einkünfte aus Vermögensverwaltung.

Somit findet sich hier in der Argumentation ein stärkerer Bezug zur bisherigen Funktionsweise der isolierenden Betrachtungsweise. Wenn Einkünfte, die ihrer rechtlichen Natur nach gewerblich sind, nicht der beschränkten Steuerpflicht unterliegen, sollen diese ihrer ursprünglichen Art nach qualifiziert werden. In der Begründung dieses Urteils verliert das ausländische Steuersubjekt noch mehr an Bedeutung, da stärker an das Steuerobjekt bzw. die Einkünfte angeknüpft wird.

Der objektsteuerartige Charakter der beschränkten Steuerpflicht und somit auch die Begründung dieses Urteils sind jedoch umstritten. *Clausen*[516] weist zwar darauf hin, dass allein durch das Vorhandensein von inländischen Einkünften noch keine beschränkte Steuerpflicht ausgelöst wird und erst noch das Vorliegen der inländischen Anknüpfungspunkte überprüft werden muss. Dies ändert jedoch nichts daran, dass die Entstehung von Einkünften der Qualifizierung eines beschränkt Steuerpflichtigen als Steuersubjekt vorausgeht. Nach Ansicht von *Flick*[517] können die Einkunftsarten nicht von der Quelle aus qualifiziert werden, sondern fließt immer die restliche Tätigkeit in die Würdigung der Einkünfte mit ein. Daraus folgert er, dass die isolierende Betrachtungsweise aufgrund von § 49 Abs. 1 EStG gar nicht zulässig ist. Ebenso lässt *Mössner*[518] die Objektsteuerartigkeit der beschränkten Steuerpflicht nicht gelten. Er rechnet die Gewerblichkeit nicht als Eigenschaft dem Steuersubjekt zu, sondern bezeichnet sie als ein „dem Steuergegenstand zuzurechnendes Tatbestandselement". Als Steuergegenstand wird der Tatbestand bezeichnet, dessen Existenz die Grundlage der Besteuerung bildet. Für den Fall, dass eine Kapitalgesellschaft ein Grundstück vermietet, würden also die Einkünfte aus dieser Vermietung einen Tatbestand darstellen.

Diese Vermietungstätigkeit als solche ist per se aber nicht gewerblich. Die Gewerblichkeit entsteht vielmehr erst durch die Gewerblichkeit der Kapitalgesellschaft.

---

[515] In diesem Zusammenhang wird auch klargestellt, dass ausländische Kapitalgesellschaften ohnehin nicht zwangsweise gewerbliche Einkünfte erzielen müssen, da sich der § 17 KStDV (heute § 8 Abs. 2 KStG) nicht auf ausländische Gesellschaften beziehe, weil diese handelsrechtlich nicht buchführungspflichtig sind. Also bezieht sich die in der Entscheidung angesprochene Eigenschaft der Gewerblichkeit der Kapitalgesellschaft nicht auf die Gewerblichkeit kraft Rechtsform, sondern auf die Gewerblichkeit durch die Art ihres Betriebes.

[516] Vgl. Clausen, Die beschränkte Steuerpflicht, 1974, S. 317.

[517] Vgl. Flick, Auswirkungen der isolierenden Betrachtungsweise auf die internationale Doppelbesteuerung, 1961, S. 1595. Konsequenterweise befürwortet er eine Änderung des § 49 EStG in eine von Einkunftsarten losgelöste Auflistung von Einkunftsquellen.

[518] Vgl. Mössner, Isolierende Betrachtungsweise, 1997, S. 942.

Insofern ist m. E. die Gewerblichkeit entgegen dieser Ansicht als Eigenschaft der Kapitalgesellschaft zu sehen und dem Steuersubjekt zuzurechnen.

Nach überwiegender Ansicht der Literatur[519] hat die beschränkte Steuerpflicht objektartigen Charakter, da sie nicht wie die unbeschränkte Steuerpflicht ihren unmittelbaren Anknüpfungspunkt beim Steuersubjekt hat, sondern beim Besteuerungsgegenstand. So zielt die unbeschränkte Steuerpflicht in erster Linie auf das gesamte Einkommen des Steuerpflichtigen, während die beschränkte Steuerpflicht einen sachlichen Tatbestand im Auge hat, nämlich die Einkünfte, die in einer engen Verbindung zur inländischen Wirtschaft stehen. Diese Objektivierung wird untermauert durch das Außerachtlassen der persönlichen Verhältnisse eines beschränkt Steuerpflichtigen und durch die Abgeltungswirkung des Steuerabzugsverfahrens. Somit kommt es nur auf die Steuertatbestände im Inland an. Während die unbeschränkte Steuerpflicht durch die Existenz eines Steuersubjekts entsteht, entsteht die beschränkte Steuerpflicht erst durch das Vorhandensein von Einkünften. Obwohl es sich bei der Einkommen- bzw. Körperschaftsteuer, die im Rahmen der beschränkten Steuerpflicht entsteht, natürlich um eine Personensteuer handelt[520], ist zu beachten, dass der Blick auf das Steuersubjekt erst dann fällt bzw. dass eine Person erst dann zum Steuersubjekt wird, wenn sie im Inland Einkünfte erzielt.

Im Urteil vom 30.11.1966[521] gewann das Steuersubjekt jedoch wieder an Bedeutung. Durch die vorhergehende Begründung anhand des objektartigen Charakters war die notwendige Qualifizierung des Steuersubjekts im Ausland, als Einkommensteuersubjekt bzw. Körpschaftsteuersubjekt in den Hintergrund geraten. Da sich die Einkunftsqualifizierung bei der beschränkten Steuerpflicht primär an den Merkmalen der Einkunftsquelle ausrichtet, hatten die spezifischen Merkmale des ausländischen Beziehers an Bedeutung verloren.

Auch wenn eine beschränkt steuerpflichtige ausländische Kapitalgesellschaft über § 8 Abs. 1 KStG und der Nichtanwendung des § 8 Abs. 2 KStG[522] im Unterschied zu einer unbeschränkt steuerpflichtigen Kapitalgesellschaft sämtliche Einkunftsarten, auf die in § 49 Abs. 1 EStG verwiesen wird, erzielen kann, wird sie der Körperschaftsteuer und nicht der Einkommensteuer unterworfen. Denn auch bei der beschränkten Steuerpflicht wird auf die in § 2 KStG benannten Steuersubjekte abge-

---

[519] Vgl. z. B. Debatin, Die beschränkte Steuerpflicht bei der ESt und KSt, 1960, S. 1015; ders., Die Bestimmung der Einkunftsart bei der beschränkten Steuerpflicht, 1961, S. 785; vgl. Heinicke, in: Schmidt, EStG, 2003, § 49 Rn. 2; vgl. Birkholz, Beschränkte Steuerpflicht und isolierende Betrachtungsweise, 1972, S. 173.

[520] Wie dies auch Debatin vertritt. Vgl. ders., Die Bestimmung der Einkunftsart bei der beschränkten Steuerpflicht, 1961, S. 785.

[521] Vgl. BFH v. 30.11.1966 (I 215/64), BStBl III, 1967, S. 400.

[522] Der § 8 Abs. 2 KStG ist bei ausländischen Kapitalgesellschaften nur dann anzuwenden, wenn diese nach deutschem Handelsrecht zur Führung von Büchern verpflichtet sind. Dies ist nur bei Vorliegen einer inländischen Zweigniederlassung der Fall.

stellt. Deshalb hat der Bundesfinanzhof klargestellt, dass auch „beschränkt steuerpflichtige Kapitalgesellschaften nicht der Einkommen-, sondern der Körperschaftsteuer [unterliegen]". Ein Blick über die Grenze ist daher notwendig zur Bestimmung der Steuerart, d. h. ob eine Besteuerung mit Einkommen- oder Körperschaftsteuer erfolgen soll bzw. ob ein einkommen- oder ein körperschaftsteuerpflichtiges Steuersubjekt vorliegt. Es reicht nicht aus, ausschließlich das Steuerobjekt zu betrachten.

Eine wesentliche Änderung erfuhr die isolierende Betrachtungsweise in der Rechtsprechung der 70er Jahre.[523]

So wurden in einer Entscheidung vom 4.3.1970[524] die inländischen Erträge eines ausländischen Unternehmens, die dieses durch die Hingabe von Know How und Erfahrungen erwirtschaftete, als gewerbliche Einkünfte qualifiziert, da die Abgrenzung nach den Inhalten der § 15 EStG und § 18 EStG ergeben hatte, dass das betreffende Ingenieurwissen nur durch den im Ausland gegebenen Gewerbebetrieb gewonnen werden konnte. Am 7.7.1971[525] entschied der Bundesfinanzhof in einem anderen Fall, dass die im Inland ausgeübte Tätigkeit als Industriedesigner eines Gesellschafters einer ausländischen Kapitalgesellschaft nur als Einkünfte aus gewerblicher Tätigkeit qualifiziert werden können, da Einkünfte aus selbstständiger Arbeit begriffsnotwendig nur natürlichen, selbstständig tätigen Personen vorbehalten sind.

Im Ergebnis hat damit der Bundesfinanzhof in diesen Fällen auch im Ausland vorliegende Sachverhalte in die Betrachtung einbezogen, da die inländischen Merkmale alleine nicht ausreichend für eine zutreffende Einkunftsqualifizierung waren.

Da bei beschränkt steuerpflichtigen Kapitalgesellschaften nicht von vornherein ein Gewerbebetrieb fingiert wird, mussten gewerbliche Einkünfte i. S. d. § 49 Abs. 1 Nr. 2a i. V. m. §§ 15-17 EStG von den Einkünften aus selbstständiger Tätigkeit i. S. d. § 49 Abs. 1 Nr. 3 i. V. m. § 18 EStG abgegrenzt werden. Nach Prüfung der die Einkünfte „auslösende[n] Betätigung auf ihren inneren Gehalt"[526] sollten diese entweder den Einkünften im Sinne von § 15 EStG oder denen im Sinne von § 18 EStG zugeordnet werden. Da die beiden Normen in einem Konkurrenzverhältnis zueinander stehen, können die Einkünfte auch nur einer der beiden Einkunftsart zugeordnet werden, so dass sich auch bei Anwendung der isolierenden Betrachtungsweise keine neue Qualifizierung ergeben sollte.[527] Ausländische Sachverhalte waren somit generell zu berücksichtigen und durften nur insoweit wieder

[523] Vgl. BFH v. 4.3.1970 (I R 140/66), BStBl II, 1970, S. 428; vgl. BFH v. 7.7.1971 (I R 41/70), BStBl II, 1971, S. 771; vgl. BFH v. 20.02.1974 (I R 217/71), BStBl II, 1974, S. 511.
[524] Vgl. BFH v. 4.3.1970 (I R 140/66), BStBl II, 1970, S. 428.
[525] Vgl. BFH v. 7.7.1971 (I R 41/70), BStBl II, 1971, S. 771
[526] Vgl. Birkholz, Beschränkte Steuerpflicht und isolierende Betrachtungsweise, 1972, S. 173.
[527] Vgl. Birkholz, Beschränkte Steuerpflicht und isolierende Betrachtungsweise, 1972, S. 173.

vernachlässigt werden, als sie nicht unmittelbar für die Bestimmung des objektiven Wesens der inländischen Einkünfte von Bedeutung waren.

Fortgeführt wird diese Sichtweise auch in späteren Urteilen, in denen betont wird, dass primär auf die Qualifizierung des Steuerobjekts abzustellen ist und dieses Steuerobjekt im Rahmen der beschränkten Steuerpflicht genauso zu behandeln ist, wie im Rahmen einer unbeschränkten Steuerpflicht. Die Berücksichtigung der ausländischen Verhältnisse ergebe sich aus der Gleichartigkeit der Einkünfte nach §§ 13ff. EStG mit denen nach § 49 Abs. 1 EStG.[528]

2.1.2.1.1.3 Zusammenfassung

In der Rechtsprechung des Reichsfinanzhofs hatte die isolierende Betrachtungsweise also einen wesentlich umfassenderer Geltungsanspruch als dies in der späteren Rechtsprechung des Bundesfinanzhofs der Fall ist.[529] Während in den Urteilen des Reichsfinanzhof die Einkünfte ohne weiteren Blick über die Grenze ihrem originären Wesen nach qualifiziert wurden, hat der Bundesfinanzhof sowohl den objektsteuerartigen Charakter der beschränkten Steuerpflicht betont, als auch die Notwendigkeit der Betrachtung der ausländischen Gegebenheiten festgestellt. Im Ergebnis hat er zwar an der isolierenden Betrachtungsweise festgehalten, aber ihre Reichweite eingeschränkt: Demnach konnte eine ausländische Kapitalgesellschaft keine Einkünfte aus selbstständiger Tätigkeit i. S. d. § 18 EStG erzielen, diese waren natürlichen Personen vorbehalten. Der Geltungsbereich der isolierenden Betrachtungsweise wurde mithin darauf beschränkt, die Umqualifizierung inländischer Einkünfte aufgrund von Subsidiaritätsklauseln wie §§ 20 Abs. 3, 21 Abs. 3, 22 Nr. 3, 23 Abs. 2 EStG zu verhindern, da diese Vorschriften nicht auf den Charakter der Einkünfte abzielen.[530] Die im Rahmen der unbeschränkten Steuerpflicht in einem teilweise Über- und Unterordnungsverhältnis stehenden Einkunftsarten[531] wurden infolgedessen bei der beschränkten Steuerpflicht gleichwertig behandelt.

2.1.2.1.2 Die isolierende Betrachtungsweise nach § 49 Abs. 2 EStG

Mit dem Einkommensteuergesetz von 1974 wurde die isolierende Betrachtungsweise in § 49 Abs. 2 EStG gesetzlich kodifiziert:[532]

---

[528] Vgl. BFH v. 20.02.1974, (I R 217/71) BStBl II, 1974, S. 511.

[529] Vgl. Walter, Die sog. „isolierende Betrachtungsweise", 1977, S. 44f; vgl. Mössner, Isolierende Betrachtungsweise, 1997, S. 945.

[530] Walter wirft in diesem Zusammenhang die Frage auf, ob die Subsidiaritätsklauseln im Rahmen der beschränkten Steuerpflicht auch ohne isolierende Betrachtungsweise überhaupt Anwendung finden. Vgl. ders., Die sog. isolierende Betrachtungsweise, 1977, S. 47. Da der Wortlaut des § 49 Abs. 1 EStG dem jedoch nicht entgegensteht ist anzunehmen, dass mit dem Verweis auf die §§ 13ff. EStG nicht nur die Einkunftsarten, sondern auch ihre Systematik bzw. ihre Rangordnung bei der beschränkten Steuerpflicht übernommen werden.

[531] Vgl. Clausen, Die beschränkte Steuerpflicht, 1974, S. 318; ders., 2003, in: H/H/R, § 49 Rn. 1202.

[532] Eingefügt durch das 2. Steueränderungsgesetz vom 18.7.1974, BGBl I, S. 1489.

„Im Ausland gegebene Besteuerungsmerkmale bleiben außer Betracht, soweit bei ihrer Berücksichtigung inländische Einkünfte i. S. d. Absatz 1 nicht angenommen werden könnten."

Im Folgenden wird anhand der gängigen Methoden der Gesetzesinterpretation Sinn und Zweck dieser Norm untersucht. Begonnen wird hier mit einer historischen Auslegung, da das bisherige Aufrollen der Rechtsprechung bereits als erster Schritt für eine solche Auslegung aufgefasst werden kann.

2.1.2.1.2.1 Absicht der gesetzlichen Normierung

Der objektive Zweck von § 49 Abs. 2 EStG ein wirtschaftlicher.[533] Die durch die unterschiedlichen territorialen Anknüpfungspunkte der in § 49 Abs. 1 EStG aufgeführten Einkunftsarten entstandene Besteuerungslücke soll geschlossen werden.[534]

Neben der Untersuchung des objektiven Zwecks einer Gesetzesregelung ist grundsätzlich auch nach der subjektiven Absicht des Gesetzgebers zu fragen.[535] Fraglich ist, welche subjektive Absicht der Gesetzgeber mit der Einführung des § 49 Abs. 2 EStG verfolgt hat. In der vorliegenden Arbeit wurde bislang lediglich die chronologische Entwicklung der isolierenden Betrachtungsweise anhand der Rechtsprechung untersucht. Eine historische Auslegung umfasst jedoch zusätzlich die Erforschung des Willens des Gesetzgebers zum Zeitpunkt des Erlasses der Norm.[536] Dieser kann der Begründung des Gesetzesentwurfs nicht entnommen werden, da hier nur der objektive Zweck der Norm, das Schließen von Besteuerungslücken angegeben wird.[537]

In der Literatur ist der Grund der Einführung des § 49 Abs. 2 EStG umstritten. Fraglich ist, ob es sich hierbei um eine gesetzliche Manifestierung der Rechtsprechung handelt oder ob eine Korrektur der Rechtsprechung bezweckt werden sollte.

Diskutiert wurde dies Jahre später anhand eines Urteils des Bundesfinanzhofs vom 1.12.1982[538]. Hier hatte die Vorinstanz die Auffassung vertreten, § 49 Abs. 2 EStG lasse nur die Beachtung inländischer Besteuerungsmerkmale zu, d. h. die Voraussetzungen des § 49 Abs. 1 EStG seien nur dann gegeben, wenn diese durch den Steuerpflichtigen im Inland verwirklicht werden. Der Bundesfinanzhof stellte sich auf den Standpunkt, dass „§ 49 Abs. 2 EStG [...] dahin zu verstehen [sei], dass nur die Priorität des inländischen Sachverhalts bei der Bestimmung der Einkunftsart

---

[533] Vgl. BT-Drs. 7/1509, Punkt A.

[534] Vgl. Crezelius, Die isolierende Betrachtungsweise, 1993, S. 86.

[535] Vgl. Beger, Methodenlehre, 2000, S. 38. Zur objektiven und subjektiven Auslegungstheorie vgl. auch Zippelius, Juristische Methodenlehre, 1999, S. 21ff.

[536] Vgl. Beger, Methodenlehre, 2000, S. 36; vgl. Zippelius, Juristische Methodenlehre, 1999, S. 50.

[537] Vgl. BT-Drs. 7/1509, Punkt A.

[538] Vgl. BFH v. 1.12.1982 (I B 11/82), BStBl II, 1983, S. 367.

sichergestellt werden soll: Ausländische Besteuerungsmerkmale sind nur insoweit zu beachten, als ihre Berücksichtigung eine nach den Verhältnissen im Inland begründete Steuerpflicht ausschließen würde." Im Urteil wurden die Einkünfte einer Kapitalgesellschaft im Ergebnis nicht aufgrund der isolierenden Betrachtungsweise in solche aus selbstständiger Tätigkeit umqualifiziert.

Ein Teil der Literatur[539] interpretiert dies dahingehend, dass die ausländischen Verhältnisse nur dann berücksichtigt werden, wenn hierdurch die Steuerbarkeit der Einkünfte begründet wird. Dementsprechend wird nach dieser Auffassung in der gesetzlichen Normierung der Rechtsprechung lediglich eine Bestätigung der bisherigen Rechtsprechung gesehen. Hierfür spricht, dass der Gesetzgeber in der Begründung zum Gesetzesentwurf nur die Schließung von Besteuerungslücken angibt[540], und die spätere Einführung des § 49 Abs. 1 Nrn. 2d, f und 9 EStG.[541]

Die Gegenmeinung stellt sich auf den Standpunkt, dass durch die Einführung des § 49 Abs. 2 EStG die in der Rechtsprechung erfolgte Eingrenzung der isolierenden Betrachtungsweise, nämlich dass eine Kapitalgesellschaft grundsätzlich keine Einkünfte aus selbstständiger Tätigkeit haben könne, rückgängig gemacht werden soll. Demnach soll die isolierende Betrachtungsweise für diesen Fall auch wieder anwendbar sein.[542] Der Bundesfinanzhof habe zwar für den konkreten Fall die Einkünfte einer Kapitalgesellschaft nicht in Einkünfte gem. § 18 EStG umgewandelt, dies könne jedoch nicht verallgemeinert werden, da bei den selbstständigen Tätigkeiten eine Differenzierung vorgenommen werden müsse, ob diese auch von einer Kapitalgesellschaft ausgeführt werden können oder nicht.[543] So unterscheidet *Clausen* im Rahmen der selbstständigen Tätigkeiten zwischen höchstpersönlichen Tätigkeiten und Tätigkeiten, die einer Kapitalgesellschaft zugerechnet werden können. Sofern eine Tätigkeit als Tätigkeit der Kapitalgesellschaft eingeordnet werden kann, kann diese nach dieser Ansicht unter Anwendung der isolierenden Betrachtungsweise Einkünfte aus selbstständiger Tätigkeit erzielen.[544] Die Beschränkung der Auslegung auf die Nichtanwendung der Subsidiaritätsklauseln sei auch aus dem

[539] Vgl. z. B. Mössner, Isolierende Betrachtungsweise, 1997, S. 946; vgl. Heinicke, in: Schmidt, EStG, 2003, § 49 Rn. 11; vgl. Jacobs, Internationale Unternehmensbesteuerung, 2002, S. 351f.

[540] Vgl. Söffing, Isolierende Betrachtungsweise, 1983, S. 2.

[541] Vgl. Crezelius, Isolierende Betrachtungsweise, 1993, S. 83. Vgl. auch Wied, Beschränkt steuerpflichtige Einkünfte, 1999, in: Blümich, § 49 Rn. 33. Bei einer weiten Auslegung der isolierenden Betrachtungsweise wäre das Einfügen dieser Nummern erforderlich gewesen.

[542] Vgl. Flies, Die Umqualifikation der Einkünfte bei der beschränkten Steuerpflicht, 1995, S. 433.

[543] Vgl. Clausen, 2003, in: H/H/R, § 49 Rn. 1202.

[544] Vgl. Clausen, 2003, in: H/H/R, § 49 Rn. 1250: „Eine Kapitalgesellschaft kann zwar nicht singen, sie kann aber z. B. beraten."

Grund nicht gerechtfertigt, da diese nicht explizit in § 49 EStG aufgeführt werden.[545]

Somit ist die Reichweite der isolierenden Betrachtungsweise ungeklärt. Bei enger Auslegung verdrängt § 49 Abs. 2 EStG lediglich Subsidiaritätsklauseln, bei weiter Auslegung hat die isolierende Betrachtungsweise einen umfassenderen Geltungsanspruch. Nach der hier vertretenen Ansicht ist eine strikte Anwendung des § 49 Abs. 2 EStG auf Subsidiaritätsfälle abzulehnen. Eine derartige Beschränkung der Norm hätte andernfalls Eingang ins Gesetz finden müssen. Hätte der Gesetzgeber die Absicht gehabt, bei der Bestimmung von Einkunftsarten nach § 49 Abs. 1 EStG ausschließlich das eigentliche Wesen der Einkünfte zu betrachten, wäre ein Ausschluss der Subsidiaritätsklauseln im Rahmen der beschränkten Steuerpflicht ausreichend gewesen.

2.1.2.1.2.2 Der Wortlaut des § 49 Abs. 2 EStG

Die sehr allgemein gefasste Formulierung des § 49 Abs. 2 EStG erschwert hier eine Auslegung nach dem Wortlaut. Aufgrund der unscharfen Begrifflichkeit ist die Bedeutung der Norm nur schwer zu fassen.

Obwohl sich die Rechtsprechung zur isolierenden Betrachtungsweise anhand eines Kreises ähnlich gelagerter Fallkonstellationen entwickelt hat, enthält § 49 Abs. 2 EStG keine Beschränkung auf eine Gruppe von Sachverhalten.[546] Insbesondere die von der späteren Rechtsprechung zur isolierenden Betrachtungsweise vorgenommene Anwendungseinschränkung[547] kommt im Gesetz nicht mehr zum Ausdruck.[548]

Der Begriff der „isolierenden Betrachtungsweise" bedarf keiner Auslegung, da er im Gesetz nicht auftritt und lediglich den Regelungsinhalt des § 49 Abs. 2 EStG umschreibt.[549]

2.1.2.1.2.2.1 „Im Ausland gegebene Besteuerungsmerkmale"

Als „im Ausland gegeben" werden Besteuerungsmerkmale angesehen, wenn sie „nicht (auch) im Inland verwirklicht werden"[550]. Auslandsgegebenheit in diesem Sinne liegt nur vor, wenn sich ein Besteuerungsmerkmal ausschließlich im Ausland befindet.

---

[545] Vgl. Flies, Die Umqualifikation der Einkünfte bei der beschränkten Steuerpflicht, 1995, S. 433.

[546] Vgl. Crezelius, Isolierende Betrachtungsweise, 1993, S. 79.

[547] Vgl. BFH v. 4.3.1970 (I R 140/66), BStBl II, 1970, S. 428; vgl. BFH v. 7.7.1971 (I R 41/70), BStBl II, 1971, S. 771.

[548] Vgl. Walter, Die sog. isolierende Betrachtungsweise, 1977, S. 45.

[549] Vgl. Clausen, 2003, in: H/H/R, § 49 Rn 1200.

[550] Clausen, 2003, in: H/H/R, § 49 Rn. 1221.

Was jedoch ist unter einem Besteuerungsmerkmal zu verstehen?

Mössner[551] wirft die Frage auf, ob diesem Begriff die gleiche Semantik wie dem Begriff der „Besteuerungsgrundlage" aus § 157 Abs. 2 AO zugrunde liegt. Der Ausdruck „Besteuerungsgrundlage" wird in der Abgabenordnung mit unterschiedlichem Bedeutungsinhalt verwendet. Für den in § 157 Abs. 2 AO verwendeten Begriff kann auf die Definition nach § 199 AO zurückgegriffen werden.[552] Hiernach sind unter Besteuerungsgrundlagen die „tatsächlichen und rechtlichen Verhältnisse, die für die Steuerpflicht und für die Bemessung der Steuer maßgebend sind", zu verstehen.

In der überwiegenden Anzahl der Fälle, die der Reichsfinanzhof und der Bundesfinanzhof zur isolierenden Betrachtungsweise zu entscheiden hatten, handelte es sich um Einkünfte, die der Art nach nicht gewerblich waren, durch die restliche Tätigkeit des Ausländers jedoch als gewerblich qualifiziert wurden und dann durch Außerachtlassen dieser Gewerblichkeit wieder ihrer ursprünglichen Art nach besteuert wurden. Hier würde m. E. das Vorliegen der Einkünfte eine Besteuerungsgrundlage darstellen, während die Gewerblichkeit lediglich ein „Besteuerungsmerkmal" ist, welches diese Besteuerungsgrundlage einzuordnen hilft. Auch wenn das Außerachtlassen der Gewerblichkeit das die beschränkte Steuerpflicht auslösende Moment ist, begründet sie selbst die Steuerpflicht nicht. Die Gewerblichkeit für sich betrachtet kann keine Besteuerungsgrundlage sein; sie allein löst keine Steuerpflicht aus.

M. E. kann daher dieser Begriff der „Besteuerungsgrundlage" nicht mit dem Begriff des „Besteuerungsmerkmals" gleichgesetzt werden. Unter Besteuerungsmerkmal ist vielmehr eine Eigenschaft einer Besteuerungsgrundlage zu verstehen, d. h. es kennzeichnet lediglich die Besteuerungsgrundlage und hilft, diese entsprechend einzuordnen. Das Besteuerungsmerkmal verleiht der Besteuerungsgrundlage nur einen bestimmten Charakter. Dies soll nachstehende Abbildung verdeutlichen:

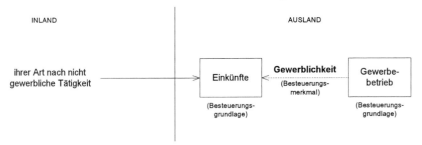

Abb. 12: Gewerblichkeit als Besteuerungsmerkmal

---

[551] Vgl. Mössner, Isolierende Betrachtungsweise, 1997, S, 939.
[552] Vgl. Trzaskalik, 1997, in: H/H/Sp, AO und FGO, § 157 Rn. 15.

Während der Begriff „Besteuerungsmerkmale" in der Literatur auch als Synonym für einen der Subsumtion zugrunde legenden Sachverhalt verwendet[553] oder mit Tatbestandsmerkmalen gleichgesetzt[554] wird, versteht *Clausen* hierunter „(ausländ.) Sachverhaltselemente, die den Tatbestand einer Einkunftsart qualifizieren"[555]. Somit erhält der Begriff eine wesentlich engere Bedeutung, da das Besteuerungsmerkmal dann nur noch der Einordnung des Tatbestandes dient. Bei dem Sachverhalt handelt es sich um etwas Feststehendes, unabhängig davon, ob sich seine Elemente im Inland oder im Ausland befinden, und er wird in seinen Bestandteilen von der isolierenden Betrachtungsweise nicht verändert.[556] Dies entspricht im Wesentlichen auch der oben vorgenommenen Unterscheidung zwischen Merkmal und Grundlage.

Zusammenfassend lässt sich sagen, dass grundsätzlich zu differenzieren ist, ob eine Besteuerungsgrundlage oder ein Besteuerungsmerkmal vorliegt. Eine Besteuerungsgrundlage beschreibt den Tatbestand, der der Besteuerung zugrunde liegt. Ein Besteuerungsmerkmal hilft lediglich, diese Besteuerungsgrundlage näher zu charakterisieren. Im Rahmen des § 49 Abs. 2 EStG darf lediglich ein solches Besteuerungsmerkmal außer Betracht gelassen werden. Eine Besteuerungsgrundlage hingegen fällt nicht unter den § 49 Abs. 2 EStG und darf folglich auch nicht ausgeklammert werden.

2.1.2.1.2.2.2 „Außer Betracht bleiben"

Teilweise wird der § 49 Abs. 2 EStG so interpretiert, dass ausländische Verhältnisse bei der steuerlichen Beurteilung von Einkünften beschränkt Steuerpflichtiger überhaupt nicht mehr berücksichtigt werden dürfen. Demzufolge wird hier grundsätzlich nur auf inländische Verhältnisse zurückgegriffen.[557]

Nach Ansicht von *Debatin* dürfen die ausländischen Verhältnisse grundsätzlich nicht in die Würdigung des Sachverhaltes miteinfließen, sondern nur „insoweit, aber auch nur insoweit berücksichtigt werden, als dies zur Entscheidung über das Vorliegen der Besteuerungsmerkmale im Inland notwendig ist."[558] Diese Ansicht widerspricht jedoch dem Wort „soweit", welches in § 49 Abs. 2 EStG den Nebensatz einleitet. Die Reichweite der Möglichkeit, die ausländischen Verhältnisse außer Betracht zu lassen, wird eingeschränkt durch den mit „soweit" eingeleiteten Nebensatz.[559] Sollten die im Ausland verwirklichten steuerlichen Sachverhaltselemente tat-

---

[553] Vgl. Heinicke, in: Schmidt, EStG, 2003, § 49 Rn. 11.
[554] So auch Bildsdorfer, Die sogenannte isolierende Betrachtungsweise, 1977, S. 863.
[555] Vgl. Clausen, 2003, in: H/H/R, § 49 Rn. 1220.
[556] Vgl. Schrettl, Rechtsfragen der beschränkten Steuerpflicht, 1993, S. 171.
[557] Vgl. Eckert, Die beschränkte Steuerpflicht, 1995, S. 103.
[558] Vgl. Debatin, Die beschränkte Steuerpflicht bei der ESt und KSt, 1960, S. 1017.
[559] Vgl. Clausen, 2003, in: H/H/R, § 49 Rn. 1240.

sächlich grundsätzlich nicht berücksichtigt werden, wäre eine Beschreibung des Umfangs dieser Nichtberücksichtigung nicht erforderlich.

Probleme ergeben sich durch diese Sichtweise dadurch, dass die Qualifizierung des beschränkt Steuerpflichtigen als Steuersubjekt ebenfalls im Ausland verwirklicht wird. Es muss im Ausland auf jeden Fall eine Prüfung vorgenommen werden, ob die Einkünfte auch einem Steuersubjekt zufließen. Wenn nämlich im Ausland kein Steuersubjekt identifiziert werden kann, entsteht dort auch keine beschränkte Steuerpflicht. Trotz der Objektivierung der beschränkten Steuerpflicht darf nicht außer Acht gelassen werden, dass das Vorliegen eines Steuersubjekts (gem. § 1 Abs. 4 EStG eine natürliche Person bzw. gem. § 8 Abs. 1 KStG i. V. m. § 2 KStG eine Körperschaft) ein weiteres Tatbestandsmerkmal darstellt. Auch wenn die Prüfung dieses zweiten Tatbestandsmerkmals erst aufgrund des Vorliegens von Einkünften erfolgt, müssen die Einkünfte einem Steuersubjekt zurechenbar sein. Deswegen ist der Blick über die Grenze zwingend notwendig.

Nach Ansicht von *Clausen*[560] muss grundsätzlich der gesamte Sachverhalt in die steuerliche Betrachtung mit einbezogen werden, unabhängig davon, ob die einzelnen Bestandteile im Inland oder Ausland verwirklicht werden. Es werden also die ausländischen Verhältnisse von Beginn an berücksichtigt und dann bei entsprechender Fallkonstellation erst wieder von der Betrachtung ausgeschlossen.

Der Gesetzgeber spricht nicht von einem „Außerachtlassen", sondern von einem „Außer Betracht bleiben". Somit dürfen die im Ausland gegebenen Besteuerungsmerkmale nicht grundsätzlich außer Acht gelassen werden, sondern müssen zwar beachtet werden, dürfen jedoch nach der Beachtung nicht in die Betrachtung miteinbezogen werden. Die ausländischen Besteuerungsmerkmale dürfen nicht grundsätzlich nicht außer Acht gelassen werden, sondern nur bei Eintreten einer bestimmten möglichen Rechtsfolge.[561] Diese Rechtsfolge kann allerdings nur dann ausgemacht werden, wenn zunächst alle inländischen und ausländischen Besteuerungsmerkmale festgestellt wurden.

Das „Außer Betracht bleiben" bildet die eigentliche Rechtsfolge von § 49 Abs. 2 EStG, die durch Vorliegen des Tatbestandsmerkmals „Nichtannahme von inländischen Einkünften aufgrund von im Ausland gegebenen Besteuerungsmerkmalen" entsteht. Diese „Nichtannahme von inländischen Einkünften" wiederum ist gleichbedeutend mit der Rechtsfolge „Nichtbesteuerung der Einkünfte".

Dementsprechend bildet hier eine potenzielle Rechtsfolge einer anderen Norm, nämlich die des § 49 Abs. 1 EStG, ein Tatbestandsmerkmal. Die ausländischen Verhältnisse müssen somit auf jeden Fall in die Subsumtion mit eingeschlossen

---

560 Vgl. Clausen, 2003, in: H/H/R, § 49 Rn. 1220.
561 Vgl. Walter, Die sog. isolierende Betrachtungsweise, 1983, S. 38.

werden, da nur durch ihre Prüfung diese den Tatbestand bildende Rechtsfolge ü-
berprüft werden kann.

Semantisch fraglich ist in diesem Zusammenhang jedoch, ob es sich bei der Nichtbesteuerung der Einkünfte noch um eine Rechtsfolge handelt, die durch eine andere Rechtsfolge außer Kraft gesetzt wird, oder ob bei dieser Nichtbesteuerung erst
gar nicht von einer Rechtsfolge gesprochen werden kann, da sie nicht entsteht.[562]

Ein grundsätzliches Außerachtlassen von Elementen des ausländischen Sachverhaltes ist nach der hier vertretenen Ansicht nicht möglich. Denn § 49 Abs. 2 EStG ist
eine zwingende Regelung nur, soweit bei der Berücksichtigung ausländischer Besteuerungsmerkmale inländische Einkünfte nicht angenommen werden können.
Die notwendige Erkenntnis, welche Folgen die Berücksichtigung hat, d. h. ob dann
Einkünfte nicht angenommen werden können, kann nur gewonnen werden, wenn
man diese ausländischen Besteuerungsmerkmale zunächst auf jeden Fall betrachtet.
Um zu wissen, ob außer Betracht zu lassende ausländische Besteuerungsmerkmale
i. S. d. § 49 Abs. 2 EStG vorliegen, müssen diese zunächst einmal bekannt sein.

2.1.2.1.2.3 Systematische Einordnung

Eine systematisch-logische Auslegung einer Norm erfordert die Betrachtung ihres
Kontextes.[563] Es ist danach zu fragen, ob sich weitere Hinweise auf Sinn und
Zweck des § 49 Abs. 2 EStG durch diese Stellung im Gesetz ergeben.

Vor § 49 Abs. 2 EStG befinden sich in Absatz 1 Tatbestandsmerkmale, die zu den
in den §§ 13ff. EStG beschriebenen Einkunftsarten hinzutreten müssen, damit eine
beschränkte Steuerpflicht entsteht.

Wie bereits bei der Diskussion um den objektsteuerartigen Charakter der beschränkten Steuerpflicht beschrieben wurde[564], entsteht die beschränkte Steuerpflicht erst durch die Existenz von Einkünften. Das primäre Ziel besteht hier nicht
in der Erfassung der Steuersubjekte, sondern in der Erfassung der im Inland entstandenen Einkünfte. Daher wird der Bezug zum Inland durch die weiteren territorialen Tatbestandsmerkmale bei den einzelnen Einkunftsarten konkretisiert.[565] Dabei stellen die verschiedenen Einkunftsarten jedoch unterschiedlich stark ausgeprägte Anforderungen an den Inlandsbezug. Somit erfolgt in § 49 Abs. 1 EStG
eine räumliche Abgrenzung.

---

[562] Praktisch spielt dies jedoch keine Rolle.
[563] Vgl. Zippelius, Juristische Methodenlehre, 1999, S. 52; vgl. Beger, Methodenlehre, 2000,
S. 36; vgl. Pawlowski, Methodenlehre für Juristen, 1999, Rn. 362ff.
[564] Vgl. S. 158f.
[565] Vgl. Eicher in: Littmann/Bitz/Pust, EStG, § 49 EStG, Rn. 4; vgl. Crezelius, Die isolierende
Betrachtungsweise, 1993, S. 76ff.

In § 49 Abs. 2 EStG hingegen werden anwendungsrechtliche Grenze gezogen.[566] Es wird vorgegeben, unter welchen Umständen sich die eigentliche Anwendung der Nummern des § 49 Abs. 1 EStG ändert. Aus Absatz 2 ergeben sich keine weiteren Anknüpfungsmerkmale und es ist daher dringend erforderlich, eine klare Trennlinie zwischen den beiden Absätzen zu ziehen.[567]

Die Funktion des § 49 Abs. 2 EStG als nachstehenden Absatz zur Aufzählung dieser inlandsbezogenen Tatbestandsmerkmale kann folglich dahingehend aufgefasst werden, dass sie bei Nichtbesteuerung aufgrund dieser räumlichen Besteuerungsvoraussetzungen eine andere Zuordnung der Einkünfte bestimmt. Es handelt sich um eine Zurechnungsvorschrift. Aufgabe der isolierenden Betrachtungsweise ist es, nach der Prüfung der Einordnung von Einkünften unter einer der Einkunftsarten des Abs. 1 und der Überprüfung der Rechtsfolge dieser vorhergehenden Einordnung eine neue Zuordnung der Einkünfte in Abhängigkeit von der Rechtsfolge der ersten Einordnung vorzunehmen.

Aus der Stellung des § 49 Abs. 2 EStG können somit zwei Schlussfolgerungen gezogen werden: Erst nach vollständiger Ermittlung der inländischen und ausländischen Gegebenheiten für die Bestimmung der Tatbestandsmerkmale von § 49 Abs. 1 EStG i. V. m. §§ 13 ff. EStG kommt § 49 Abs. 2 EStG zur Anwendung. Ein Blick über die Grenze ist mithin erforderlich. Die Systematik des § 49 EStG gibt diese Prüfungsreihenfolge vor. Ausländische Besteuerungsmerkmale müssen somit grundsätzlich beachtet werden.

Würde man § 49 Abs. 2 EStG dagegen nur dahingehend verstehen, dass er die Subsidiaritätsregeln im Rahmen der beschränkten Steuerpflicht grundsätzlich ausschließt, würde eine andere Prüfungsreihenfolge entstehen. Auf diese Weise könnten die Einkunftsarten aus Absatz 1 von Beginn an der ihrem objektiven Wesen entsprechenden Einkunftsart zugeordnet werden.[568] Somit deutet die Stellung der isolierenden Betrachtungsweise im Gesetz auch darauf hin, dass der Gesetzgeber mit der Einführung des § 49 Abs. 2 EStG tatsächlich eine Korrektur der Rechtsprechung bezweckt hat und die isolierende Betrachtungsweise in weitem Sinne auszulegen ist. Andernfalls hätte es genügt, den Ausschluss der Subsidiaritätsklauseln in den § 49 Abs. 1 EStG zu integrieren. Die Stellung der isolierenden Betrachtungsweise im Gesetz weist auf eine weite Auslegung des § 49 Abs. 2 EStG hin und spricht gegen eine Beschränkung auf Subsidiaritätsfälle.

2.1.2.1.3 Zusammenfassung

Die in § 49 Abs. 2 EStG gesetzlich fixierte isolierende Betrachtungsweise geht auf eine umfangreiche Rechtsprechung des Reichsfinanzhofs und des Bundesfinanz-

---

[566] Vgl. Walter, Die sog. isolierende Betrachtungsweise, 1977, S. 37.
[567] Vgl. Schrettl, Rechtsfragen der beschränkten Steuerpflicht, 1993, S. 171.
[568] Vgl. so z. B. Bilsdorfer, Die sogenannte isolierende Betrachtungsweise, 1983, S. 854.

hofs zurück. Ihre Rechtfertigung begann mit der Gleichheit der Besteuerung ausländischer Steuerpflichtiger, wurde weitergeführt mit einer wirtschaftlichen Betrachtungsweise und endete schließlich mit dem objektsteuerartigen Charakter der beschränkten Steuerpflicht. Während der Reichsfinanzhof den Blick über die Grenze grundsätzlich scheute, begann der Bundesfinanzhof, die ausländischen Gegebenheiten, insbesondere das ausländische Steuersubjekt, in seine Betrachtung mit einzubeziehen.

In der späteren Rechtsprechung des Bundesfinanzhofs wurde die Funktion der isolierenden Betrachtungsweise auf das Ausschalten der Subsidiaritätsklauseln der §§ 20 Abs. 3, 21 Abs. 3, 22 Nr. 3 und 23 Abs. 3 EStG beschränkt. Dieser begrenzte Geltungsbereich kommt in der gesetzlichen Kodifizierung in § 49 Abs. 2 EStG allerdings nicht zum Ausdruck und es ist fraglich, ob der Gesetzgeber diese restriktive Auslegung der isolierenden Betrachtungsweise fortführen wollte.

Gem. § 49 Abs. 2 EStG „[bleiben] im Ausland gegebene Besteuerungsmerkmale außer Betracht, soweit bei ihrer Berücksichtigung inländische Einkünfte nicht angenommen werden könnten". Das Ausklammern ausländischer Gegebenheiten bezieht sich ausschließlich auf Besteuerungsmerkmale, welche der Charakterisierung einer Besteuerungsgrundlage dienen. Die Besteuerungsgrundlage selbst darf nicht außer Betracht bleiben. Grundsätzlich sind diese ausländischen Besteuerungsmerkmale jedoch zunächst zu beachten und vollständig zu prüfen. Erst nach Kenntnis der ausländischen Gegebenheiten dürfen diese gegebenenfalls Außer Betracht gelassen werden. Der Blick über die Grenze ist damit notwendig.

Gestützt wird dieses Ergebnis auch durch die systematische Stellung der isolierenden Betrachtungsweise als zweiter Absatz des § 49 EStG. Erst nach vollständiger Feststellung der Einkunftsart und deren inländischen Anknüpfungspunkten i. S. d. § 49 Abs. 1 EStG kann gegebenenfalls in einem nächsten Schritt die Anwendung von § 49 Abs. 2 EStG erfolgen. Führt § 49 Abs. 1 EStG zu einer Besteuerung im Inland, kommt man erst gar nicht zu § 49 Abs. 2 EStG.

2.1.2.2 Anwendbarkeit bei der Betriebsaufspaltung über die Grenze

Im Fall einer Betriebsaufspaltung mit ausländischer Besitzgesellschaft kommt es regelmäßig nicht zu einer Besteuerung bei einer Qualifizierung der Einkünfte als Einkünfte aus Gewerbebetrieb i. S. d. § 49 Abs. 1 Nr. 2a EStG, da keine Betriebsstätte im Inland vorliegt.

Vielfach wird in der Literatur das Eingreifen der isolierenden Betrachtungsweise bei der grenzüberschreitenden Betriebsaufspaltung ohne weitere Begründung angenommen[569] oder abgelehnt[570]. Wie bereits dargelegt, ist die Reichweite der isolierenden Betrachtungsweise noch nicht abschließend geklärt. Im Folgenden wird die Anwendung der isolierenden Betrachtungsweise sowohl bei restriktiver Auslegung, als auch bei einer weiten Auslegung, ausgehend vom bloßen Wortlaut des § 49 Abs. 2 EStG, untersucht.

2.1.2.2.1 Restriktive Auslegung des § 49 Abs. 2 EStG

Bei enger Auslegung der isolierenden Betrachtungsweise wird die Funktionsweise des § 49 Abs. 2 EStG auf das Außer Kraft setzen der Subsidiaritätsklauseln der §§ 20 Abs. 3, 21 Abs. 3, 22 Nr. 3 und 23 Abs. 3 EStG reduziert. Inländische Einkünfte werden nicht nach ihrer rechtlichen Natur beurteilt, sondern ihrem ursprünglichen Charakter nach qualifiziert. Fallen Einkünfte innerhalb eines ausländischen Gewerbebetriebs an, werden sie ihrer originären Art entsprechend im Inland besteuert.

Übt ein inländischer Gewerbebetrieb eine Verpachtungstätigkeit aus, werden seine Einkünfte gem. § 21 Abs. 3 EStG nicht als Einkünfte aus Vermietung und Verpachtung, sondern als gewerbliche Einkünfte i. S. d. § 15 EStG qualifiziert. Gehören die Einkünfte allerdings zu einem ausländischen Gewerbebetrieb, werden sie gem. § 49 Abs. 1 Nr. 6 EStG i. V. m. § 49 Abs. 2 EStG als Einkünfte aus Vermietung und Verpachtung besteuert, sofern der ausländische Gewerbebetrieb keine Betriebsstätte im Inland unterhält bzw. keinen ständigen Vertreter bestellt hat und aufgrund dessen eine Besteuerung als Einkünfte aus Gewerbebetrieb i. S. d. § 49 Abs. 1 Nr. 2a EStG i. V. m. § 15 EStG ausscheidet.

Die Neueinordnung der Pachteinnahmen der ausländischen Besitzpersonengesellschaft erfolgt jedoch nicht aufgrund der Subsidiaritätsklausel gem. § 21 Abs. 3 EStG. Es ist zweifelhaft, ob die Umqualifizierung der Einkünfte im Rahmen einer Betriebsaufspaltung analog zu der Neueinordnung aufgrund von Subsidiaritätsklauseln verläuft.

Bei einer Betriebsaufspaltung wird ein einheitliches Unternehmen in zwei rechtlich selbstständige Gesellschaften aufgeteilt. Rechtlich existieren nun zwei Gesellschaften: Die Besitzgesellschaft besitzt das für den Betrieb notwendige Vermögen, die Betriebsgesellschaft führt den laufenden Geschäftsbetrieb. Der von der Betriebsgesellschaft erzielte Gewinn wird in Form von Pachtzahlungen für die Überlassung des Betriebsvermögens an die Besitzgesellschaft weitergeleitet. Bei dieser Aufteilung handelt es sich jedoch um eine rein rechtliche Konstruktion, d. h. wirtschaft-

---

[569] Vgl. z. B. Günkel, Einschaltung ausländischer Besitzgesellschaften, 1998, S. 146; vgl. Hinke, Handbuch der Betriebsaufspaltung, 1995, 6/5.2; vgl. Schaumburg, Internationales Steuerrecht, 1998, Rn. 5.248; vgl. Streck, Beteiligung an einer ausländischen Personengesellschaft, 1997, S. 139.

[570] Vgl. z. B. Kaligin, Die Betriebsaufspaltung im Steuerrecht, 2001, S. 198; Fichtelmann, Betriebsaufspaltung im Steuerrecht, 1999, S. 166f.

lich liegt nach wie vor ein einziges Unternehmen vor. Hätte die Besitzpersonengesellschaft nicht die Betriebskapitalgesellschaft zwischengeschaltet, würde sie (ohne die Rechtsfolgen der Betriebsaufspaltung) Einkünfte aus Gewerbebetrieb erzielen. Die Qualifizierung der Pachtzahlungen als Einkünfte aus Vermietung und Verpachtung würde ausschließlich auf einer rechtlichen Gestaltung des wirtschaftlich einheitlichen Unternehmens beruhen. Originär stellen diese Einkünfte jedoch Einkünfte aus Gewerbebetrieb dar. Die durch das Rechtsinstitut der Betriebsaufspaltung bewirkte Umqualifizierung der Pachteinnahmen der Besitzgesellschaft in Einkünfte aus Gewerbebetrieb folgt damit dem ursprünglichen Charakter dieser Einkünfte. Die Konstruktion einer Doppelgesellschaft ist schließlich nur rechtlicher Natur.

Ohne das Rechtsinstitut der Betriebsaufspaltung wären die Einkünfte der ausländischen Besitzgesellschaft ihrer rechtlichen Natur nach den Einkünften aus Vermietung und Verpachtung i. S. d. § 49 Abs. 1 Nr. 6 EStG i. V. m. § 21 EStG zuzuordnen. Allerdings stellen sie ursprünglich gewerbliche Einkünfte dar. Wirtschaftlich betrachtet handelt es sich nur um ein einziges Unternehmen, welches die Einkünfte am Markt erwirtschaftet. Die Umqualifizierung der Einkünfte von Einkünften aus Vermietung und Verpachtung zu gewerblichen Einkünften mit Hilfe des Rechtsinstituts der Betriebsaufspaltung erfolgt demzufolge entsprechend dem originären Charakter der Einkünfte. So wird eigentlich bei der Betriebsaufspaltung nicht erst ein Gewerbebetrieb fingiert, sondern vielmehr wird rückgängig gemacht, was durch Errichtung von zwei rechtlich selbstständigen Gesellschaften vorgegaukelt wurde, nämlich die Existenz einer vermögensverwaltenden Gesellschaft.

Insofern verläuft die Umqualifizierung von Einkünften bei einem Betriebsaufspaltungsverhältnis in entgegen gesetzter Richtung zur Umqualifizierung von Einkünften anhand von Subsidiaritätsklauseln. Die §§ 20 Abs. 3, 21 Abs. 3, 22 Nr. 3 und 23 Abs. 3 EStG bewirken eine rein rechtliche Zuordnung von originären Einkünften aus Vermögensverwaltung zu den Einkünften aus Gewerbebetrieb. Mit der Rechtsprechung zur Betriebsaufspaltung werden Einkünfte, die nur rein rechtlich Einkünfte aus Vermögensverwaltung darstellen, wieder ihrer ursprünglichen Art nach als Einkünfte aus Gewerbebetrieb behandelt (Vgl. hierzu Abb. 13 auf S. 174)

Somit würde § 49 Abs. 2 EStG bei restriktiver Auslegung im Fall der Betriebsaufspaltung über die Grenze ins Leere laufen. Das Rechtsinstitut der Betriebsaufspaltung bewirkt bereits eine Behandlung der Pachtzahlungen ihrem inneren Gehalt entsprechend. Eine Anwendung der isolierenden Betrachtungsweise würde die Einkünfte wieder entsprechend ihrer rechtlichen Art einordnen. Mithin kann die Gewerblichkeit der Einkünfte der Besitzgesellschaft im Rahmen einer Betriebsaufspaltung bei enger Auslegung des § 49 Abs. 2 EStG nicht außer Betracht gelassen werden. Die Einkünfte unterliegen im Inland keiner Besteuerung.

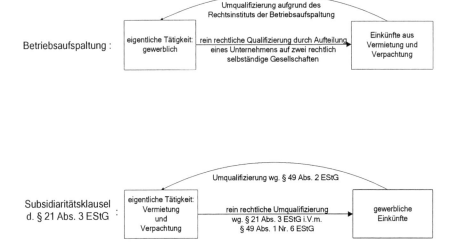

Abb. 13: Umqualifizierung der Einkünfte im Rahmen der Betriebsaufspaltung

2.1.2.2.2 Extensive Auslegung des § 49 Abs. 2 EStG

Dem Wortlaut des § 49 Abs. 2 EStG ist keine Beschränkung der isolierenden Betrachtungsweise auf Subsidiaritätsfälle zu entnehmen. Nachfolgend soll geklärt werden, was das „Besteuerungsmerkmal" im Rahmen der grenzüberschreitenden Betriebsaufspaltung ist und ob dieses als „im Ausland gegeben" angesehen werden kann.

2.1.2.2.2.1 Das „Besteuerungsmerkmal" bei der Betriebsaufspaltung

Häufig werden die Voraussetzungen der Betriebsaufspaltung, die personelle und sachliche Verflechtung, als Besteuerungsmerkmal gesehen:

Die personelle Verflechtung vollzieht sich an dem Ort der Bildung des einheitlichen geschäftlichen Betätigungswillens und wird daher häufig dem Ansässigkeitsstaat der Gesellschafter zugeordnet.[571] Die personelle Verflechtung verwirklicht sich demnach im Ausland, wenn die Gesellschafter dort ansässig sind und wird dann als ausländisches Besteuerungsmerkmal gesehen.

---

[571] Vgl. Piltz, Betriebsaufspaltung über die Grenze?, 1981, S. 2046; vgl. Kaligin, Betriebsaufspaltung über die Grenze, 1983, S. 458; vgl. Krug, Betriebsaufspaltung über die Grenze, 1985, S. 124. Sie bezieht sich in dieser Beurteilung jedoch lediglich auf den konkreten Fall, dass die Betriebskapitalgesellschaft sich im Inland und die Besitzpersonengesellschaft und ihre Gesellschaft sich im Ausland befinden.

Die sachliche Verflechtung wird teilweise als im Inland gegebenes Besteuerungsmerkmal gesehen, da dort die wesentlichen Betriebsgrundlagen sind[572], teilweise als
im Ausland gegebenes Besteuerungsmerkmal behandelt, da sich zwar Pächter und
Pachtobjekt im Inland befinden, der „konkrete Überlassungsakt"[573] jedoch im Ausland stattfindet.

Nach anderer Auffassung stellen personelle und sachliche Verflechtung inländische
Besteuerungsmerkmale dar, da diese ohnehin nur aus inländischer Sicht geprüft
werden können[574] oder weil die Gewerblichkeit der Betriebsaufspaltung nur nach
inländischen Prinzipien entsteht[575]. Allerdings kann hierin kein geeignetes Abgrenzungskriterium gesehen werden, da es im Anwendungsbereich des § 49 Abs. 2
EStG selbstverständlich ist, dass die Einordnung eines Besteuerungsmerkmals als
in- oder ausländisch durch deutsche Rechtsanwendung zu erfolgen hat.

Nach der hier vertretenen Auffassung sind personelle und sachliche Verflechtung
keine Besteuerungsmerkmale.[576] Diese Voraussetzungen der Betriebsaufspaltung
stellen ähnlich wie die Drei-Objekt-Grenze in der Rechtsprechung zur Abgrenzung
der privaten Vermögensverwaltung vom gewerblichen Grundstückshandel nur ein
„Indiz" bzw. „Beweisanzeichen"[577] für das Vorhandensein eines Gewerbebetriebs
dar.[578] Personelle und sachliche Verflechtung begründen für sich genommen noch
keine Gewerblichkeit. Vielmehr kommt es auf die Herkunft der Gewerbebetriebs-
eigenschaft der Besitzpersonengesellschaft an bzw. auf die Begründung, warum
diese einen Gewerbebetrieb darstellt.

Das Besteuerungsmerkmal Gewerblichkeit ergibt sich aus der Existenz eines Gewerbebetriebs i. S. d. § 15 Abs. 2 EStG. Nur das Vorhandensein von Selbstständigkeit, Nachhaltigkeit, Gewinnerzielungsabsicht und Teilnahme am allgemeinen wirtschaftlichen Verkehr führt zur Gewerblichkeit. Stellt man bei der Anwendung von
§ 49 Abs. 2 EStG auf die personelle und sachliche Verflechtung ab, wird nicht das
eigentliche Besteuerungsmerkmal Gewerblichkeit außer Betracht gelassen, sondern
lediglich die auf die Gewerblichkeit hinweisenden Indizien.

572 Vgl. Piltz, Betriebsaufspaltung über die Grenze?, 1981, S. 2046; vgl. hierzu BFH v. 14.8.1974
     (I R 136/70), BStBl II, 1975, S. 112.
573 Krug, Betriebsaufspaltung über die Grenze, 1985, S. 124.
574 Vgl. Becker/Günkel, Betriebsaufspaltung über die Grenze, 1993, S. 483 (491); vgl. Günkel/
     Kussel, Betriebsaufspaltung mit ausländischer Besitzgesellschaft, S. 554.
575 Vgl. Crezelius, die beschränkte Steuerpflicht, 1993, S. 91.
576 Vgl. auch Clausen, 2003, in: H/H/R, § 49 Rn. 1256. Clausen hält ebenfalls das Unterhalten
     eines Gewerbebetriebs für das außer Betracht zu lassende Element.
577 BFH v. 3.7.1995 (GrS 1/93), BStBl II 1995, S. 617.
578 Vgl. z. B. BFH v. 3.7.1995 (GrS 1/93), BStBl II 1995, S. 617; BFH v. 10.12.2001 (GrS 1/98),
     BStBl II, 2002, S. 291. Kritisch zur Verwendung von „Indizien" in der Rechtsprechung vgl.
     z. B. Schmidt-Liebig, Indiz und Rechtsanwendung, 2003, S. 279ff. Vgl. ferner zur Verwen-
     dung von Typusbegriffen Weber-Grellet, Der Typus des Typus, 1997, S. 568.

Es wäre m. E. allenfalls dann, wenn man die Gewerblichkeit im Rahmen einer Betriebsaufspaltung ausschließlich auf die personelle und sachliche Verflechtung zurückführt, gerechtfertigt, die personelle und sachliche Verflechtung als Besteuerungsmerkmal anzusehen. Allerdings wird diese Auffassung in der Literatur nur vereinzelt vertreten.[579] Da jedoch sowohl in der Rechtsprechung des Bundesfinanzhofs als auch in der des Reichsfinanzhofs[580] die Gewerblichkeit immer aufgrund der Existenz einen Gewerbebetriebs i. S. d. § 15 Abs. 2 EStG entsteht, stellt ausschließlich die Gewerblichkeit ein Besteuerungsmerkmal dar.

Dementsprechend ist nicht von Bedeutung, wo sich die personelle und sachliche Verflechtung befinden, sondern es ist zu prüfen, ob die Gewerblichkeit im Inland oder im Ausland verwirklicht wird.

2.1.2.2.2.2 Ist die Gewerblichkeit „im Ausland gegeben"?

Bei der Frage nach der Lokalisierung der Gewerblichkeit hängt die Antwort davon ab, wie die Gewerblichkeit überhaupt begründet wird bzw. woher die Gewerblichkeit kommt.

Hierbei gibt es zwei unterschiedliche Theorien: Ursprünglich wurde die Gewerblichkeit anhand einer wirtschaftlichen Betrachtungsweise begründet, d. h. die Betriebsgesellschaft und die Besitzgesellschaft stellten eine wirtschaftliche Einheit dar.[581] Seit der Entscheidung des Großen Senats v. 8.11.1971[582] wird davon ausgegangen, dass die Besitzgesellschaft eigenständig einen Gewerbebetrieb darstellt, da sie die Kriterien eines Gewerbebetriebs selbstständig erfüllt, indem sie über die Betriebsgesellschaft mittelbar am allgemeinen wirtschaftlichen Verkehr teilnimmt. Während der Bundesfinanzhof die Theorie von zwei selbstständigen Gewerbebetrieben im Fall einer Gewerbesteuerbefreiung konsequent weiterverfolgt hat, tendiert er in der Rechtsprechung zur Investitionszulage wieder zu einer wirtschaftlichen Betrachtungsweise.[583]

Im Folgenden wird für beide Theorien untersucht, ob die Gewerblichkeit als im Ausland gegeben angesehen werden kann.

2.1.2.2.2.2.1 Gewerblichkeit aufgrund wirtschaftlicher Einheit

Die Gewerblichkeit der Pachteinnahmen im Rahmen einer Betriebsaufspaltung aufgrund der Einheitstheorie hat folgenden Hintergrund: Die beiden Gesellschaften stellen wirtschaftlich einen einheitlichen Gewerbebetrieb dar. Alle Einkünfte,

---

[579] Vgl. Gschwendtner, Merkmalsübertragung bei der Betriebsaufspaltung, 2002, S. 896.
[580] Vgl. S. 156ff.
[581] Vgl. RFH v. 26.10.1938 (VI 501/38), RStBl 1939, S. 282.
[582] BFH v. 8.11.1971 (GrS 2/71), BStBl II, 1972, S. 63.
[583] Vgl. ausführlicher und mit Nachweisen zur Rechtsprechung ab S. 132ff.

die in diesem Gewerbebetrieb anfallen, sollen diesem auch als gewerblich zugeordnet werden.

Der Unterschied zu einem anderen einheitlichen Unternehmen besteht aber darin, dass es sich bei der Betriebsaufspaltung um zwei rechtlich eigenständige Einheiten, nämlich die Besitzpersonengesellschaft und die Betriebskapitalgesellschaft handelt. Dieser Unterschied ist gravierend, da sich dieses „wirtschaftlich einheitliche Unternehmen" mit seinen beiden Einheiten nicht ausschließlich im Ausland befindet, sondern sich in ein ausländische Besitzunternehmen und ein inländisches Betriebsunternehmen aufteilt.

Während also in den üblichen zur isolierenden Betrachtungsweise behandelten Fällen das die Gewerblichkeit auslösende Unternehmen sich im Ausland befand, verteilt sich hier das wirtschaftlich als Einheit betrachtete Unternehmen über In- und Ausland. Somit stellt sich das Problem, dass sich jetzt auch die Gewerblichkeit über beide Länder ausbreitet. Die Gewerblichkeit befindet sich durch die Betriebsgesellschaft also auch im Inland. Folglich ist die Gewerblichkeit im Ausland und im Inland gegeben und kann eigentlich nicht mehr als ein (nur) im Ausland gegebenes Besteuerungsmerkmal angesehen werden. Nur ein solches Besteuerungsmerkmal, welches ausschließlich im Ausland, nicht auch im Inland verwirklicht wird, kann als im Ausland gegebenes Besteuerungsmerkmal angesehen werden. § 49 Abs. 2 EStG greift somit bereits tatbestandlich nicht ein. Zudem wäre ein „Außer Betracht lassen" der Gewerblichkeit im Ausland nicht mehr zielführend, da nach wie vor im Inland Gewerblichkeit bestehen würde. Selbst bei Anwendung der isolierenden Betrachtungsweise würde sich im Ergebnis nichts anderes ergeben, da die Gewerblichkeit im Inland weiterhin verwirklicht wird. Die Gewerblichkeit im Ausland kann „außer Betracht" gelassen werden, ohne dass sich im Inland etwas ändern würde. Folge der im Inland bestehenden Gewerblichkeit wäre, dass die Einkünfte wiederum über die Subsidiaritätsklauseln den gewerblichen Einkünften zugerechnet werden müssten. Wie man es dreht und wendet, § 49 Abs. 2 EStG kann die Gewerblichkeit nicht außer Kraft setzen. Im Inland kann keine Besteuerung erfolgen.

2.1.2.2.2.2.2.2 Gewerblichkeit durch mittelbare Marktteilnahme

Wird die Eigenschaft des Besitzunternehmens als Gewerbebetrieb damit begründet, dass dieses selbstständig alle Kriterien eines Gewerbebetriebs i. S. d. § 15 Abs. 2 EStG erfüllt und über die Betriebsgesellschaft am wirtschaftlichen Verkehr teilnimmt, befindet sich nur eines der in § 15 Abs. 2 EStG geforderten Kriterien, nämlich die Teilnahme am allgemeinen wirtschaftlichen Verkehr, im Inland. So können zwar Selbstständigkeit, Nachhaltigkeit und Gewinnerzielungsabsicht als im Ausland gegeben angesehen werden, nicht jedoch die Teilnahme am allgemeinen wirtschaftlichen Verkehr.

Die Kriterien des § 15 Abs. 2 EStG stellen in ihrer Gesamtheit in Form der Gewerblichkeit ein Besteuerungsmerkmal i. S. d. § 49 Abs. 2 EStG dar. Sie begründen das Besteuerungsmerkmal Gewerblichkeit nur als Kollektiv, sind einzeln betrachtet aber keine Besteuerungsmerkmale.

Ein Teil der die Gewerblichkeit begründenden Kriterien befindet sich im Inland. Da ein Besteuerungsmerkmal dann als im Ausland gegeben angesehen wird, wenn es „nicht (auch) im Inland verwirklicht"[584] wird, kann die Gewerblichkeit nicht mehr als im Ausland gegeben angesehen werden. Alle vier Kriterien des § 15 Abs. 2 EStG müssten im Ausland vorliegen, damit die Gewerblichkeit ein im Ausland verwirklichtes Besteuerungsmerkmal i. S. d. § 49 Abs. 2 EStG darstellt. Die Gewerblichkeit ist nicht im Ausland gegeben, weil sie dort nicht alle Kriterien erfüllt. Da im Ausland keine Teilnahme am allgemeinen wirtschaftlichen Verkehr stattfindet, stellt die Gewerblichkeit kein im Ausland gegebenes Besteuerungsmerkmal dar.

2.1.2.3 Zusammenfassung

Für die Besteuerung der Pachteinnahmen der ausländischen Besitzgesellschaft als gewerbliche Einkünfte besteht nach § 49 Abs. 1 Nr. 2a EStG regelmäßig keine Rechtsgrundlage, da im Inland weder eine Betriebstätte unterhalten wird, noch ein ständiger Vertreter bestellt ist. Zu einem anderen Ergebnis führt auch nicht die Anwendung der isolierenden Betrachtungsweise.

Bei restriktiver Auslegung der isolierenden Betrachtungsweise läuft § 49 Abs. 2 EStG ins Leere. Durch die Grundsätze der Betriebsaufspaltung werden die Pachtzahlungen bereits ihrem ursprünglichen Charakter entsprechend als Einkünfte aus Gewerbebetrieb qualifiziert.

Nichts anderes ergibt sich bei einer weiten grammatikalischen Auslegung des § 49 Abs. 2 EStG. Grundsätzlich ist eine Trennung zwischen Besteuerungsgrundlagen und Besteuerungsmerkmalen vorzunehmen. Bei einer grenzüberschreitenden Betriebsaufspaltung kann die Gewerblichkeit als Besteuerungsmerkmal betrachtet werden. Personelle und sachliche Verflechtung hingegen stellen kein Besteuerungsmerkmal dar, da sie nur ein „Indiz" für das Vorliegen eines Gewerbebetriebs i. S. d. § 15 Abs. 2 EStG darstellen. Vielmehr bilden die originären Kriterien eines Gewerbebetriebs Selbstständigkeit, Nachhaltigkeit, Gewinnerzielungsabsicht und Teilnahme am allgemeinen wirtschaftlichen Verkehr das Besteuerungsmerkmal Gewerblichkeit.

Unabhängig davon, ob man der Konstruktion der Betriebsaufspaltung die Idee des wirtschaftlich einheitlichen Unternehmens zugrunde legt oder die Theorie verfolgt, das Besitzunternehmen erfülle aufgrund der mittelbaren Marktteilnahme über das Betriebsunternehmen selbstständig die Kriterien eines Gewerbebetriebs, wird immer ein Teil der Gewerblichkeit im Inland verwirklicht. Da diese sich somit nicht ausschließlich im Ausland verwirklicht, kommt die isolierende Betrachtungsweise

---

[584] Clausen, 2003, in: H/H/R, § 49 Rn. 1221.

im Rahmen einer grenzüberschreitenden Betriebsaufspaltung auch dann nicht zur Anwendung, wenn § 49 Abs. 2 EStG extensiv ausgelegt wird.

Welcher Theorie man auch folgen mag, die isolierende Betrachtungsweise kann bei der Betriebsaufspaltung über die Grenze nicht angewendet werden. Somit sind die Einkünfte des ausländischen Besitzunternehmens als Einkünfte aus Gewerbebetrieb im Sinne von § 49 Abs. 1 Nr. 2a EStG zu qualifizieren und unterliegen bei fehlendem Inlandsbezug nicht der inländischen Besteuerung. Eine Anwendung der isolierenden Betrachtungsweise scheidet mithin aus. Eine Umqualifizierung der gewerblichen Einkünfte in solche aus Vermietung und Verpachtung i. S. v. § 49 Abs. 1 Nr. 6 EStG findet nicht statt. § 49 Abs. 2 EStG greift nach der hier vertretenen Ansicht entgegen der herrschenden Meinung[585] und der Praxis der Finanzverwaltung nicht ein.[586]

2.1.3 Nutzungsüberlassungen i. S. v. § 49 Abs. 1 Nr. 9 EStG

Handelt es sich bei dem Überlassungsobjekt um einzelne bewegliche Wirtschaftsgüter oder werden Rechte zeitlich unbegrenzt überlassen, könnte der letzte Satzteil des § 49 Abs. 1 Nr. 9 EStG zu einer Besteuerung im Inland führen. Demnach können Einkünfte dann nicht als sonstige Einkünfte versteuert werden „soweit es sich um steuerpflichtige Einkünfte im Sinne der Nummern 1 bis 8 handelt". Unterliegen die Einkünfte der beschränkten Steuerpflicht im Inland, kommt es zu einer steuerlichen Doppelbelastung, da der im Ausland ansässige Gesellschafter dort ebenfalls im Rahmen seiner dortigen unbeschränkten Steuerpflicht mit seinem Welteinkommen besteuert wird. Bei Bestehen eines Doppelbesteuerungsabkommens ist fraglich, welcher Staat auf die Besteuerung verzichten muss.

2.1.3.1 Eingreifen des letzten Satzteils von § 49 Abs. 1 Nr. 9 EStG?

Werden Einkünfte, die ihrer Art nach grundsätzlich sonstige Einkünfte i. S. d. § 49 Abs. 1 Nr. 9 EStG darstellen, aufgrund des Rechtsinstituts der Betriebsaufspaltung zu gewerblichen Einkünften umqualifiziert, so kann ebenso wie bei der Überlassung von unbeweglichem Vermögen und Sachinbegriffen auch hier die isolierende Betrachtungsweise nicht zu einer beschränkten Steuerpflicht im Inland führen.[587]

---

[585] Vgl. z. B. Piltz, Betriebsaufspaltung über die Grenze, 1981, S. 2046; vgl. Gebbers, Besteuerung der internationalen Betriebsaufspaltung, 1984, S. 714; vgl. Kaligin, Betriebsaufspaltung über die Grenze, 1983, S. 458; vgl. Christiansen, in: Becker/Christiansen, Betriebsaufspaltung über die Grenze, 1986, S. 147; vgl. Bopp, Besteuerung von Betriebsstätten, 1974, S. 94; vgl. Streck, KStG, 2003, ABC, Stichwort Betriebsaufspaltung, Nr.6, S. 803.

[586] Zum gleichen Ergebnis jedoch mit anderer Begründung kommen z. B. auch Günkel/Kussel, Betriebsaufspaltung mit ausländischer Besitzgesellschaft, 1980, S. 554; Gassner, Betriebsaufspaltung über die Grenze, 1973, S. 1353; Becker/Günkel, Betriebsaufspaltung über die Grenze, 1993, S. 492.

[587] Vgl. ab S. 156.

Allerdings könnte der letzte Satzteil von § 49 Abs. 1 Nr. 9 EStG zu beschränkt steuerpflichtigen Einkünften im Inland führen. Dieser normiert ein Subsidiaritätsverhältnis zwischen den gewerblichen Einkünften i. S. d. § 49 Abs. 1 Nr. 2a EStG und den Einkünften i. S. d. § 49 Abs. 1 Nr. 9 EStG.[588] Eine Qualifikation als Sonstige Einkünfte kann nur erfolgen, wenn die Einkünfte nicht unter eine der Einkunftsarten der Nummern 1 bis 8 subsumiert werden können.

Dementsprechend werden Einkünfte dann weiterhin als sonstige Einkünfte i. S. d. § 49 Abs. 1 Nr. 9 EStG qualifiziert, wenn die territorialen Anforderungen der gewerblichen Einkünfte nicht erfüllt sind. Dies hat m. E. ebenso zu gelten, wenn die Gewerblichkeit der Einkünfte mit dem Rechtsinstitut der Betriebsaufspaltung begründet wird. Gem. § 49 Abs. 1 Nr. 9 EStG erfolgt eine Zuordnung zu den sonstigen Einkünften nur dann nicht, „soweit es sich um steuerpflichtige Einkünfte i. S. d. Nummern 1 bis 8 handelt". Es muss somit nicht nur eine Zuordnung zu einer anderen Einkunftskategorie möglich sein, sondern diese muss auch zu Einkünften führen, die steuerpflichtig sind. Wenn bei einer Zuordnung zu den gewerblichen Einkünften keine Steuerpflicht entsteht, müssen die Einkünfte als sonstige Einkünfte behandelt werden. Dieser Formulierung kann keine Beschränkung auf Subsidiaritätsklauseln entnommen werden, so dass der letzte Satzteil der Nr. 9 auch bei einer Betriebsaufspaltung zum Tragen kommt.

Somit wird hier eine ähnliche Tatbestandsvoraussetzung formuliert wie bei der isolierenden Betrachtungsweise des § 49 Abs. 2 EStG. Nämlich dass die Zuordnung zu den sonstigen Einkünften dann stattfindet, wenn eine Besteuerung bei einer Zuordnung zu den anderen Einkunftskategorien unterbleibt. Im Unterschied zur isolierenden Betrachtungsweise wird in § 49 Abs. 1 Nr. 9 EStG (letzter Satzteil) jedoch sowohl der Tatbestand als auch die Rechtsfolge wesentliche enger und konkreter gefasst. Hier wird explizit normiert, dass im Fall der Nichtbesteuerung im Rahmen einer anderen Einkunftsart eine Besteuerung als sonstige Einkünfte erfolgt. Somit wird direkt auf die Umqualifizierung der Einkunftsart abgestellt, während bei § 49 Abs. 2 EStG die Änderung der Einkunftskategorie nur eine Folge des Außerbetrachtlassens ausländischer Besteuerungsmerkmale ist.

Bei der Vermietung bzw. Verpachtung beweglicher Wirtschaftsgüter und bei der zeitlich unbegrenzten Überlassung von Rechten liegen auch im Falle einer grenzüberschreitenden Betriebsaufspaltung sonstige Einkünfte i. S. d. § 49 Abs. 1 Nr. 9 EStG vor, wenn es bei einer Qualifizierung als gewerbliche Einkünfte aufgrund des Fehlens einer inländischen Betriebsstätte bzw. eines inländischen ständigen Vertreters nicht zu einer Besteuerung im Inland kommt. Die Gesellschafter der ausländischen Besitzgesellschaft werden mit den Pachteinnahmen im Inland beschränkt steuerpflichtig.

---

[588] Vgl. auch die Ausführungen auf S. 81.

Es kommt regelmäßig zu einer Doppelbesteuerung, da die Pachteinnahmen des Gesellschafters gleichzeitig im Rahmen seiner unbeschränkten Steuerpflicht im Ausland erfasst werden.

2.1.3.2 Abkommensrechtliche Behandlung der Pachteinnahmen

Die Einkünfte dürfen gem. Art. 12 Abs. 1 OECD-MA als Lizenzgebühren bzw. gem. Art. 21 Abs. 1 OECD-MA als Andere Einkünfte im Wohnsitzstaat des Gesellschafters besteuert werden.[589]

Die Frage, ob die ausländische Besitzpersonengesellschaft nach Abkommensrecht einen Gewerbebetrieb bzw. ein Unternehmen darstellt und somit dem Gesellschafter eine Betriebsstätte i. S. d. Art. 5 OECD-MA vermittelt ist in diesem Fall ohne Bedeutung, da die Personengesellschaft ebenfalls im Ansässigkeitsstaat des Gesellschafters ist. Somit erfolgt die Besteuerung der Einkünfte im Ausland unabhängig davon, ob man die Personengesellschaft als vermögensverwaltend oder gewerblich qualifiziert

2.2 Besteuerung von Gewinnen aus der Veräußerung des Pachtobjekts

Wird das überlassene Pachtobjekt veräußert, könnten die ausländischen Gesellschafter mit dem Veräußerungsgewinn im Inland der beschränkten Steuerpflicht unterliegen.

Bei der Veräußerung von unbeweglichem Vermögen, Sachinbegriffen oder Rechten, die zeitlich begrenzt überlassen wurden, kommt eine Besteuerung als gewerbliche Einkünfte in Betracht. In § 49 Abs. 1 Nr. 2a EStG werden Einkünfte erfasst, die im Rahmen eines Gewerbebetriebs anfallen. Im Rahmen dieser Zuordnung gibt es ohne Betriebsstätte und ohne ständigen Vertreter keine deutsche Steuerpflicht. In § 49 Abs. 1 Nr. 2f EStG werden Gewinne aus der Veräußerung von im Inland belegenen unbeweglichem Vermögen, Sachinbegriffen oder Rechten i. S. d. § 49 Abs. 1 Nr. 6 EStG auch ohne Existenz eines Gewerbebetriebs ebenfalls den gewerblichen Einkünften zugeordnet. Allerdings wird mit dem Verweis auf § 49 Abs. 1 Nr. 6 EStG nur der dort beschriebene Inlandsbezug verlangt[590], d. h. eine inländische Betriebsstatte oder ständiger Vertreter sind bei der Besteuerung der Veräußerungsgewinne nach § 49 Abs. 1 Nr. 2f EStG nicht erforderlich Je nach Zuordnung zu Buchstabe a oder f der Einkünfte aus Gewerbebetrieb erfolgt eine Besteuerung im Inland oder nicht. Es geht also speziell um die Entscheidung zwi-

---

589 Vgl. hierzu auch S. 82ff. und S. 84ff.
590 Anderer Ansicht hierzu Flies, Umqualifikation bei beschränkter Steuerpflicht, 1995, S. 436. Hiernach soll die beschränkte Steuerpflicht nur dann eintreten, wenn die Vermögensgegenstände vorher im Rahmen eines Pachtverhältnisses zu Einkünften nach § 49 Abs. 1 Nr. 6 EStG geführt haben.

schen Einkünften nach § 49 Abs. 1 Nr. 2a EStG und Einkünften nach § 49 Abs. 1 Nr. 2f EStG.

Die Pachterträge aus der Überlassung von unbeweglichem Vermögen, Sachinbegriffen oder Rechten werden aufgrund der Anerkennung des Rechtsinstituts der Betriebsaufspaltung als Einkünfte aus Gewerbebetrieb i. S. d. § 49 Abs. 1 Nr. 2a EStG versteuert. Daher ist es nur konsequent, auch die Gewinne aus der Veräußerung des Pachtgegenstands der gleichen Norm zuzuordnen. Aufgrund der Anwendung der Grundsätze zur Betriebsaufspaltung auch im grenzüberschreitenden Fall, stellt ein etwaiger Veräußerungsgewinn Einkünfte aus Gewerbebetrieb i. S. d. § 49 Abs. 1 Nr. 2a EStG dar und führt mangels Betriebsstätte bzw. ständigem Vertreter nicht zu steuerpflichtigen Einkünften im Inland. § 49 Abs. 1 Nr. 2f EStG kann nicht als Auffangnorm verstanden werden. Hierunter fallen die Veräußerungsgewinne nur „soweit sie nicht zu Einkünften im Sinne des Buchstaben a gehören".[591] Andernfalls hätte die Formulierung lauten müssen: „und nicht soweit es sich um steuerpflichtige Einkünfte im Sinne von Buchstabe a handelt". Die Besteuerung nach § 49 Abs. 1 Nr. 2f EStG scheitert daher an der grundsätzlichen Nichtanwendbarkeit dieses Tatbestandes wegen des Alternativverhältnisses zu den Einkünften aus Gewerbebetrieb i. S. d. § 49 Abs. 1 Nr. 2a EStG. Eine Besteuerung des Veräußerungsgewinns als Einkünfte aus Gewerbebetrieb scheidet mithin aus.

Bei inländischen Grundstücken oder Grundstücksrechten i. S. v. § 23 Abs. 1 Nr. 1 EStG können allerdings private Veräußerungsgeschäfte i. S. d. § 49 Abs. 1 Nr. 8 EStG i. V. m. § 22 Nr. 2 EStG und § 23 EStG in Betracht kommen. Dies dürfte im Falle einer Betriebsaufspaltung jedoch ein äußerst seltener Ausnahmefall sein, da es sich bei dem Pachtobjekt um eine wesentliche Betriebsgrundlage handelt. Es ist für die Erreichung des Betriebszwecks erforderlich. Eine Veräußerung innerhalb der Spekulationsfrist kann daher nahezu ausgeschlossen werden.

Zusammenfassend kann festgehalten werden, dass eine Besteuerung eines etwaigen Gewinns aus der Veräußerung des Pachtobjekts faktisch nicht erfolgen kann. Auf grund der Anerkennung des Rechtsinstituts der Betriebsaufspaltung findet § 49 Abs. 1 Nr. 2f EStG keine Anwendung. Steuerpflichtige Einkünfte i. S. d. § 49 Abs. 1 Nr. 2a EStG scheiden aus, da weder eine Betriebsstätte unterhalten wird, noch ein ständiger inländischer Vertreter bestellt ist.

Abkommensrechtlich wird der Gewinn aus der Veräußerung von unbeweglichem Vermögen i. S. d. Art. 6 Abs. 2 OECD-MA gem. Art. 13 Abs. 1 OECD-MA dem Belegenheitsstaat zugewiesen. Dies führt zu sog. weißen Einkünften, da im Ausland dann ebenfalls keine bzw. nur eingeschränkt eine Besteuerung zulässig ist. Für die anderen Vermögensgegenstände gilt, dass sie gem. Art. 13 Abs. 5 OECD-MA im Ansässigkeitsstaat des Gesellschafters, also im Ausland besteuert werden dürfen.

---

[591] Vgl. auch Heinicke, in: Schmidt, EStG, 2003, § 49 Rn. 38.

2.3 Steuerliche Folgen der Beteiligung an der Betriebskapitalgesellschaft

2.3.1 Besteuerung der Dividenden

Die Betriebskapitalgesellschaft ist im Inland unbeschränkt steuerpflichtig, da sie dort ihre Geschäftsleitung i. S. d. § 10 AO und ihren Sitz i. S. d. § 11 AO hat. Ohne das Rechtsinstitut der Betriebsaufspaltung würden die Anteile des ausländischen Gesellschafters an der inländischen Betriebskapitalgesellschaft Privatvermögen darstellen. Dividendenbezüge wären grundsätzlich als Einkünfte aus Kapitalvermögen i. S. d. § 49 Abs. 1 Nr. 5 a i. V. m. § 20 Abs. 1 Nr. 1 EStG zu qualifizieren. Die inländische Betriebskapitalgesellschaft müsste gem. § 43 a EStG bei einer Ausschüttung Kapitalertragsteuer in Höhe von 20 v. H. auf die Bruttodividende einbehalten und an das Finanzamt abführen.

Werden die Grundsätze der Betriebsaufspaltung auch im grenzüberschreitenden Fall angewendet, ist fraglich, ob dies auch die steuerliche Behandlung der Beteiligung an der Betriebskapitalgesellschaft erfasst. Es stellt sich die Frage, ob die Anteile des ausländischen Gesellschafters als Betriebsvermögen, seine Dividendenbezüge als gewerbliche Einkünfte zu behandeln sind.

Dies ist abzulehnen. Eine Umqualifizierung dieser Dividenden in Einkünfte aus Gewerbebetrieb kann lediglich aufgrund der Subsidiaritätsklausel des § 20 Abs. 3 EStG erfolgen. Hiernach werden Einkünfte aus Kapitalvermögen umqualifiziert, soweit sie Einkünften aus Gewerbebetrieb zuzurechnen sind. Dabei können jedoch nur Einkünfte aus Gewerbebetrieb gemeint sein, die einem inländischen Gewerbebetrieb zufließen. Die Beteiligung müsste in einem inländischen Betriebsvermögen gehalten werden. Dies ist jedoch im Fall der Betriebsaufspaltung .nicht erfüllt.[592] Selbst wenn man Einkünfte aus Gewerbebetrieb annehmen würde, käme es zu einer Besteuerung als Einkünfte aus Kapitalvermögen, da hier ein Anwendungsfall des § 49 Abs. 2 EStG gegeben wäre.[593] Während es bei der Qualifizierung der Pachteinnahmen darum ging, „das objektive Wesen der bezogenen Einkünfte und die daraus sich ergebende Einkunftsart zu bestimmen"[594] und daher grundsätzlich gewerbliche Einkünfte angenommen wurden, sind die Dividendenzahlungen originär Einkünfte aus Kapitalvermögen. Die Frage nach dem Eingreifen der isolierenden Betrachtungsweise kann allerdings dahinstehen, da die in § 20 Abs. 3 EStG verankerte Subsidiaritätsklausel mangels inländischem Betriebsvermögen ohnehin nicht zum Tragen kommt.

---

[592] Vgl. Gassner, Betriebsaufspaltung über die Grenze, 1973, S. 1353.
[593] Vgl. Kaligin, Betriebsaufspaltung über die Grenze, 1983, S. 458f.
[594] Gassner, Betriebsaufspaltung über die Grenze, 1973, S. 1353.

Dementsprechend werden die Dividendenbezüge als Einkünfte aus Kapitalvermögen im Inland versteuert.[595]

Da der Wohnsitzstaat des Gesellschafters im Regelfall die Dividenden aufgrund unbeschränkter Steuerpflicht im Ausland gänzlich der Besteuerung unterwirft, kann es zu einer steuerlichen Doppelbelastung kommen. Besteht zwischen den Ländern ein Doppelbesteuerungsabkommen, so kann diese gemildert werden. Auch wenn gem. Art. 10 Abs. 1 OECD-MA das Besteuerungsrecht grundsätzlich dem Ansässigkeitsstaat des Gesellschafters zugewiesen wird, darf im Inland eine Quellenbesteuerung, wenn auch in ermäßigter Form, erfolgen. Gem. Art. 10 Abs. 2 OECD-MA wird die Quellenbesteuerung beschränkt auf eine maximale Höhe von 15 v. H. des Bruttobetrags der Dividende.[596]

2.3.2 Besteuerung von Gewinnen aus der Veräußerung der Beteiligung

Aufgrund der Qualifizierung der Kapitalgesellschaftsanteile als Privatvermögen, kommt im Falle einer Veräußerung nur eine Besteuerung als privates Veräußerungsgeschäft i. S. v. § 49 Abs. 1 Nr. 8 i. V. m. §§ 22 Nr. 2 und § 23 EStG oder bei wesentlichen Beteiligungen i. S. d. § 17 i. V. m. § 49 Abs. 1 Nr. 2 e EStG in Betracht. Da bei einer Betriebsaufspaltung der Kreis der Gesellschafter im Regelfall eher klein ist, dürfte es häufig zu einer Besteuerung von wesentlichen Beteiligungen i. S. d. § 17 EStG kommen.

Bei Bestehen eines Doppelbesteuerungsabkommens dürfen die Veräußerungsgewinne gem. Art. 13 Abs. 5 OECD-MA grundsätzlich im Ansässigkeitsstaat des Gesellschafters, also im Ausland besteuert werden. Dies schließt eine Besteuerung im Inland aus.[597] Beruht der Wert der Gesellschaftsanteile allerdings zu mehr als 50 v. H. unmittelbar oder mittelbar auf unbeweglichem Vermögen, darf gem. Art. 13 Abs. 4 OECD-MA eine Besteuerung im Inland erfolgen.[598] In Art. 13 Abs. 4 OECD-MA erfolgt insofern also eine Gleichstellung bestimmter Anteile an einer Immobiliengesellschaft mit unbeweglichem Vermögen.[599] Dies dürfte jedoch bei einem Betriebsaufspaltungsverhältnis regelmäßig nicht der Fall sein, da das Anlagevermögen häufig der Besitzgesellschaft gehört. Hintergrund der Betriebsaufspaltung ist gerade die Trennung von Besitz und operativem Geschäft, so dass

---

[595] Da die Anteile nicht zu einem inländischen Betriebsvermögen gehören, ist die Steuerpflicht durch den Abzug der Kapitalertragsteuer (§ 43 Abs. 1 S. 1 Nr. 1 EStG) gem. § 50 Abs. 5 S. 1 EStG abgegolten. Das Halbeinkünfteverfahren kommt nicht zum Tragen.

[596] Eine Übersicht über die Höhe der Abzugsteuerhöchstsätze der einzelnen Doppelbesteuerungsabkommen findet sich bei Salomon/Riegler, Entlastung ausländischer Kapitalanleger, 2002, S. 2675ff.

[597] Vgl. Wassermeyer, 2002, in: Debatin/Wassermeyer, Doppelbesteuerung, Art. 13 MA Rn. 135.

[598] Vgl. hierzu ausführlicher Prokisch, in: Vogel/Lehner, DBA, 2003, Art. 13 Rn. 57bff; vgl. Wassermeyer, 2002, in: Debatin/Wassermeyer, Doppelbesteuerung, Art. 13 MA Rn. 123ff.

[599] Vgl. Prokisch, in: Vogel/Lehner, DBA, 2003, Art. 13 Rn. 57b.

unwahrscheinlich ist, dass die Betriebskapitalgesellschaft eine Immobiliengesellschaft ist.

2.4 Zusammenfassung

Grundsätzlich ist eine Betriebsaufspaltung mit ausländischer Besitzgesellschaft anzuerkennen, d. h. die Rechtsfolgen des Rechtsinstituts der Betriebsaufspaltung treten auch dann ein, wenn sie sich nicht tatsächlich verwirklichen können und unter Umständen eine Besteuerung im Inland unterbleibt. Die Pachtzahlungen stellen originäre gewerbliche Einkünfte dar, da diese von der Betriebsgesellschaft am Markt erwirtschaftete, weitergeleitete Einnahmen sind.

Dennoch kommt es aufgrund des in § 49 Abs. 1 Nr. 2a EStG geforderten Inlandsbezug in Form einer Betriebsstätte oder eines ständigen Vertreters regelmäßig nicht zu einer Besteuerung als Einkünfte aus Gewerbebetrieb. Auch die isolierende Betrachtungsweise des § 49 Abs. 2 EStG greift hier nicht ein, da das Besteuerungsmerkmal Gewerblichkeit nicht als im Ausland gegeben angesehen werden kann, da es sich ebenso im Inland verwirklicht. Handelt es sich bei dem Überlassungsobjekt jedoch um einzelne bewegliche Wirtschaftgüter oder um zeitlich unbegrenzt überlassene Rechte, führt der letzte Satzteil des § 49 Abs. 1 Nr. 9 EStG zu einer Besteuerung im Inland.

Somit werden die ausländischen Gesellschafter der Besitzpersonengesellschaft nicht in jedem Fall beschränkt steuerpflichtig. Die Besteuerung im Inland ist vom Überlassungsobjekt abhängig: Bei einzelnen beweglichen Wirtschaftsgütern und zeitlich unbegrenzt überlassenen Rechten kommt es zu einer Besteuerung, bei unbeweglichem Vermögen, Sachinbegriffen und zeitlich begrenzt überlassenen Rechten findet keine Besteuerung im Inland statt.

Unberührt vom Rechtsinstitut der Betriebsaufspaltung bleiben jedoch die Anteile der ausländischen Gesellschafter an der Betriebskapitalgesellschaft. Diese können mangels inländischen Gewerbebetriebs nicht als Betriebsvermögen eingestuft werden. Die Dividenden werden als Einkünfte aus Kapitalvermögen besteuert.

Kapitel 2   Betriebsaufspaltung mit ausländischer Betriebsgesellschaft

In der Literatur wurde der Fall einer Betriebsaufspaltung, bei der sich die Betriebsgesellschaft im Ausland befindet, bisher kaum behandelt.[600] Dies mag daran liegen, dass bei dieser Konstellation lediglich zwei Probleme aufgeworfen werden: Bei der inländischen Besitzgesellschaft ist zu prüfen welcher Art die Einkünfte ihrer Ge-

---

[600] Vgl. v. a. Becker/Günkel, Betriebsaufspaltung über die Grenze, 1993, S. 483ff.; vgl. Streck, KStG, 2003, ABC, Stichwort Betriebsaufspaltung, Nr. 6, S. 803ff.; ders., in: Felix, Kölner Handbuch der Betriebsaufspaltung und Betriebsverpachtung, 1978, Rn. 321; vgl. Streck, Beteiligung an einer ausländischen Personengesellschaft, 1997, S. 140f.

sellschafter sind. Bei der ausländischen Betriebsgesellschaft ist zu klären, ob diese aufgrund der personellen Verflechtung im Inland den Ort der Geschäftsleitung hat und somit unbeschränkt steuerpflichtig i. S. d. § 1 Abs. 1 KStG wird.

1 Besteuerung der Gesellschafter der inländischen Besitzpersonengesellschaft

Bei der Besteuerung der Gesellschafter der inländischen Besitzpersonengesellschaft steht die Frage nach der Anerkennung der Betriebsaufspaltungsgrundsätze im Vordergrund.

1.1 Besteuerung inländischer Gesellschafter

Bei einer grenzüberschreitenden Betriebsaufspaltung mit ausländischer Betriebskapitalgesellschaft und inländischen Gesellschaftern könnten sich die Rechtsgrundsätze der Betriebsaufspaltung sowohl auf die Qualifizierung der Pachteinnahmen als auch auf die steuerliche Behandlung der Anteile an der Kapitalgesellschaft auswirken.

1.1.1 Steuerliche Folgen des Pachtverhältnisses

Bei der Besteuerung des Pachtverhältnisses ist nur die Frage nach der Qualifizierung der Pachteinnahmen strittig. Die Besteuerung eines Gewinnes aus der Veräußerung des Pachtobjekts als Einkünfte aus Gewerbebetrieb i. S. d. § 15 EStG bleibt unberührt davon, ob dieses vorhergehend an eine inländische oder eine ausländische Betriebsgesellschaft überlassen wurde.

Erhält eine inländische Besitzpersonengesellschaft Pachtzahlungen von einer ausländischen Betriebskapitalgesellschaft für die Überlassung wesentlicher Betriebsgrundlagen und liegt den beiden Gesellschaften gleichzeitig ein einheitlicher geschäftlicher Betätigungswille zugrunde, sind die Voraussetzungen einer Betriebsaufspaltung grundsätzlich gegeben.

Fraglich ist, ob auch in diesem grenzüberschreitenden Fall die Grundsätze der Betriebsaufspaltung Anwendung finden bzw. ihre Rechtsfolgen eintreten.

In der Literatur[601] wird gelegentlich differenziert, ob die ausländische Gesellschaft selbst mit gewerblichen Einkünften im Inland beschränkt steuerpflichtig ist i. S. d. § 49 Abs. 1 Nr. 2 EStG. Ist dies der Fall, sei die Anwendung der Betriebsaufspaltungsgrundsätze grundsätzlich zu bejahen.

---

[601] Vgl. Streck, KStG, 2003, ABC, Stichwort Betriebsaufspaltung, Nr. 6, S. 803f.; vgl. ders. in: Felix, Kölner Handbuch der Betriebsaufspaltung und Betriebsverpachtung, 1978, Rn. 316ff.; vgl. Kaligin, Betriebsaufspaltung über die Grenze, 1983, S. 459; vgl. ders., Die Betriebsaufspaltung, 2001, S. 202.

Ist die ausländische Betriebsgesellschaft hingegen im Inland nicht mit gewerblichen Einkünften beschränkt steuerpflichtig, so wird vereinzelt die Ansicht vertreten, die Betriebsaufspaltungsgrundsätze seien „nur dann anzuwenden, wenn auch ohne Betriebsaufspaltung gewerbliche inländische Einkünfte vorliegen würden"[602]. Dies bedeutet, dass sich die Rechtsfolgen der Betriebsaufspaltung vorwiegend auf die Behandlung der Anteile an der Kapitalgesellschaft als Sonderbetriebsvermögen II und die Qualifizierung der Dividendenzahlungen als Sonderbetriebseinnahmen beschränken würden, da die Pachtzahlungen ohnehin gewerbliche Einkünfte darstellen.[603]

Nach herrschender Meinung gelten jedoch auch in diesem Fall die Betriebsaufspaltungsgrundsätze, da es dem Zweck der Rechtsprechung zur Betriebsaufspaltung widerspreche, wenn durch eine Nichtbeachtung der Betriebsaufspaltungsgrundsätze bei grenzüberschreitenden Sachverhalten steuerliche Gestaltungsmöglichkeiten entstehen würden.[604]

Ob unabhängig von einer Betriebsaufspaltung bereits gewerbliche Einkünfte i. S. d. § 49 Abs. 1 Nr. 2 EStG vorliegen oder nicht, kann m. E. kein geeignetes Abgrenzungskriterium dafür sein, ob die Grundsätze der Betriebsaufspaltung gelten. Die Anerkennung der Betriebsaufspaltung kann nicht davon abhängen, welche Tätigkeit die ausländische Betriebsgesellschaft zusätzlich ausübt. Aufgrund des Welteinkommensprinzips darf es keine Rolle spielen, ob die Betriebsaufspaltung ausschließlich im Inland oder grenzüberschreitend verwirklicht wird.

Auch nach *Becker/Günkel*[605] gilt das Rechtsinstitut der Betriebaufspaltung ebenso im grenzüberschreitenden Fall, da sich in der Rechtsprechung keine Hinweise auf eine ausschließliche Anwendung der Betriebsaufspaltungsgrundsätze auf Inlandssachverhalte finden lassen. Vielmehr lasse sich indirekt aus der Entscheidung des Bundesfinanzhofs v. 28. Juli 1982[606] entnehmen, dass auch die Verwirklichung einer Betriebsaufspaltung über die Grenze möglich sei. Demnach erzielt die Besitzpersonengesellschaft im Rahmen ihrer unbeschränkten Steuerpflicht entsprechend dem Welteinkommensprinzip gewerbliche Einkünfte und keine Einkünfte aus Vermietung und Verpachtung, unabhängig davon, ob sich die wesentliche Betriebsgrundlage im Inland oder im Ausland befindet.

Nach der hier vertretenen Ansicht treten entsprechend dem Welteinkommensprinzip und dem Zweck der Rechtsprechung zur Betriebsaufspaltung - die Rechts-

---

[602] Streck, in: Felix, Kölner Handbuch der Betriebsaufspaltung und Betriebsverpachtung, 1978, Rn. 321.
[603] Vgl. zu den Rechtsfolgen der Betriebsaufspaltung S. 56f.
[604] Vgl. Streck, in: Felix, Kölner Handbuch der Betriebsaufspaltung und Betriebsverpachtung, 1978, Rn. 321; vgl. Kaligin, Betriebsaufspaltung über die Grenze, 1983, S. 459.
[605] Vgl. Becker/Günkel, Betriebsaufspaltung über die Grenze, 1993, S. 485.
[606] (I R 196/79), BStBl II, 1983, S. 77. Dort wird indirekt von einer Betriebsaufspaltung über die Grenze ausgegangen.

folgen der Betriebsaufspaltung dann ein, wenn sie auch bei einer inländischen Betriebsgesellschaft eintreten würde. Somit ist die Anwendung der Betriebsaufspaltungsgrundsätze im grenzüberschreitenden Fall davon abhängig, welches Ergebnis sich bei der „Fiktion einer inländischen Betriebsgesellschaft"[607] ergeben würde. Es darf für die im Inland besteuerte Besitzgesellschaft keinen Unterschied machen, ob sie die Pachtzahlungen von einer inländischen oder ausländischen Betriebsgesellschaft erhält.

Allerdings ist fraglich, ob die inländische Besitzgesellschaft auch der Gewerbesteuer unterliegt. Dies würde voraussetzen, dass sie einen Gewerbebetrieb im Inland betreibt bzw. dass für sie gem. § 2 Abs. 1 S. 3 GewStG im Inland eine Betriebsstätte unterhalten wird. Die inländische Besitzpersonengesellschaft stellt aufgrund der Anerkennung der Betriebsaufspaltung für die gewerbesteuerliche Behandlung ebenso einen Gewerbebetrieb dar wie im einkommensteuerlichen Bereich.[608] Es ist unerheblich, dass das Merkmal der Teilnahme am allgemeinen wirtschaftlichen Verkehr nicht im Inland, sondern im Ausland verwirklicht wird. Daher gilt sie auch für diese Zwecke nicht mehr als vermögensverwaltend und sie hat aufgrund ihrer Gewerblichkeit die Möglichkeit eine Betriebsstätte zu unterhalten. Da die ausländische Betriebsgesellschaft grundsätzlich keine Betriebsstätte für die inländische Besitzgesellschaft darstellt[609], befindet sich die einzige Betriebsstätte der Besitzgesellschaft an ihrem Sitzort im Inland. Dementsprechend unterliegt die Besitzgesellschaft unabhängig davon, ob sie nun Pachtzahlungen von einer inländischen oder einer ausländischen Betriebsgesellschaft erhält, der Gewerbesteuer.[610]

Wird im Ausland eine Quellensteuer auf die Pachtzahlungen erhoben, wird das Besteuerungsrecht bei der Überlassung von unbeweglichem Vermögen gem. Art. 6 Abs. 1 OECD-MA dem Inland zugewiesen, in allen anderen Fällen darf gem. Art. 12 Abs. 1 OECD-MA und Art. 21 MA nur das Inland besteuern.

1.1.2 Steuerliche Folgen der Beteiligung an der Betriebskapitalgesellschaft

1.1.2.1 Besteuerung der Dividendenzahlungen

Ohne das Rechtsinstitut der Betriebsaufspaltung würden die Dividendenbezüge aus dem Ausland Einkünfte aus Kapitalvermögen i. S. d. § 20 Abs. 1 Nr. 1 EStG darstellen. Aufgrund der Anerkennung der Betriebsaufspaltung werden sie jedoch als Einkünfte aus Gewerbebetrieb qualifiziert.[611] Diese Einkünfte können gem. § 20

---

[607] Streck, Beteiligung an einer ausländischen Personengesellschaft, 1997, S. 140.
[608] Vgl. auch Güroff, in: Glanegger/Güroff, GewStG, 2002, § 2 Rn. 154.
[609] Vgl. BFH v. 28.7.1982 (I R 196/79), BStBl II, 1983, S. 77.
[610] Vgl. Becker/Günkel, Betriebsaufspaltung über die Grenze, 1993, S. 487.
[611] Aufgrund des Halbeinkünfteverfahrens sind unabhängig von der Qualifizierung der Einkünfte gem. § 3 Nr. 40 EStG nur die Hälfte der Dividendenbezüge bei der Einkunftsermittlung anzusetzen.

Abs. 3 EStG den Einkünften aus Gewerbebetrieb zugerechnet werden, die durch die Pachteinnahmen entstehen. Da diese einem inländischen Gewerbebetrieb, nämlich der Besitzpersonengesellschaft, zufließen, kann (im Gegensatz zum Fall der Betriebsaufspaltung mit ausländischer Besitzgesellschaft) hier auch eine Umqualifizierung der Dividenden in gewerbliche Einkünfte stattfinden. Der Gesellschafter erzielt Einkünfte i. S. d. § 15 EStG.

Gewerbesteuerlich kommt eine Kürzung der Beteiligungserträge gem. § 9 Nr. 7 GewStG in Betracht. Dies setzt voraus, dass die Beteiligung an der ausländischen Kapitalgesellschaft mindestens 10 v. H. beträgt, dass die Beteiligung den gesamten Erhebungszeitraum über gehalten wird und dass die Kapitalgesellschaft einer aktiven Tätigkeit im Sinne des § 8 AStG nachgeht. Diese Voraussetzungen dürften im Regelfall im Rahmen einer Betriebsaufspaltung gegeben sein, da die Beteiligungen in der Regel über 10 v. H. betragen und auch während der gesamten Dauer der Betriebsaufspaltung gehalten werden. Darüber hinaus kann auch eine Betriebsaufspaltung nur dann vorliegen, wenn die Betriebsgesellschaft einen Gewerbebetrieb führt und nicht nur vermögensverwaltend tätig ist. Insofern wird im Regelfall von einer aktiven Tätigkeit auszugehen sein.

Besteht ein Doppelbesteuerungsabkommen, wird das Besteuerungsrecht gem. Art. 10 Abs. 2 OECD-MA dem Ansässigkeitsstaat des Gesellschafters, dem Inland zugewiesen. Da der Gesellschafter keine Betriebsstätte im Ausland hat, kommt der Betriebsstättenvorbehalt des Art. 10 Abs. 4 OECD-MA nicht zum Tragen. Allerdings muss das Ausland die Dividendenbezüge nicht gänzlich von der Besteuerung freistellen, sondern darf gem. Art. 10 Abs. 2 b OECD-MA eine Quellensteuer in Höhe von 15 v. H. des Bruttobetrags der Dividende einbehalten.

1.1.2.2 Besteuerung von Gewinnen aus der Veräußerung der Anteile

Gewinne aus der Veräußerung der Kapitalgesellschaftsanteile sind, da sie nach inländischem Recht Betriebsvermögen darstellen, einkommensteuerpflichtig und werden als Einkünfte aus Gewerbebetrieb i. S. d. § 15 EStG besteuert.[612] Diese Gewinne fallen jedoch nicht unter die gewerbesteuerliche Kürzungsvorschrift des § 9 Nr. 7 GewStG.

Abkommensrechtlich allerdings sind die Anteile als Privatvermögen zu qualifizieren. Gem. Art. 13 Abs. 5 OECD-MA muss daher der ausländische Staat auf die Erhebung etwaiger Quellensteuern verzichten.

---

[612] Allerdings werden diese Gewinne wegen § 3 Nr. 40 EStG bei der Einkunftsermittlung nur hälftig angesetzt.

1.2 Besteuerung ausländischer Gesellschafter

Ein ausländischer Gesellschafter unterliegt mit den Einkünften die er aus der Beteiligung an der inländischen Personengesellschaft bezieht der beschränkten Steuerpflicht i. S. d. § 1 Abs. 4 EStG und erzielt gem. § 49 Abs. 1 Nr. 2a EStG Einkünfte aus Gewerbebetrieb. Die Besitzpersonengesellschaft stellt aufgrund der Grundsätze der Betriebsaufspaltung nach nationalem Recht einen Gewerbebetrieb dar. Da eine gewerbliche Personengesellschaft für alle beteiligten Gesellschafter eine Betriebsstätte i. S. d. § 12 AO am Ort ihrer Geschäftsleitung begründet, unterliegt der ausländische Gesellschafter mit den Einkünften aus der Personengesellschaft der Besteuerung im Inland. Im Wohnsitzstaat werden die Einkünfte regelmäßig im Rahmen der unbeschränkten Steuerpflicht im Ausland ebenfalls der Besteuerung unterworfen.

Bei Bestehen eines Doppelbeteuerungsabkommens, wird das Besteuerungsrecht bei Einkünften i. S. d. Art. 6 OECD-MA dem Belegenheitsstaat, bei Einkünften i. S. d. Art. 12 oder Art. 21 OECD-MA dem Ansässigkeitsstaat des Gesellschafters, dem Ausland zugewiesen. Das gleiche gilt gem. Art. 13 Abs. 1 OECD-MA und Art. 13 Abs. 5 OECD-MA auch für Veräußerungsgewinne. Das Betriebsstättenprinzip findet keine Anwendung, da die Beteiligung an der Personengesellschaft für die Anwendung des Abkommens keine Betriebsstätte darstellen kann. Eine wirtschaftliche Betrachtungsweise kann hier nicht wie im Fall einer reinen Inlandsbetriebsaufspaltung, bei der sich ausschließlich der Gesellschafter im Inland befindet, zur Annahme einer inländischen Betriebsstätte i. S. d. Art. 5 OECD-MA führen, da sich die Betriebsgesellschaft im Ausland befindet.

Die steuerlichen Folgen der Beteiligung an der Betriebsgesellschaft vollziehen sich ausschließlich im Ausland, da hier keine Berührungspunkte zu dem inländischen Steuerrecht existieren.

2 Unbeschränkte Steuerpflicht der Kapitalgesellschaft aufgrund personeller Verflechtung?

Da die ausländische Betriebskapitalgesellschaft ihren Sitz im Ausland hat, ist sie dort unbeschränkt steuerpflichtig. Sie könnte jedoch gleichzeitig im Inland der unbeschränkten Steuerpflicht i. S. d. § 1 Abs. 1 KStG unterliegen, wenn hier der Ort ihrer Geschäftsleitung i. S. d. § 10 AO anzunehmen ist.

Gem. § 10 AO ist unter der Geschäftsleitung der Mittelpunkt der geschäftlichen Oberleitung zu verstehen. Dieser befindet sich dort, wo der für die Geschäftsführung maßgebende Wille gebildet wird.[613] Hierbei sind die tatsächlichen Verhältnisse

---

[613] Vgl. Birk, 2003, in: H/H/Sp, § 10 AO, Rn. 14 mit ausführlichen Hinweisen zur Rechtsprechung.

maßgebend, d. h. die laufende Geschäftsführung muss von hier aus tatsächlich auch ausgeübt werden.[614] Es kommt darauf an, an welchem Ort die bedeutsamen Entscheidungen für den gewöhnlichen Betrieb bzw. den alltäglichen Geschäftsablauf getroffen werden.[615]

Die inländische Besitzgesellschaft und die ausländische Betriebsgesellschaft werden von einem einheitlichen geschäftlichen Betätigungswillen getragen. Demnach sind die Personen, die die Besitzgesellschaft beherrschen auch in der Lage, in der Betriebsgesellschaft ihren Willen durchzusetzen.[616]

Fraglich ist, ob aufgrund dieser personellen Verflechtung ein Ort der Geschäftsleitung im Inland angenommen werden kann und die ausländische Kapitalgesellschaft somit auch im Inland der unbeschränkten Steuerpflicht unterliegt.

Streck[617] wirft in diesem Zusammenhang die Frage auf, ob aufgrund der personellen Verflechtung von einem identischen Ort der Geschäftsleitung bei der Besitz- und der Betriebsgesellschaft auszugehen ist. Dies ist jedoch zu verneinen, da der Bundesfinanzhof die Selbstständigkeit der beiden Gesellschaften einer Betriebsaufspaltung betont hat.[618]

Becker/Günkel[619] weisen auf den Unterschied hin zwischen der Möglichkeit der Ausübung des einheitlichen geschäftlichen Betätigungswillens und der tatsächlichen Ausübung. Eine personelle Verflechtung liege bereits dann vor, wenn die Gesellschafter der Besitzgesellschaft in der Lage sind, ihren Willen in der Betriebsgesellschaft durchzusetzen, unabhängig davon, ob sie die Betriebsgesellschaft auch tatsächlich beherrschen. Hingegen soll ein Ort der Geschäftsleitung nur dann vorliegen, wenn von dort aus tatsächlich Entscheidungen getroffen werden, die für die tägliche Geschäftsführung der Betriebsgesellschaft von Bedeutung sind. Allein aus der Möglichkeit der Einflussnahme könne jedoch noch nicht auf eine tatsächliche Einflussnahme geschlossen werden.

Nach Ansicht von *Gebbers* kann von einer tatsächlichen Einflussnahme allenfalls dann ausgegangen werden, wenn der Gesellschafter des Besitzunternehmens Al-

---

[614] Vgl. hierzu auch Kruse, 2003, in: Tipke/Kruse, AO/FGO, § 10 Rn. 1; vgl. Birk, 2003, in: H/H/Sp, § 10 AO, Rn. 14; vgl. Gebbers, Besteuerung der internationalen Betriebsaufspaltung, 1984, S. 713.

[615] Vgl. z. B. BFH v. 17.7.1968 (I 121/64), BStBl II, 1968, S. 695; vgl. BFH v. 26.5.1970 (II 29/65), BStBl II, 1970, S. 759. Ausführliche Hinweise zur Rechtsprechung bei Birk, 2003, in: H/H/Sp, § 10 AO, Rn. 15f.

[616] Vgl. BFH v. 8.11.1971 (GrS 2/71), BStBl II, 1972, S. 63.

[617] Vgl. Streck, in: Felix, Kölner Handbuch der Betriebsaufspaltung und Betriebsverpachtung, 1978, Rn. 316.

[618] Vgl. hierzu BFH v. 8.11.1971 (GrS 2/71), BStBl II, 1972, S. 63. Vgl. Streck, in: Felix, Kölner Handbuch der Betriebsaufspaltung und Betriebsverpachtung, 1978, Rn. 316. Gleicher Ansicht auch Birk, 2003, in: H/H/Sp, § 10 AO, Rn. 35. Vgl. Kruse, 2003, in: Tipke/Kruse, AO/FGO, 2003, § 10 Rn. 8.

[619] Vgl. Becker/Günkel. Betriebsaufspaltung über die Grenze, 1993, S. 486.

leingesellschafter der Betriebsgesellschaft wäre oder zumindest „als maßgebender Entscheidungsträger im Betriebsunternehmen tätig ist"[620]. Es reiche jedoch nicht aus, wenn der Gesellschafter ein Alleingesellschafter ist, da daraus nicht gefolgert werden kann, dass er auch tatsächlich die Geschäfte führt.

Im Ergebnis liegt also nicht automatisch aufgrund der personellen Verflechtung auch ein Ort der Geschäftsleitung im Inland vor. Allein aufgrund der personellen Verflechtung wird die ausländische Betriebskapitalgesellschaft somit nicht unbeschränkt steuerpflichtig im Inland. Im Regelfall befindet sich die Geschäftsleitung der ausländischen Besitzgesellschaft an ihrem Sitzort im Ausland.[621]

Wird die Möglichkeit zur Einflussnahme allerdings in der Gestalt wahrgenommen, dass tatsächlich die Geschäfte vom Inland aus geleitet werden bzw. treten neben die personelle Verflechtung weitere Merkmale, die zur Annahme eines Ortes der Geschäftsleitung im Inland führen, dann kommt es im Inland zu einer unbeschränkte Steuerpflicht i. S. d. § 1 Abs. 1 KStG. Allerdings dürfte dies nur vereinzelt der Fall sein.[622]

Sollte sich der Ort der Geschäftsleitung im Einzelfall dennoch im Inland befinden, so käme es zu einer Doppelbesteuerung der ausländischen Besitzgesellschaft. Bei Vorliegen eines Doppelbesteuerungsabkommens würde je nach Überlassungsgegenstand entweder das Inland oder das Ausland auf die Ausübung seines Besteuerungsrechts verzichten. Wird unbewegliches Vermögen überlassen, erfolgt die Besteuerung entsprechend Art. 6 Abs. 1 OECD-MA im Belegenheitsstaat. Wenn bewegliches Vermögen oder Rechte überlassen werden, darf wegen Art. 21 Abs. 2 OECD-MA und Art. 12 Abs. 3 OECD-MA die Besteuerung im Ausland erfolgen, da die Betriebsgesellschaft dort in jedem Fall eine Betriebsstätte i. S. d. Art. 5 OECD-MA unterhält.[623] Aufgrund des Betriebsstättenprinzips erfolgt bei Vorliegen eines Doppelbesteuerungsabkommens selbst dann keine Besteuerung im Inland, wenn ausnahmsweise ein Ort der Geschäftsleitung im Inland anzunehmen ist.[624]

---

[620] Gebbers, Besteuerung der internationalen Betriebsaufspaltung, 1984, S. 713.

[621] Vgl. auch Birk, 2003, in: H/H/Sp, § 10 AO, Rn. 35.

[622] Vgl. Gebbers, Besteuerung der internationalen Betriebsaufspaltung, 1984, 713; vgl. Becker/Günkel Betriebsaufspaltung über die Grenze, 1993, S. 486.

[623] Vgl. zu den einzelnen Einkunftsarten ausführlich die Ausführungen ab S. 78ff., S. 82ff. und S. 84ff.

[624] Vgl. Becker/Günkel. Betriebsaufspaltung über die Grenze, 1993, S. 489.

Kapitel 3   Zusammenfassung

Das auf innerstaatlichem Richterrecht beruhende Rechtsinstitut der Betriebsaufspaltung entfaltet auch in grenzüberschreitenden Fällen seine Wirkung. Grundsätzlich ist die Betriebsaufspaltung über die Grenze anzuerkennen. Die Rechtsfolgen der Betriebsaufspaltung kommen auch zum Tragen, wenn sich die Besitz- oder die Betriebsgesellschaft im Ausland befindet. Allerdings betrifft dies nur die Besteuerung nach nationalem Recht. Abkommensrechtlich ist die Betriebsaufspaltung über die Grenze ohne Bedeutung. Im Gegensatz zu einer inländischen Betriebsaufspaltung, bei der ausschließlich ein Gesellschafter im Ausland ansässig ist, wird der nationalen Einordnung der Besitzpersonengesellschaft als Gewerbebetrieb abkommensrechtlich nicht gefolgt. Die Zuweisung des Besteuerungsrechts an das In- oder das Ausland bleibt unberührt davon, ob die Voraussetzungen der Betriebsaufspaltung, also das Vorliegen der personellen und sachlichen Verflechtung, gegeben sind.

Insbesondere macht sich das Rechtsinstitut der Betriebsaufspaltung im Falle einer Betriebsaufspaltung mit ausländischer Besitzpersonengesellschaft und ausländischem Gesellschafter bemerkbar. Das Entstehen von steuerpflichtigen Einkünften ist hier abhängig vom Pachtgegenstand. Bei unbeweglichem Vermögen, Sachinbegriffen oder zeitlich begrenzt überlassenen Rechten sind die Pachteinnahmen m. E. von der deutschen Besteuerung völlig ausgenommen. Da die Einkünfte grundsätzlich den Einkünften aus Gewerbebetrieb i. S. d. § 49 Abs. 1 Nr. 2a EStG zuzuordnen sind, scheidet entgegen der Ansicht der Finanzverwaltung eine Besteuerung im Inland aus, wenn weder eine Betriebsstätte unterhalten wird noch ein ständiger Vertreter bestellt ist. Wie mehrfach begründet wurde, kann auch § 49 Abs. 2 EStG nicht zur Anwendung kommen. Das hat m. E. ebenso für einen etwaigen Gewinn aus der Veräußerung des Pachtobjekts zu gelten. Handelt es sich bei dem Pachtgegenstand hingegen um bewegliche Wirtschaftsgüter oder zeitlich unbegrenzt überlassene Rechte, entstehen aufgrund des letzten Satzteils von § 49 Abs. 1 Nr. 9 EStG beschränkt steuerpflichtige Einkünfte im Inland.

Abb. 14 fasst die Besteuerungsfolgen einer Betriebsaufspaltung über die Grenze noch einmal zusammen.

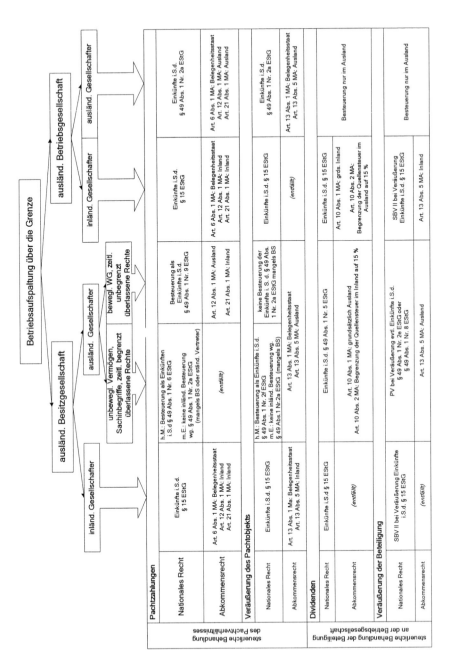

Abb. 14: Besteuerungsfolgen der Betriebsaufspaltung über die Grenze

Abschnitt 5   Fazit

Die internationale Betriebsaufspaltung bezieht ihre Komplexität daher, dass ein wirtschaftlich einheitliches Unternehmen in zweierlei Hinsicht geteilt wird. Einmal erfolgt mit der Konstruktion der Doppelgesellschaft eine nationale Aufteilung in zwei rechtlich selbstständige Einheiten. Daneben wird eine internationale Grenze gezogen: Bei einer Betriebsaufspaltung über die Grenze erstreckt sich das Unternehmen nicht nur auf zwei eigenständige Gesellschaften, sondern darüber hinaus noch auch auf unterschiedliche Steuerrechtsgebiete. Dem wirtschaftlichen Einheitsgedanken der Betriebsaufspaltung steht die nationale und internationale Zerlegung gegenüber.

Die Arbeit untersuchte im Wesentlichen zwei Fallkonstellationen: Zunächst wurde eine rein inländische Betriebsaufspaltung mit ausländischem Gesellschafter betrachtet. Hier ist zwar das Unternehmen als solches ausschließlich dem Inland zuzuordnen, der im Rahmen der Besteuerung von Personengesellschaften steuerpflichtige Unternehmer befindet sich jedoch im Ausland.

Daraufhin wurde die eigentliche Betriebsaufspaltung über die Grenze dargestellt, bei der sich entweder das Besitz- oder das Betriebsunternehmen im Ausland befindet. Hier werden nicht nur Unternehmer und Unternehmen getrennt. Die beiden Teile des wirtschaftlich einheitlichen Unternehmens befinden sich auf zwei unterschiedlichen Steuerrechtsgebieten.

Kapitel 1   Gewerblichkeit im abkommensrechtlichen Sinn

Im Mittelpunkt der Untersuchungen stand die Frage nach der Gewerblichkeit. Die Besitzpersonengesellschaft wird nach nationalem Recht aufgrund des Rechtsinstituts der Betriebsaufspaltung trotz ihrer vermögensverwaltenden Tätigkeit als Gewerbebetrieb behandelt. Die Problematik beider Fallkonstellationen lässt sich mithin auf die Kernfrage reduzieren, ob und inwieweit diese Gewerblichkeit bei einer internationalen Betriebsaufspaltung Auswirkungen auf das nationale Recht und das Recht der Doppelbesteuerungsabkommen hat.

1 Nationale Betriebsaufspaltung mit ausländischem Gesellschafter

Befinden sich beide Gesellschaften der Betriebsaufspaltung im Inland und ist ausschließlich der Gesellschafter Ausländer, wurde in der vorliegenden Arbeit insbesondere den Besteuerungsfolgen nach Abkommensrecht nachgegangen. Nach der hier vertretenen Ansicht schlägt die Annahme der Besitzgesellschaft als Unternehmen auch auf das Doppelbesteuerungsabkommen durch. Der Begriff des Unternehmens ist im Abkommen jedoch nicht definiert. Mithin ist über Art. 3 Abs. 2 OECD-MA ein Rückgriff auf innerstaatliches Recht erforderlich.

In der umstrittenen Frage nach dem Verständnis von Art. 3 Abs. 2 OECD-MA bzw. der Verwendung nationaler Begriffsbedeutungen folgt diese Arbeit einem eigenen Ansatz. Es wird eine Brücke zwischen den beiden bisher vertretenen völkerrechtsorientierten oder landesrechtsorientierten Auslegungsrichtungen geschlagen, indem Art. 3 Abs. 2 so verstanden wird, dass er als Definitionsregel Begriffsbedeutungen des nationalen Rechts zum Gegenstand des Abkommens emporhebt. Zwar wird ein Rückgriff auf nationales Recht eher im Sinne der landesrechtsorientierten Theorie vorgenommen. Allerdings werden auf diese so gewonnen nationalen Begriffsbedeutungen völkerrechtliche Auslegungsregeln angewandt, da sie – losgelöst von nationalem Recht – neue abkommensrechtliche Begriffsdefinitionen darstellen.

Bezogen auf den Unternehmensbegriff, führt die hier vertretene Auslegungsmethode zu folgendem Ergebnis: Der im deutschen Einkommensteuergesetz in § 15 Abs. 2 EStG beschriebene Typus des Gewerbebetriebs sowie sein Verständnis in der deutschen Rechtsprechung werden über Art. 3 Abs. 2 OECD-MA zum Bestandteil des Abkommens. Als Abkommensbegriff unterliegt er nunmehr aber nicht mehr den für das nationale Recht geltenden Auslegungsregeln, sondern ist als inkorporierte Abkommensdefinition im Licht völkerrechtlichen Auslegungsregeln zu betrachten. Entsprechend dem Gebot der Entscheidungsharmonie des WÜRV ist unabhängig vom nationalen Verständnis eine neue Qualifizierung der Besitzpersonengesellschaft anhand des zu Abkommensrecht gewordenen Begriffs des Gewerbebetriebs i. S. d. § 15 Abs. 2 EStG vorzunehmen. Diese Einstufung muss geprägt sein von Sinn und Zweck des Abkommens. Anders als nach innerstaatlichem Recht ist der Begriff des Gewerbebetriebs nicht mehr anhand des Willens des nationalen Gesetzgebers, sondern nach dem Willen der Vertragspartner des Doppelbesteuerungsabkommens zu ermitteln.

Ausgehend von diesem Ansatz, wurde im Folgenden der Frage nachgegangen, wie die Besitzpersonengesellschaft abkommensrechtlich zu behandeln ist. Die hier vorgeschlagene Lösung basiert auf der gleichen Idee, die der Reichsfinanzhof[625] ursprünglich als Hintergrund der Betriebsaufspaltung gesehen hat: Die Besitzpersonengesellschaft und die Betriebskapitalgesellschaft sind als wirtschaftliche Einheit zu sehen, d. h. es liegt im Inland ein einziges Unternehmen vor. Im Abkommensrecht wurde mit dem Betriebsstättenprinzip eine ähnliche wirtschaftliche Betrachtungsweise verankert: Unternehmensgewinne sollen in dem Land besteuert werden, dem sie wirtschaftlich zuzuordnen sind. Daher kann es nur dem Sinn und Zweck des Abkommens entsprechen, das Besteuerungsrecht in diesem Fall dem Inland zuzuweisen. Mithin darf nach der hier vertretenen Ansicht das Inland den Gewinnanteil des ausländischen Gesellschafters als Betriebsstätteneinkünfte besteuern.

---

[625] Vgl. RFH v. 26.10.1938 (VI 501/38), RStBl, 1939, S. 282.

2 Betriebsaufspaltung über die Grenze

Bei einer Betriebsaufspaltung über die Grenze kann für Zwecke des Abkommensrechts jedoch keine Einheitsbetrachtung vorgenommen werden. Befindet sich entweder das Besitz- oder das Betriebsunternehmen im Ausland, sind die beiden Teile des wirtschaftlich einheitlichen Unternehmens getrennt zu beurteilen, da sie sich auf zwei unterschiedlichen Steuerrechtsgebieten befinden. Infolgedessen kann die Gewerblichkeit für die Abkommensanwendung in diesem Fall nicht berücksichtigt werden. Mit der länderrechtlichen Grenze wird für Abkommenszwecke gleichzeitig eine steuerrechtliche Grenze zwischen den beiden Gesellschaften gezogen.

Kapitel 2   Gewerblichkeit im nationalen Recht

Im nationalen Steuerrecht ist die Berücksichtigung der Gewerblichkeit aufgrund des Rechtsinstituts der Betriebsaufspaltung im Fall einer inländischen Betriebsaufspaltung mit ausländischem Gesellschafter klar. § 49 Abs. 1 Nr. 2 EStG bezieht sich uneingeschränkt auf § 15 EStG. Der ausländische Gesellschafter erzielt ebenso Einkünfte aus Gewerbebetrieb wie ein inländischer Gesellschafter.

Schwieriger ist die Beurteilung eines über die Grenze verwirklichten Betriebsaufspaltungsverhältnisses, da das wirtschaftlich einheitliche Unternehmen auf zwei Länder verteilt ist. Daher bewegten sich die Fragestellungen im zweiten Teil der Arbeit vor allem darum, ob mit der steuerrechtlichen Ländergrenze, die sich zwischen den rechtlich selbstständigen Einheiten befindet, die wirtschaftliche Einheit der Gesellschaften noch Eingang ins nationale Steuerrecht finden kann. Dies wurde grundsätzlich bejaht. Eine Betriebsaufspaltung über die Grenze ist anzuerkennen. Die Gewerblichkeit ist auch grenzüberschreitend zu berücksichtigen. Das Rechtsinstitut der Betriebsaufspaltung endet nicht an der Grenze zu einer neuen Steuerrechtsordnung.

Paradox allerdings ist das Ergebnis bei der Besteuerung eines ausländischen Gesellschafters einer ausländischen Besitzpersonengesellschaft. Bei dieser Konstellation verhindert die Gewerblichkeit gerade die Besteuerung der ihm zuzurechnenden Einkünfte. Bei den laufenden Pachteinnahmen können die Einkünfte, wenn es sich bei dem Pachtgegenstand um unbewegliches Vermögen, Sachinbegriffe oder zeitlich begrenzt überlassene Rechte handelt, nicht mehr als Einkünfte aus Vermietung und Verpachtung gem. § 49 Abs. 1 Nr. 6 EStG besteuert werden[626], da diese den gewerblichen Einkünften i. S. d. § 49 Abs. 1 Nr. 2a EStG zuzuordnen sind. Der von § 49 Abs. 1 Nr. 2a EStG geforderte Inlandsbezug in Form einer Betriebsstätte i. S. d. § 12 AO oder eines ständigen Vertreters i. S. d. § 13 AO ist nicht erfüllt. Die in § 49 Abs. 2 EStG verankerte isolierende Betrachtungsweise, wonach Einkünfte

---

[626] Anders allerdings die Praxis der Finanzverwaltung, die von Einkünften aus Vermietung und Verpachtung i. S. d. § 49 Abs. 1 Nr. 6 EStG ausgeht.

rechtlich nicht ihrer Natur nach beurteilt werden, sondern ihrer originären Einkunftsart zugeordnet werden, findet keine Anwendung, da es sich bei den Pachteinnahmen der Besitzpersonengesellschaft um ursprüngliche Einkünfte aus Gewerbebetrieb handelt und ferner die „Gewerblichkeit" als Besteuerungsmerkmal im Sinne des § 49 Abs. 2 EStG nicht außer Betracht gelassen werden kann, da dies ja auch im Inland verwirklicht wird. Im Veräußerungsfall führt die Gewerblichkeit zu einer Nichtanwendbarkeit von § 49 Abs. 1 Nr. 2f EStG, da der Veräußerungsgewinn unter § 49 Abs. 1 Nr. 2a EStG zu subsumieren ist, der aber mangels Betriebsstätte bzw. ständigen Vertreters hier keine Anwendung findet. Während die Betriebsvermögenseigenschaft von Vermögen im Regelfall zur Steuerbarkeit der Veräußerungsgewinne führt, hat hier die Gewerblichkeit paradoxerweise zur Folge, dass eine Besteuerung gerade nicht erfolgen kann.

Die internationale Betriebsaufspaltung sieht sich im Widerspruch zwischen ökonomischer Homogenität und rechtlicher Heterogenität. In der vorliegenden Arbeit wurde versucht, diese Gegensätzlichkeit durch Orientierung der rechtlichen Behandlung an den realen Verhältnissen zu vermindern. Die Gewerblichkeit der Besitzpersonengesellschaft ist sowohl im nationalen Recht als auch im Abkommensrecht in ausreichendem Maß zu berücksichtigen.

Literaturverzeichnis

Aigner, Hans-Jörgen/**Züger,** Mario: Die Lösung des OECD-Steuerausschusses für Qualifikationskonflikte bei Personengesellschaften, in: Gassner, Wolfgang/ Lang, Michael/Lechner, Eduard (Hrsg.): Personengesellschaften im Recht der Doppelbesteuerungsabkommen, Wien: Linde, 2000, S. 47 – 67

Altfelder, Stefan: Gewerblicher Grundstückshandel im Wandel, in: FR, Jg. 82, 2000, Heft 7, S. 349 – 371

Avery Jones, John F.: The [Interpretation of tax treaties] with particular refence to article 3(2) of the OECD Model-II, in: British Tax Review, 1984, S. 14 – 54 und S. 90 - 108

Avery Jones, John F.: The meaning of Application in Article 3(2) of the OECD Model, in: Beisse, Heinrich/Lutter, Marcus/Närger, Heribald (Hrsg.), Festschrift für Karl Beusch zum 68. Geburtstag am 31. Oktober 1993, Berlin/New York: Walter de Gruyter, 1993

Becker, Helmut/**Christiansen,** Alfred: Aktuelle Fragen aus der Betriebsprüfung, in: JbFfSt 1986/87 S. 79 – 157

Becker, Helmut/**Günkel,** Manfred: Betriebsaufspaltung über die Grenze, in: Raupach, Arndt/Uelner, Adalbert (Hrsg.), Ertragsbesteuerung: Zurechnung-Ermittlung-Gestaltung, Festschrift für Ludwig Schmidt zum 65. Geburtstag, München: Beck, 1993, S. 483 – 495

Becker, Helmut/**Höppner,** Horst-Dieter/**Grotherr,** Siegfried/**Kroppen,** Heinz-Klaus (Hrsg.): DBA-Kommentar, Stand: September 2003 (13. Lfg.), Herne/Berlin: NWB, 1997

Beger, Wolf Dietrich: [Methodenlehre] und Klausurtechnik im Steuerrecht, 4. Aufl., Stuttgart: Schäffer-Poeschel, 2000

Benecke, Andreas: Die vermögensverwaltende Personengesellschaft aus abkommensrechtlicher Sicht, in: Urtz, Christoph/Züger Mario (Hrsg.): Personengesellschaften im Internationalen Steuerrecht, Wien: Linde, 2001, S. 213 - 235

Bernhardt, Rudolf: Die [Auslegung völkerrechtlicher Verträge] insbesondere in der neueren Rechtsprechung internationaler Gerichte, Köln: Heymann, 1963 (zugl. Heidelberg Habil.-Schr. 1963)

Birkholz, Hans: Beschränkte Steuerpflicht und isolierende Betrachtungsweise, in: BB, Jg. 27, 1972, Heft 4, S. 172 – 173

Blaurock, Uwe: [Handbuch der Stillen Gesellschaft] – Gesellschaftsrecht, Steuerrecht, 6. Aufl., Köln: Dr. Otto Schmidt, 2003

Bloehs, Joachim: Die [Abgrenzung privater Vermögensverwaltung von gewerblichen Grundstücksgeschäften], in: BB, Jg. 57, 2002, Heft 21, S. 1068 – 1074

Blümich, Walter: Einkommensteuergesetz – Körperschaftsteuergesetz – Gewerbesteuergesetz [EStG] – Kommentar, Stand: Juli 1999 (64. Lfg.), München: Vahlen, 1999

Bock, Klaus H.: [„Sonderbetriebsvermögen II und Betriebsaufspaltung"] – Anmerkungen zum BFH-Urteil vom 13.10. 1998 VIII R 46/95, in: DStZ, Jg. 88, 2000, Heft 1 – 2, S. 42 – 44

Bopp, Gerhard: Die Besteuerung von Betriebsstätten, in: DStZ, Jg. 62, 1974, Heft 6, S. 91 – 99

Brandmüller, Gerhard: [Die Betriebsaufspaltung] nach Handels- und Steuerrecht – einschließlich Betriebsverpachtung, 7. Aufl., Heidelberg: Recht und Wirtschaft GmbH, 1977

Buciek, Klaus: Aktuelle Entwicklungen zur Betriebsstättenbesteuerung, in: DStZ, Jg. 91, 2003, Heft 5, S. 139 - 147

Carlé, Dieter et al.: [Die Betriebsaufspaltung] – Gestaltung, Beratung, Muster, Köln: Dr. Otto Schmidt, 2003

Chebounov, Anton: Die [Qualifikationsproblematik] im deutschen Recht der Doppelbesteuerungsabkommen, Frankfurt am Main: Peter Lang, 2002 (zugl. Diss. Univ. Augsburg 2001)

Clausen, Uwe: [Die beschränkte Steuerpflicht:] Grundzüge und gesetzliche Neuregelungen des 2. StÄndG 1973, in: DStZ, Jg. 62, 1974, Heft 17, S. 315 – 321

Coenenberg, Adolf G.: [Jahresabschluss und Jahresabschlussanalyse] – Betriebswirtschaftliche, handelsrechtliche, steuerrechtliche und internationale Grundsätze – HGB, IAS/IFRS, US-GAAP, DRS, 19. Aufl., Stuttgart: Schäffer-Poeschel, 2003

Crezelius, Georg: [„Die isolierende Betrachtungsweise] insbesondere die grenzüberschreitende Betriebsaufnahme, in: Haarmann, Wilhelm, Die beschränkte Steuerpflicht, Köln: Dr. Otto Schmidt, 1993

Crezelius, Georg: Der [Mitunternehmerbegriff] – ein Chamäleon?, in: Raupach, Arndt/Uelner, Adalbert (Hrsg.), Ertragsbesteuerung: Zurechnung-Ermittlung-Gestaltung, Festschrift für Ludwig Schmidt zum 65. Geburtstag, München: Beck, 1993, S. 355 – 377

Debatin, Helmut: Die beschränkte Steuerpflicht bei der Einkommen- und Körperschaftsteuer, in: BB, Jg. 15, 1960, Heft 26, S. 1015 – 1018

Debatin, Helmut, Die Bestimmung der Einkunftsart bei der beschränkten Steuerpflicht, in: DB, Jg. 14, 1961, Heft 24, S. 785 – 789

Debatin, Helmut: System und Auslegung der Doppelbesteuerungsabkommen, in: DB, Jg. 38, 1985, Beilage 23, Heft 39, S. 1 - 8

Debatin, Helmut: Doppelbesteuerungsabkommen und innerstaatliches Recht, in: DStR, Jg. 30, 1992, Beihefter zu Heft 23, S. 1 – 8

Debatin, Helmut/**Wassermeyer,** Franz: Doppelbesteuerung, Stand: Oktober 2003 (91. Lfg.), München: C. H. Beck, 2003

Drüen, Klaus-Dieter: Nutzen beweglicher Systeme im Steuerrecht, in: StuW, Jg. 77, 2000, Heft 3 S. 289 - 295

Eckert, Ralf: [Die beschränkte Steuerpflicht] – Rechtfertigung und Systematik, Bonn: vervielf., 1995 (zugl. Diss. Univ. Bonn 1995)

Engel, Michaela: Vermögensverwaltende Personengesellschaft und ertragsteuerrechtliche Selbstständigkeit, Herne/Berlin: Neue Wirtschafts-Briefe, 2003

Felix, Günther: Kölner Handbuch – [Betriebsaufspaltung und Betriebsverpachtung], 3. Aufl., Köln: Arbeitskreis für Steuerrecht, 1978

Fichtelmann, Helmar: Betriebsaufspaltung im Steuerrecht, 10. Aufl., Heidelberg: C. F. Müller, 1999

Fichtelmann, Helmar: GmbH & Still im Steuerrecht, 5. Aufl., Heidelberg: C. F. Müller, 2000

Fischer, Peter: [Steuerrechtlicher Typus] und rechtsstaatliche Bestimmtheit des Steuergesetzes, in: DStZ, Jg. 88, 2000, Heft 24, S. 885 – 893

Flick, Hans: Auswirkungen der „isolierenden Betrachtungsweise" auf die internationale Doppelbesteuerung, in: DB, Jg. 14, 1961, Heft 49, S. 1595 – 1597

Flick, Hans/**Wassermeyer** Franz/**Wingert,** Karl-Dieter/**Kempermann,** Michael: Doppelbesteuerungsabkommen Deutschland-Schweiz – Kommentar, Stand: August 2003 (25. Lfg.), Köln: Dr. Otto Schmidt, 1981

Flick, Hans/**Wassermeyer,** Franz/**Baumhoff,** Hubertus: [Außensteuerrecht] – Kommentar, Stand: November 2003 (53. Lfg.), Köln: Dr. Otto Schmidt, 1973/2003

Flick, Hans/**Wassermeyer,** Franz/**Wingert,** Karl-Dieter: DBA Deutschland-Schweiz: Steuern vom Einkommen und Vermögen, Nachlass- und Erbschaftsteuern - Kommentar, Stand: August 2003 (25. Lfg.), Köln: Dr. Otto Schmidt, 1981/2003

Flies, Rolf: Die Umqualifikation der Einkünfte bei der beschränkten Steuerpflicht, in: DStZ, Jg. 83, 1995, Heft 14, S. 431 - 437

Gassner, Bruno: Betriebsaufspaltung über die Grenze, in: BB, Jg. 28, 1973, Heft 29, S. 1352 – 1353

Gassner, Wolfgang/**Konezny,** Gerd: Die vermögensverwaltende Personengesellschaft aus abkommenrechtlicher Sicht, in: Gassner, Wolfgang/Lang, Michael/Lechner, Eduard (Hrsg.): Personengesellschaften im Recht der Doppelbesteuerungsabkommen, Wien: Linde, 2000, S. 235 – 247

Gebbers, Harald: Zur [Besteuerung der internationalen Betriebsaufspaltung durch Grundstücksvermietung], in: RIW, Jg. 30, 1984, Heft 9, S. 711 – 718

Gebbers, Harald: Betriebsstätte bei Grundstückvermietung oder –verpachtung, in: RIW, Jg. 31, 1985, Heft 11, S. 876 – 881

Gebhardt, Thomas: [Ausübung des Verpächterwahlrechts] – Möglichkeiten nach beendeter Betriebsaufspaltung, in: EStB, Jg. , 2001, Heft 1, S. 32 – 33

Glanegger, Peter/**Güroff,** Peter: Gewerbesteuergesetz – Kommentar [GewStG], 5. Aufl., München: C. H. Beck, 2002

Gloria, Christian: Die Doppelbesteuerungsabkommen der Bundesrepublik Deutschland und die Bedeutung der LEX-Fori-Klauseln für ihre Auslegung – Ein Plädoyer für die Auslegung der DBA nach den Regeln der WVK [Die DBA der BRD und die Bedeutung der Lex-Fori-Klausel], in: RIW, 1986, Jg. 32, Heft 12, S. 970 – 978

Gschwendtner, Hubertus: Zur [Merkmalsübertragung bei der Betriebsaufspaltung], in: DStR, Jg. 40, 2002, Heft 22, S. 896 – 898

Günkel, Manfred: Betriebsaufspaltung mit ausländischer Besitzgesellschaft, in: FR, Jg. 35. (62), 1980, Heft 23, S. 553 – 556

Günkel, Manfred: Einschaltung ausländischer Besitzgesellschaften, in: StbJb, 1998/1999, S. 143 - 157

Günkel, Manfred/**Lieber,** Bettina: [Abkommensrechtliche Qualifikation von Sondervergütungen] – Irrwege der Finanzverwaltung, in: FR, Jg. 82, 2000, Heft 16, S. 853 – 858

Hallerbach, Dorothee: [Die Personengesellschaft im Einkommensteuerrecht] – zivilrechtliche Einordnung und einkommensteuerrechtliche Folgen, München: Beck, 1999 (zugl. Diss. Univ. Augsburg 1998)

Hallerbach, Dorothee: [Vermögensverwaltende Personengesellschaft] – wer erzielt die Einkünfte? – Konsequenzen aus der Rechtsprechung des BGH zur Rechtsnatur der Gesellschaft bürgerlichen Rechts, in: Hörmann, Norbert et. al. (Hrsg.): Brennpunkte des Steuerrechts: Festschrift für Wolfgang Jacob zum 60. Geburtstag, Augsburg: Brigitte-Settele-Verlag, 2001

Heinhold, Michael: Unternehmensbesteuerung – Bd. I: [Rechtsform], Stuttgart: Schäffer-Poeschel, 1996

Hendricks, Michael: [§ 49 Abs. 1 Nr. 2f EStG] – Anwendungsbereich und Einkunftsermittlung, in: IStR, Jg. 6, 1997, Heft 8, S. 229 - 234

Herrmann, Carl/**Heuer,** Gerhard/**Raupach,** Arndt: Einkommensteuer- und Körperschaftsteuergesetz – Kommentar [EStG], Stand: Oktober 2003 (211. Lfg.), Köln: Dr. Otto Schmidt, 1950/1996

Hinke, Christian: Handbuch der Betriebsaufspaltung, Stand: Mai 2002 (87. Lfg.), Köln: Deubner, 1980/2002

Hübschmann, Walter/**Hepp,** Ernst/**Spitaler,** Armin: Abgabenordnung Finanzgerichtsordnung - Kommentar[AO/FGO], Stand: Oktober 2003 (178. Lfg.), Köln: Dr. Otto Schmidt, 1951/2003

Jacobs, Otto H.: Internationale Unternehmensbesteuerung – Deutsche Investitionen im Ausland/Ausländische Investitionen im Inland, 5. Aufl., München: C. H. Beck, 2002

Kaligin, Thomas: [Die Betriebsaufspaltung] – Ein Leitfaden für die Rechts-, Steuer- und Wirtschaftspraxis, 4. Aufl., Bielefeld: Erich Schmidt, 2001

Kantenwein, Thomas/**Melcher,** Christian: Der Sachinbegriff im Sinne des § 21 Abs. 1 Nr. 2 EStG, in: FR, Jg. 40 (67), 1985, Heft 9, S. 233 – 235

Kempermann, Michael: Grenzen des Sonderbetriebsvermögens [Grenzen des SBV], in: Klein, Franz (Hrsg.), Unternehmen Steuern, Festschrift für Hans Flick zum 70. Geburtstag, Köln, Dr. Otto Schmidt, 1997, S. 445 – 456

Kempermann, Michael: [Entwicklung des Rechts der Mitunternehmerschaft] und der Betriebsaufspaltung aus der Sicht des BFH, in: Streck, Michael (Hrsg.): Personengesellschaft – Mitunternehmerschaft – Betriebsaufspaltung, Bonn: Stollfuß, 2002, S. 20 - 38

Kempermann, Michael: Anmerkung zu BFH, Urt. v. 19.03.2002, Jg. 57 (84) in: FR, Heft 12 S. 674

Kirchhoff, Paul/**Söhn,** Hartmut/**Mellinghoff,** Rudolf: Einkommensteuergesetz – Kommentar [EStG], Stand: Oktober 2003 (136. Lfg.), Heidelberg: C. F. Müller, 2003

Klebau, Bodo: Einzelprobleme bei der Auslegung von Doppelbesteuerungsabkommen, in: RIW, Jg. 31, 1985, Heft 2, S. 125 – 134

Kluge, Volker: Die [Auslegung von Doppelbesteuerungsabkommen], in: RIW/AWD, Jg. 21, 1975, Heft 2, S. 90 – 96

Kluge, Volker: [Das internationale Steuerrecht] – Gemeinschaftsrecht/Außensteuerrecht/ Abkommensrecht, 4. Aufl., München: C. H. Beck, 2000

Knobbe-Keuk, Brigitte: Bilanz- und Unternehmenssteuerrecht, 9. Aufl., Köln: Schmidt, 1993

Knoppe, Helmut: [Betriebsverpachtung Betriebsaufspaltung] – Pachtverhältnisse gewerblicher Betriebe im Steuerrecht, 7. Aufl., Düsseldorf: IDW, 1985

Krawitz, Norbert/**Büttgen-Pohland,** Dagmar/**Hick,** Christian: [Aktivitätsvorbehalte bei Einkünften aus ausländischen Kapitalgesellschaften] und Betriebsstätten, in: FR, Jg. 85, 2003, Heft 3, S. 109 - 164

Krug, Karla: [Betriebsaufspaltung über die Grenze]: dargestellt am Beispiel einer Betriebsaufspaltung in der Schweiz, Hamburg: vervielf., 1985 (zugl. Diss. Univ. d. Bundeswehr 1985)

Kumpf, Wolfgang: Betriebsstätte: Prinzip und Definition, in: Haarmann, Wilhelm (Hrsg.), Die beschränkte Steuerpflicht, Köln: Dr. Otto Schmidt, 1993, S. 27 - 53

Lang, Michael: [Hybride Finanzierungen] im internationalen Steuerrecht – Rechtsgrundlagen der Doppelbesteuerungsabkommen zur Beurteilung von Mischformen zwischen Eigen- und Fremdkapital, Wien: Wirtschaftsverlag Orac, 1991 (zugl. Diss. Univ. Wien 1991)

Lang, Michael: Die [Bedeutung des Musterabkommens] und des Kommentars des OECD-Steuerausschusses für die Auslegung von Doppelbesteuerungsabkommen, in: Gassner, Wolfgang/Lang, Michael/Lechner, Eduard (Hrsg.): Aktuelle Entwicklungen im Internationalen Steuerrecht, Wien: Linde, 1994

Lang, Michael: Qualifikationskonflikte im Recht der Doppelbesteuerungsabkommen, in: Kirchhof, Paul/Lehner, Moris/Raupach, Arndt/Rodi, Michael (Hrsg.): Staaten und Steuern, Festschrift für Klaus Vogel zum 70. Geburtstag, Heidelberg: C. F. Müller, 2000, S. 907 – 924

Lang, Michael: [Einführung in das Recht der DBA] (für Österreich), 2. Aufl., Wien: Linde, 2002

Langbein, Volker: Doppelbesteuerungsabkommen im Spannungsfeld zwischen nationalem Recht und Völkerrecht [DBA im Spannungsfeld], in: RIW, Jg. 30, 1984, Heft 7, S. 531 - 540

Littmann, Eberhard/**Bitz,** Horst/**Pust,** Hartmut: Das Einkommensteuerrecht [EStG], Stand: November 2003 (59. Lfg.), Stuttgart: Schäffer Poeschel, 2003

Loukota, Helmut: [OECD-Report zur Anwendung des OECD-Musterabkommens] auf Personengesellschaften, in: Gassner, Wolfgang/Lang, Michael/Lechner, Eduard (Hrsg.): Personengesellschaften im Recht der Doppelbesteuerungsabkommen, Wien: Linde, 2000, S. 15 - 25

Lüdicke, Jürgen: Mißbrauchsbekämpfungs- und Steuerbereinigungsgesetz: Die [Besteuerung gewerblicher Veräußerungsgewinne beschränkt Steuerpflichtiger], in: DB, Jg. 47, 1994, Heft 19, S. 952 - 958

Lüdicke, Jürgen: Neue Entwicklungen der [Besteuerung von Personengesellschaften im internationalen Steuerrecht], in: StbJb, 1997/1998, S. 449 - 492

Märkle, Rudi: Die [Betriebsaufspaltung an der Schwelle] zu einem neuen Jahrtausend, in: BB, Jg. 55, 2000, Beilage 7, Heft 31, S. 1 – 11

Mössner, Manfred: [Isolierende Betrachtungsweise] – Essay einer dogmatischen Klärung, in: Klein, Franz (Hrsg), Unternehmen Steuern, Festschrift für Hans Flick zum 70. Geburtstag, Köln: Dr. Otto Schmidt, 1977, S. 939 – 956

Mössner, Jörg M.: Zur Auslegung von Doppelbesteuerungsabkommen, in: Böckstiegel, Karl-Heinz et. al. (Hrsg.): Völkerrecht, Recht der Internationalen Organisationen, Weltwirtschaftsrecht, Festschrift für Seidl-Hohenveldern, Ignaz, Köln/München (u. a.): Heymanns, 1988, S. 403 - 426

Mössner, Jörg M. u. a.: Steuerrecht international tätiger Unternehmen, 2. Aufl., Köln: Dr. Otto Schmidt, 1998

Mössner, Jörg: Rechtsprechung des BFH zur Auslegung von Doppelbesteuerungsabkommen im Jahr 2002, in: RIW, Jg. 49, 2003, Heft 4, S. 294 - 300

Niedner, Hans-Joachim: Lizenz- und „know-how" Vergütungen an ausländische Unternehmen, in: BB, Jg. 14, 1968, Heft 11, S. 429 – 432

Nöcker, Gregor/**Sölfrian,** Gregor: Die vermögensverwaltende Personengesellschaft im Handels- und Steuerrecht, in: StuB, Jg. 4, 2002, Heft 9, S. 428 – 431

OECD (Hrsg.): The application of the OECD model tax convention to [partnerships], Issues in international taxation (No. 6), Paris: OECD Publications, 1999

Pawlowski, Hans-Martin: Methodenlehre für Juristen – Theorie der Norm und des Gesetzes, 3. Aufl., Heidelberg: Müller, 1999

Petersen, Jens: Unternehmenssteuerrecht und bewegliches System, Berlin: Duncker & Humblot, 1999

Piltz, Detlev Jürgen: Betriebsaufspaltung über die Grenze?, in: DB, Jg. 34, 1981, Heft 41, S. 2044 – 2047

Piltz, Detlev J.: [Qualifikationskonflikte im internationalen Steuerrecht] unter besonderer Berücksichtigung von Personengesellschaften, in: Fischer, Lutz (Hrsg.): Besteuerung internationaler Konzerne, Köln: Dr. Otto Schmidt, 1993, S. 21 - 47

Piltz, Detlev J.: Veräußerung von Sonderbetriebsvermögen unter den Doppelbesteuerungsabkommen (OECD-Musterabkommen und DBA-Schweiz) [Veräußerung von SBV unter den DBA], in: IStR, Jg. 5, 1996, Heft 10, S. 457 - 504

Raad van, Kees: The term „enterprise" in the model double taxation convention, Intertax, 1994, S. 491 - 504

Raiser, Thomas: Unternehmensziele und Unternehmensbegriff, in: ZHR, Jg. 144, 1980, Heft 3, S. 206 – 232

Raupach, Arndt: Unternehmen und Unternehmer im Recht der Doppelbesteuerungsabkommen [Unternehmen und Unternehmer im Recht der DBA], in: Kirchhof, Paul/Lehner, Moris/Raupach, Arndt/Rodi, Michael (Hrsg.), Staaten und Steuern, Festschrift für Klaus Vogel zum 70. Geburtstag, Heidelberg: C. F. Müller, 2000, S. 1067 - 1089

Riemenschneider, Sven: [Abkommensberechtigung von Personengesellschaften] und abkommensrechtliche Behandlung der Einkünfte aus Beteiligungen inländischer Gesellschafter an ausländischen Personengesellschaften, Frankfurt am Main: Peter Lang, 1995 (zugl. Diss. Univ. Hamburg 1995)

Ritzrow, Manfred: Die [sachliche Verflechtung im Rahmen der Betriebsaufspaltung] in einer Übersicht über die Rechtsprechung des BFH, in: StW, Jg. 76, 2003, Heft 5, S. 95 – 110

Ritzrow, Manfred: [Sonderbetriebsvermögen], Teil 1: Grundlagen und Sonderbetriebsvermögen I, in: BuW, Jg. 57, 2003, Heft 4, S. 139 – 142; Teil 2: Notwendiges Sonderbetriebsvermögen II und gewillkürtes Sonderbetriebsvermögen, in: BuW, Jg. 57, 2003, Heft 5, S. 184 – 189; Teil 3: Negatives Sonderbetriebsvermögen, Einzelfälle und Besonderheiten, in: BuW, Jg. 57, 2003, Heft 6, S. 235 – 240

Ronge, Eleonore: Sonderbetriebsvermögen im Abkommensrecht [SBV im Abkommensrecht] bei Dividendenzahlungen der Betriebsgesellschaft, in: PIStB, Jg. 2, 2000, Heft 6, S. 140 – 147

Roser, Frank: Die Besteuerung des ausländischen Leasinggebers, in: RIW, Jg. 36, 1990, Heft 5, S. 393 - 397

Runge, Berndt: Anwendung von Doppelbesteuerungsabkommen bei Leasingverträgen [Anwendung von DBA bei Leasingverträgen], in: DB, Jg. 30, 1977, Heft 5, S. 275 - 276

Salomon, Klaus/**Riegler,** Bernhard M.: Die Entlastung ausländischer Kapitalanleger von Abzugsteuern nach Doppelbesteuerungsabkommen, in: DB, Jg. 55, 2002, Heft 51, S. 2671 – 2680

Saussure, Ferdinand –de-: Grundfragen der allgemeinen Sprachwissenschaft, 3. Aufl., Berlin: Walter de Gruyter, 2001

Schaumburg, Harald: [Internationales Steuerrecht] – Außensteuerrecht/Doppelbesteuerungsrecht, 2. Auflage, Köln: Dr. Otto Schmidt, 1998

Schmalz, Andrea: Die [Veräußerung von Beteiligungen] an Personengesellschaften im internationalen Steuerrecht unter Berücksichtigung des Partnership-Reports der OECD, in: IStR, Jg. 12, 2003, Heft 9, S. 290 - 298

Schmidt, Christian: Personengesellschaften im Abkommensrecht (Teil 1), in: Wpg, Jg. 55, 2002, Heft 21, S. 1134 – 1145

Schmidt, Ludwig: In den Grenzbereichen von Betriebsaufgabe, Betriebsverpachtung, Betriebsaufspaltung und Mitunternehmerschaft (I), in: DStR, Jg. 17, 1979, Heft 23, S. 671 – 679

Schmidt, Ludwig: In den Grenzbereichen von Betriebsaufgabe, Betriebsverpachtung, Betriebsaufspaltung und Mitunternehmerschaft (II), in: DStR, Jg. 17, 1979, Heft 24, S. 699 - 709

Schmidt, Ludwig: Einkommensteuergesetz – Kommentar [EStG], 22. Aufl., München: C. H. Beck, 2003

Schmidt-Liebig, Axel: [„Gewerbe" im Steuerrecht] – Eine Untersuchung zu Wort und Begriff, Saarbrücken: vervielf., 1977 (zugl. Diss. Univ. Saarbrücken 1977)

Schmidt-Liebig, Axel: [Indiz und Rechtsanwendung im Steuerrecht] bei „verdeckter Gewinnausschüttung" und „Gewerbebetrieb" in der neueren BFH-Rechtsprechung, in: FR, Jg. 85, 2003, Heft 6, S. 273 – 280

Schnittker, Helder/**Lemaitre,** Claus: [Steuersubjektqualifikation ausländischer Personen- und Kapitalgesellschaften] anhand des Rechtstypenvergleichs: Welche Vergleichskriterien sind heranzuziehen?, in: GmbHR, Jg. 94, 2003, Heft 22, S. 1314 – 1320

Schoor, Hans W.: [Die GmbH & Still] im Steuerrecht, 3. Aufl., Herne/Berlin: Neue Wirtschafts-Briefe, 2001

Schoor, Hans W.: Personelle Verflechtung bei Betriebsaufspaltung und Einstimmigkeitsprinzip, in: Die steuerliche Betriebsprüfung, Jg. 43, 2003, Heft 2, S. 42 - 48

Schoor, Hans W.: Verpachtung des Betriebs einer Personengesellschaft, in: BBK, Fach 10, 2003, Heft 19, S. 893 - 901

Schrettl, Andreas: Rechtsfragen der beschränkten Steuerpflicht, Frankfurt am Main u. a.: Peter Lang, 1994 (zugl. Diss. Univ. Augsburg 1993)

Schuch, Josef/**Bauer,** Josef: Die [Überlegungen des OECD-Steuerausschusses zur Lösung von Qualifikationskonflikten], in: Gassner, Wolfgang/Lang, Michael/Lechner, Eduard (Hrsg.): Personengesellschaften im Recht der Doppelbesteuerungsabkommen, Wien: Linde, 2000, S. 27 – 45

Schulte, Wilfried: Die Einkünfte der [Gesellschafter einer vermögensverwaltenden Personengesellschaft], in: FR, Jg. 35 (62), 1980, Heft 15, S. 341 - 345

Söffing, Günter: Beinhaltet [EStG 1975 § 49 Abs. 2] eine Kodifizierung des Grundsatzes der isolierenden Betrachtungsweise?, in: StRK-A EStG 1975 § 49, R 1, 1983

Söffing, Günter: Durchgriff durch die Personengesellschaft, in: Stbg, Jg. 39, 1996, Heft 7, S. 289 – 299

Söffing, Günter: [Die Betriebsaufspaltung] – Formen, Voraussetzungen, Rechtsfolgen, 2. Aufl., Herne/Berlin: Neue Wirtschafts-Briefe, 2001

Söffing, Günter: Überlegungen zum Sonderbetriebsvermögen II, in: BB, Jg. 58, 2003, Heft 12, S. 616 – 617

Stammerjohann, Harro: [Handbuch der Linguistik]: allgemeine und angewandte Sprachwissenschaft, Darmstadt: Wissenschaftliche Buchgesellschaft, 1975

Strahl, Martin: Die typisierende Betrachtungsweise im Steuerrecht, Köln: Arbeitskreis für Steuerrecht, 1996 (zugl. Diss. Univ. Köln 1996)

Strahl, Martin/**Bauschatz,** Peter: Betriebsaufspaltung im Steuer- und Zivilrecht, in: NWB, Fach 3, 2002, Heft 18, S. 11921 –11948

Streck, Michael: Die Beteiligung an einer ausländischen Personengesellschaft, in: Kempermann, Michael et. all. (Hrsg.): Renaissance der Personengesellschaft, Bonn: Stollfuß, 1997

Streck, Michael: Körperschaftsteuergesetz mit Nebengesetzen [KStG] – Kommentar, 6. Aufl., München: C. H. Beck, 2003

Streu, Volker: Besteuerung von Leasingraten nach dem DBA, in: IWB, Fach 10 Gruppe 2, 1997, S. 1319 – 1324

Strobl, Jakob: Zur Auslegung von Doppelbesteuerungsabkommen unter besonderer Berücksichtigung ausländischer Rechtsordnungen, in: Knobbe-Keuk, Brigitte/Klein, Franz/Moxter, Adolf (Hrsg.), Handelsrecht und Steuerrecht, Festschrift für Georg Döllerer, Düsseldorf: IDW, 1988, S. 635 – 659

Strunk, Günther/**Kaminski,** Bert: Aktuelle Entwicklungen bei der [Besteuerung von ausländischen Betriebsstätten und Personengesellschaften] in Abkommensfällen, in: IStR, Jg. 12, 2003, Heft 6, S. 181 - 216

Tipke, Klaus/**Kruse,** Heinrich W.: Abgabenordnung Finanzgerichtsordnung – Kommentar zur AO und FGO[AO/FGO] , Stand: November 2003 (102. Lfg.), Köln: Dr. Otto Schmidt, 1961/2003

Tipke, Klaus/**Lang,** Joachim: Steuerrecht, 17. Aufl., Köln: Dr. Otto Schmidt, 2002

Tulloch, Anthony/**Wellisch,** Dietmar:: Die Bedeutung von Ergebnisverteilungsabreden für die Gesellschafter von vermögensverwaltenden Personengesellschaften, in: DStR, Jg. 37, 1999, Heft 27, S. 1093 – 1097

Vogel, Klaus: Probleme der Auslegung von Doppelbesteuerungsabkommen, in: SWI, Jg. 10, 2000, S. 103 – 112

Vogel, Klaus: Transnationale Auslegung von DBA, in: IStR, Jg. 12, 2003, Heft 15, S. 523 – 529

Vogel, Klaus/**Lehner,** Moris: Doppelbesteuerungsabkommen – Kommentar [DBA], 4. Aufl., München: C. H. Beck, 2003

Vogelgesang, Horst: Aktuelle Entwicklungen bei der [Besteuerung des gewerblichen Grundstückshandels], in: DB, Jg. 56, 2003, Heft 16, S. 844 – 849

Walter, Hans E. [Die sog. „isolierende Betrachtungsweise"] bei der Bestimmung der inländischen Einkünfte und des Inlandsvermögens der Ausländer, Heidelberg: vervielf., 1977 (zugl. Diss. Univ. Heidelberg 1977)

Wassermeyer, Franz: [Einkommen und Vermögen] im Abkommensrecht, in: Knobbe-Keuk, Brigitte/ Klein, Franz/Moxter, Adolf (Hrsg.), Handelsrecht und Steuerrecht, Festschrift für Georg Döllerer, Düsseldorf: IDW, 1988, S. 529 - 539

Wassermeyer, Franz: Die [Auslegung von DBA] durch den Bundesfinanzhof, in: StuW, Jg. 67, 1990, Heft 4, S. 404 - 412

Wassermeyer, Franz: Wann stammen [Einkünfte oder Vermögen aus einem anderen Vertragsstaat]?, in: Kirchhof, Paul/Lehner, Moris/Raupach, Arndt/Rodi, Michael (Hrsg.), Staaten und Steuern, Festschrift für Klaus Vogel zum 70. Geburtstag, Heidelberg: C. F. Müller, 2000, S. 987 - 998

Watermeyer, Heinrich J.: GmbH & Co. KG mit ausländischem Gesellschafter, in: GmbH-StB, Jg. 4, 2000, Heft 10, S. 277 – 281

Weber-Fas, Rudolf: Prinzipien der Abkommensinterpretation im zwischenstaatlichen Steuerrecht, in: RIW, Jg. 28, 1982, Heft 11, S. 803 – 808

Weber-Grellet, Heinrich: Der Typus des Typus, in: Budde, Wolfgang D. (Hrsg.), Handelsbilanzen und Steuerbilanzen: Festschrift zum 70. Geburtstag von Prof. Dr. h. c. Heinrich Beisse, Düsseldorf: IDW, 1997, S. 551 - 569

Weggenmann, Hans: [Sondervergütungen] unbeschränkt steuerpflichtiger Mitunternehmer einer ausländischen Personengesellschaft in der Rechtsprechung des BFH und aus der Sicht der OECD, in: IStR, Jg. 11, 2002, Heft 1, S. 1 – 12

Widmann, Siegfried: Veränderung der Doppelbesteuerungsabkommen ohne Änderung des Vertragsgesetzes, in: Mössner/Blumenwitz u. a. (Hrsg.): Doppelbesteuerungsabkommen und nationales Recht, München: C. H. Beck, 1995

Zacharias, Erwin/**Hebig,** Michael/**Rinnewitz,** Jürgen: Die atypisch stille Gesellschaft – Recht, Steuer, Betriebswirtschaft, 2. Aufl., Bielefeld: Erich Schmidt, 2002

Zähle, Kai: Die Umqualifizierung der [Einkünfte eines betrieblich an einer Zebragesellschaft beteiligten Gesellschafters] – Anmerkung zum Vorlagebeschluss BFH v. 10.12.2002, in: DStR, Jg. 41, 2003, Heft 32, S. 1328 – 1333

Zilias, Manfred: Zum [Unternehmensbegriff im neuen Bilanzrecht] (Drittes Buch des HGB), in: DB, Jg. 39, 1986, Heft 21, S. 1110 – 1112

Zippelius, Reinhold: Juristische Methodenlehre, 7. Aufl., München: C. H. Beck, 1999

Zugmaier, Oliver: Einkünftequalifikation im Einkommensteuerrecht, Augsburg: Wittmann, 1998 (zugl. Diss. Univ. Augsburg, 1998)

Verzeichnis der Gesetze, Durchführungsverordnungen und Bundestags-Drucksachen

Gesetze

BGB	Bürgerliches Gesetzbuch in der Fassung der Bekanntmachung vom 2. Januar 2002 (BGBl I, S. 42, ber. S. 2909 und BGBl I 2002, S. 738), zuletzt geändert durch das Dritte Gesetz zur Änderung der Gewerbeordnung und sonstiger gewerberechtlicher Vorschriften vom 24.8.2002 (BGBl I, S. 3412)
EStG	Einkommensteuergesetz in der Fassung der Bekanntmachung vom 19. Oktober 2002 (BGBl I, S. 4210, ber. BGBl I, 2003, S. 179) zuletzt geändert durch das Haushaltsbegleitgesetz 2004 vom 29.12.2003 (BGBl I, S. 3076)
GewStG	Gewerbesteuergesetz in der Fassung der Bekanntmachung vom 15. Oktober 2002 (BGBl I, S. 4167), zuletzt geändert durch das Gesetz zur Änderung des Gewerbesteuergesetzes und anderer Gesetze vom 23.12.2003 (BGBl I, S. 2922)
GG	Grundgesetz in der Fassung der Bekanntmachung vom 23. Mai 1949 (BGBl, S. 1) zuletzt geändert durch das Gesetz zur Änderung des Grundgesetzes vom 27.7.2002 (BGBl I, S. 2863)
HGB	Handelsgesetzbuch vom 10. Mai 1897 (RGBl, S. 219), zuletzt geändert durch das Dritte Gesetz zur Änderung der Gewerbeordnung und sonstiger gewerberechtlicher Vorschriften vom 24.8.2002 (BGBl I, S. 3412)
KStG	Körperschaftsteuergesetz in der Fassung der Bekanntmachung vom 15. Oktober 2002 (BGBl I, S. 4144) zuletzt geändert durch das Steuervergünstigungsabbaugesetz vom 16.5.2003 (BGBl I, S. 660)

Änderungsgesetze

StEntlG	Steuerentlastungsgesetz vom 24. März 1999 BGBl I, 1999, S. 402
StÄndG	2. Steueränderungsgesetz vom 18.07.1974, BGBl I, S. 1489

Durchführungsverordnungen

GewStDV   Gewerbesteuer-Durchführungsverordnung in der Fassung der
                 Bekanntmachung vom 21.3.1991 (BGBl I, S. 831) auf Grund
                 des § 35c GewStG in der Fassung der Bekanntmachung vom
                 15. Oktober 2002 (BGBl I, S. 4167) in der ab 27.7.2002 gelten-
                 den Fassung zuletzt geändert durch das Steuervergünstigungs-
                 abbaugesetz vom 16.5.2003 (BGBl I, S. 660)

KStDV (1994)   Körperschaftsteuer-Durchführungsverordnung in der Fassung
                 der Bekanntmachung vom 31.7.1984 (BGBl I, S. 1055) auf
                 Grund des § 53 Abs. 2 Nr. 2 KStG in der Fassung der Be-
                 kanntmachung vom 11.3.1991 (BGBl I, S. 638) in der ab
                 18.12.1993 gelten Fassung zuletzt geändert durch das Steuer-
                 Euroglättungsgesetz vom 19.12.2000 (BGBl I, S. 1790)

BT-Drucksachen

BT-Drs. 7/1509

BT-Drs. 15/119

BT-Drs. 14/23

Verzeichnis der Verwaltungsanweisungen, Richtlinien und sonstigen Quellen

Richtlinien

EStR (2001)   Einkommensteuer-Richtlinien vom 23.11.2001 (BStBl I Sondernummer 2; BAnz. Nr. 233a)

Verwaltungsanweisungen

BMF vom 24.09.1999, IV D 3-S 1301 Ung-5/99, IStR, 2000, S. 627

BMF vom 24.12.1999, IV B 4-S 130-111/99, BStBl I, 1999, S. 1076

BMF vom 24.12.1999, IV B 4-S 130-111/99, BStBl I, 1999, S. 1076

BMF vom 19.02.2003, IV A 6-S 2240-15/03, DB 2003, S. 692

Sonstige Quellen

OECD-Musterabkommen 1977 i. d. F. vom 28.01.2003

OECD-Musterkommentar 1977 i. d. F. vom 28.01.2003

Rechtsprechungsverzeichnis

Rechtsprechung des Bundesverfassungsgerichts:

	Datum	Aktenzeichen	Fundstelle		
BVerfG	14.01.1969	1 BvR 136/62	BStBl II	1969	S. 389
BVerfG	12.03.1985	1 BvR 47/83	BStBl II	1985	S. 475

Rechtsprechung des Reichsfinanzhofs:

	Datum	Aktenzeichen	Fundstelle		
RFH	07.02.1929	I A 377/28	RStBl	1929	S. 193
RFH	17.06.1930	I A 213/30	RStBl	1930	S. 687
RFH	27.06.1933	I A 114/32	RStBl	1933	S. 1070
RFH	12.06.1934	I A 78/34	RStBl	1934	S. 946
RFH	29.01.1935	I A 244/32	RStBl	1935	S. 759
RFH	29.04.1935	I A 31/35	RStBl	1935	S. 942
RFH	12.05.1936	I A 55/36	RStBl	1936	S. 968
RFH	05.08.1936	VI A 208/36	RStBl	1936	S. 1132
RFH	26.10.1938	VI 501/38	RStBl	1939	S. 282
RFH	30.11.1939	III 37/38	RStBl	1940	S. 361
RFH	04.12.1940	VI 660/38	RStBl	1941	S. 26
RFH	06.08.1942	III 25/42	RStBl	1942	S. 971
RFH	22.05.1944	I 72/43	RStBl	1945	S. 43

Rechtsprechung des Bundesfinanzhofs:

	Datum	Aktenzeichen	Fundstelle		
BFH	22.01.1954	III 232/52 U	BStBl III	1954	S. 91
BFH	18.03.1958	I 147/57 U	BStBl III	1958	S. 262
BFH	20.01.1959	I 112/57 S	BStBl III	1959	S. 133
BFH	03.11.1959	I 217/58 U	BStBl III	1960	S. 50

	Datum	Aktenzeichen	Fundstelle		
BFH	08.11.1960	I 131/59 S	BStBl III	1960	S. 513
BFH	13.11.1963	GrS 1/63 S	BStBl III	1964	S. 124
BFH	27.11.1963	I 335/60 U	BStBl III	1964	S. 76
BFH	05.02.1965	VI 338/63 U	BStBl III	1965	S. 258
BFH	04.11.1965	IV 411/61 U	BStBl III	1966	S. 49
BFH	10.06.1966	VI B 31/63	BStBl III	1966	S. 598
BFH	30.11.1966	I 215/64	BStBl III	1967	S. 400
BFH	09.02.1967	IV 291/64	BStBl III	1967	S. 310
BFH	17.07.1968	I 121/64	BStBl II	1968	S. 695
BFH	08.01.1969	I 158/64	BStBl II	1969	S. 466
BFH	04.03.1970	I R 140/66	BStBl II	1970	S. 428
BFH	26.05.1970	II 29/65	BStBl II	1970	S. 759
BFH	15.01.1971	III R 125/69	BStBl II	1971	S. 379
BFH	07.07.1971	I R 41/70	BStBl II	1971	S. 771
BFH	29.09.1971	I R 161/68	BStBl II	1972	S. 118
BFH	08.11.1971	GrS 2/71	BStBl II	1972	S. 63
BFH	15.06.1973	III R 118/70	BStBl II	1973	S. 810
BFH	20.09.1973	IV R 41/69	BStBl II	1973	S. 869
BFH	20.02.1974	I R 217/71	BStBl II	1974	S. 511
BFH	21.05.1974	VIII R 57/70	BStBl II	1974	S. 613
BFH	14.08.1974	I R 136/70	BStBl II	1975	S. 112
BFH	19.02.1975	I R 26/73	BStBl II	1975	S. 584
BFH	24.04.1975	I R 204/73	BStBl II	1975	S. 604
BFH	26.06.1975	IV R 122/71	BStBl II	1975	S. 885
BFH	13.05.1976	IV R 4/75	BStBl II	1976	S. 617
BFH	12.04.1978	I R 136/77	BStBl II	1978	S. 494
BFH	10.11.1980	GrS 1/79	BStBl II	1981	S. 164
BFH	18.11.1980	VIII R 194/78	BStBl II	1981	S. 510
BFH	15.01.1981	IV R 76/77	BStBl II	1981	S. 314

	Datum	Aktenzeichen	Fundstelle		
BFH	17.03.1981	VIII R 149/78	BStBl II	1981	S. 522
BFH	23.07.1981	IV R 103/78	BStBl II	1982	S.60
BFH	10.11.1981	GrS 1/79	BStBl II	1981	S. 164
BFH	28.07.1982	I R 196/79	BStBl II	1983	S. 77
BFH	01.12.1982	I B 11/82	BStBl II	1983	S. 367
BFH	18.05.1983	I R 5/82	BStBl II	1983	S. 771
BFH	13.10.1983	I R 187/79	BStBl II	1984	S. 115
BFH	25.06.1984	GrS 4/82	BStBl II	1984	S. 751
BFH	27.02.1985	I R 235/80	BStBl II	1985	S. 456
BFH	21.08.1985	I R 63/80	BStBl II	1986	S. 4
BFH	09.10.1985	I R 128/80	BStBl II	1988	S. 810
BFH	12.11.1985	VIII R 240/81	BStBl II	1986	S. 296
BFH	27.11.1985	I R 115/85	BStBl II	1986	S. 362
BFH	13.03.1986	IV R 176/84	BStBl II	1986	S. 601
BFH	06.05.1986	VIII R 160/85	BStBl II	1986	S. 838
BFH	09.07.1986	I R 85/83	BStBl II	1986	S. 851
BFH	07.04.1987	IX R 103/85	BStBl II	1987	S. 707
BFH	15.10.1987	IV R 66/86	BStBl II	1988	S. 260
BFH	12.10.1988	X R 5/86	BStBl II	1989	S. 152
BFH	21.10.1988	III R 258/84	BFH/NV	1989	S. 322
BFH	26.10.1988	I R 228/84	BStBl II	1989	S. 155
BFH	26.01.1989	IV R 151/86	BStBl II	1989	S. 155
BFH	01.02.1989	VIII R 33/85	BStBl II	1989	S. 458
BFH	08.03.1989	X R 9/86	BStBl II	1989	S. 714
BFH	04.04.1989	X R 49/87	BStBl II	1989	S. 606
BFH	20.04.1989	IV R 95/87	BStBl II	1989	S. 863
BFH	24.08.1989	IV R 135/86	BStBl II	1989	S. 1014
BFH	13.12.1989	I R 39/87	BStBl II	1990	S. 379
BFH	07.02.1990	I R 173/85	BFH/NV	1991	S. 685

	Datum	Aktenzeichen	Fundstelle		
BFH	18.07.1990	I R 115/88	BStBl II	1990	S. 951
BFH	20.11.1990	VIII R 10/87	GmbHR	1991	S. 217
BFH	25.02.1991	GrS 7/89	BStBl II	1991	S. 691
BFH	27.02.1991	I R 15/89	BStBl II	1991	S. 444
BFH	16.04.1991	VIII R 63/87	BStBl II	1991	S. 832
BFH	25.02.1991	GrS 7/89	BStBl II	1991	S. 691
BFH	27.02.1991	I R 96/89	BFH/NV	1992	S. 385
BFH	26.03.1991	VIII R 73/87	BFH/NV	1992	S. 227
BFH	17.07.1991	I R 98/88	BStBl II	1992	S. 246
BFH	30.09.1991	IV B 21/91	BFH/NV	1992	S. 333
BFH	06.11.1991	XI R 12/87	BStBl II	1992	S. 415
BFH	28.11.1991	IV R 58/91	BStBl II	1992	S. 521
BFH	28.01.1992	VIII R 7/88	BStBl II	1993	S. 84
BFH	12.02.1992	XI R 18/90	BStBl II	1992	S. 723
BFH	26.02.1992	I R 85/91	BStBl II	1992	S. 937
BFH	07.07.1992	VIII R 2/87	BStBl II	1993	S. 328
BFH	12.03.1992	IV R 29/91	BStBl II	1993	S. 36
BFH	04.11.1992	XI R 1/92	BStBl II	1993	S. 245
BFH	26.11.1992	IV R 15/91	BStBl II	1993	S. 876
BFH	15.12.1992	VIII R 42/90	BStBl II	1994	S. 702
BFH	30.03.1993	VIII R 8/91	BStBl II	1993	S. 864
BFH	03.05.1993	GrS 3/92	BStBl II	1993	S. 616
BFH	14.07.1993	I R 71/92	BStBl II	1994	S. 91
BFH	09.09.1993	IV R 14/91	BStBl II	1994	S. 250
BFH	10.11.1993	I R 53/91	BStBl II	1994	S. 218
BFH	14.12.1993	VIII R 13/93	BStBl II	1994	S. 922
BFH	02.02.1994	I R 66/92	BStBl II	1994	S. 727
BFH	24.02.1994	IV R 8-9/93	BStBl II	1994	S. 466
BFH	01.06.1994	X R 81/90	BFH/NV	1995	S. 154

	Datum	Aktenzeichen	Fundstelle		
BFH	13.04.1995	X B 324/94	BFH/NV	1995	S. 877
BFH	31.05.1995	I R 74/93	BStBl II	1995	S. 683
BFH	22.06.1995	III R 6/90	BStBl II	1995	S. 843
BFH	03.07.1995	GrS 1/93	BStBl II	1995	S. 617
BFH	30.08.1995	I R 122/94	BStBl II	1996	S. 563
BFH	20.09.1995	X R 46/94	BFH/NV	1996	S. 393
BFH	21.09.1995	IV R 65/94	BStBl II	1996	S. 66
BFH	24.10.1995	VIII R 2/92	BFH/NV	1996	S. 325
BFH	25.10.1995	IV B 9/95	BFH/NV	1996	S. 213
BFH	13.12.1995	XI R 43-45/89	BStBl II	1996	S. 232
BFH	07.03.1996	IV R 2/92	BStBl II	1996	S. 369
BFH	01.08.1996	VIII R 12/94	BStBl II	1997	S. 272
BFH	26.11.1996	VIII R 42/94	BStBl II	1998	S. 328
BFH	13.12.1996	VIII R 39/92	BStBl II	1996	S. 409
BFH	19.03.1997	I R 69/96	BStBl II	1997	S. 447
BFH	17.04.1997	VIII R 2/95	BStBl II	1998	S. 388
BFH	13.11.1997	IV R 67/96	BStBl II	1998	S. 254
BFH	18.12.1997	X B 133/97	BFH/NV	1998	S. 743
BFH	03.03.1998	VIII R 66/96	BStBl II	1998	S. 383
BFH	24.03.1998	I R 83/97	BStBl II	1998	S. 601
BFH	23.09.1998	XI R 72/97	BStBl II	1999	S. 281
BFH	24.09.1998	IV R 1/98	BStBl II	1999	S. 55
BFH	13.10.1998	VIII R 46/95	BStBl II	1999	S. 357
BFH	13.10.1998	VIII R 4/98	BStBl II	1999	S. 284
BFH	15.10.1998	IV R 18/98	BStBl II	1999	S. 286
BFH	15.10.1998	IV R 20/98	BStBl II	1999	S. 445
BFH	29.10.1998	XI R 80/97	BStBl II	1999	S. 448
BFH	24.11.1998	VIII R 61/97	BStBl II	1999	S. 483
BFH	08.12.1998	IX R 49/95	BStBl II	1999	S. 468

	Datum	Aktenzeichen	Fundstelle		
BFH	10.12.1998	III R 61/97	BStBl II	1999	S. 390
BFH	16.12.1998	I R 40/97	BStBl II	1999	S. 207
BFH	28.01.1999	III R 77/96	BStBl II	1999	S. 610
BFH	24.03.1999	I R 114/97	BStBl II	2000	S. 399
BFH	11.05.1999	VIII R 72/96	BStBl II	2002	S. 722
BFH	10.06.1999	IV R 21/98	BStBl II	1999	S. 715
BFH	11.08.1999	XI R 12/98	BStBl II	2000	S. 229
BFH	31.08.1999	VIII R 22/98	BFH/NV	2000	S. 420
BFH	18.10.1999	VIII R 66-70/97	BStBl II	2000	S. 183
BFH	17.11.1999	I R 7/99	BStBl II	2000	S. 605
BFH	15.12.1999	I R 16/99	BStBl II	2000	S. 404
BFH	02.02.2000	XI R 8/99	BFH/NV	2000	S. 1135
BFH	15.03.2000	VIII R 82/98	BStBl II	2002	S. 774
BFH	16.03.2000	III R 21/99	BStBl II	2000	S. 700
BFH	09.05.2000	VIII R 40/99	BFH/NV	2001	S. 17
BFH	23.05.2000	VIII R 11/99	BStBl II	2000	S. 621
BFH	19.10.2000	IV R 73/99	BStBl II	2001	S. 335
BFH	23.01.2001	VIII R 71/98	BFH/NV	2001	S. 894
BFH	03.04.2001	IV B 111/00	BFH/NV	2001	S. 1252
BFH	10.12.2001	GrS 1/98	BStBl II	2002	S. 291
BFH	30.01.2002	X R 56/99	BStBl II	2002	S. 387
BFH	19.03.2002	VIII R 57/99	BStBl II	2002	S. 662
BFH	07.08.2002	I R 10/01	BStBl II	2002	S. 848
BFH	28.03.2003	VIII B 194/01	BFH/NV	2003	S. 1308
BFH	28.08.2003	IV R 20/02	BFH/NV	2003	S. 1495
BFH	30.10.2002	IX R 80/98	BStBl II	2003	S. 167
BFH	09.12.2002	VIII R 40/01	BStBl II	2003	S. 294
BFH	18.09.2002	X R 4/01	BFH/NV	2003	S. 41

Rechtsprechung der Finanzgerichte:

	Datum	Aktenzeichen	Fundstelle		
Düsseldorf	22.05.1979	IX 694/77 G	EFG	1980	S. 34

Peter Lang · Europäischer Verlag der Wissenschaften

Johannes Blankenheim

Grenzüberschreitende Arbeitnehmertätigkeit im Internationalen Steuerrecht

Frankfurt am Main, Berlin, Bern, Bruxelles, New York, Oxford, Wien, 2003.
XX, 316 S.
Europäische Hochschulschriften: Reihe 2, Rechtswissenschaft. Bd. 3660
ISBN 3-631-50795 · br. € 56.50*

Die Arbeit untersucht die zahlreichen Probleme grenzüberschreitender Arbeitnehmertätigkeit im deutschen Außensteuerrecht und den Doppelbesteuerungsabkommen: die abgabenrechtlichen Begriffe des Wohnorts und gewöhnlichen Aufenthalts, den „Auslandstätigkeitserlaß", den abkommensrechtlichen Ansässigkeitsbegriff, Artikel 15 OECD-Musterabkommen und die 183-Tage-Regel, den Arbeitsausübungsbegriff und die BFH-Rechtsprechung zur Geschäftsführerbesteuerung, das Konzept des „wirtschaftlichen Arbeitgebers", den internationalen Arbeitnehmerverleih, Grenzgängerregelungen, „subject-to-tax"-Klauseln, die beschränkte Steuerpflicht und den Progressionsvorbehalt im Quellenstaat. Ebenso wird auf die EuGH-Rechtsprechung und ihren Einfluss auf die deutsche Rechtsentwicklung eingegangen.

Aus dem Inhalt: Steuerrechtliche Probleme von Arbeitnehmertätigkeit im Ausland · Die AO-Begriffe des Wohnorts und gewöhnlichen Aufenthalts · Der „Auslandstätigkeitserlaß" · Der abkommensrechtliche Ansässigkeitsbegriff · Artikel 15 OECD-Musterabkommen und die 183-Tage-Regel · Die BFH-Rechtsprechung zur Geschäftsführerbesteuerung · Das Konzept des „wirtschaftlichen Arbeitgebers" · Der internationale Arbeitnehmerverleih · Grenzgängerregelungen · „subject-to-tax"-Klauseln · Die beschränkte Steuerpflicht und der Progressionsvorbehalt im Quellenstaat · Die EuGH-Rechtsprechung und ihr Einfluss auf die deutsche Rechtsentwicklung

Frankfurt am Main · Berlin · Bern · Bruxelles · New York · Oxford · Wien
Auslieferung: Verlag Peter Lang AG
Moosstr. 1, CH-2542 Pieterlen
Telefax 00 41 (0) 32 / 376 17 27

*inklusive der in Deutschland gültigen Mehrwertsteuer
Preisänderungen vorbehalten

Homepage http://www.peterlang.de